Béla Hamvas
Kierkegaard in Sizilien

Batterien, 76

Béla Hamvas

Kierkegaard in Sizilien

Essays, ausgewählt und mit einem Vorwort versehen von László F. Földényi

Aus dem Ungarischen übersetzt von Akos Doma

Matthes & Seitz Berlin

Bildung und Kultur

Kultur 2000

Dieses Buch erscheint mit Unterstützung des Programms Kultur 2000 der Europäischen Union

 Umschlaggestaltung: neodesign consulting, Bonn. Druck & Bindung: in Deutschland. Die Arbeit des Übersetzers am vorliegenden Text wurde vom Deutschen Übersetzerfonds gefördert.

ISBN 3-88221-876-2 ISBN 978-3-88221-876-3

Inhalt

László F. Földényi
Die paradoxe Logik des Seins
Über Béla Hamvas

»Der Mensch kann nur in der Gemeinschaft glücklich leben, aber nur in der Einsamkeit Gott sein«, schrieb Béla Hamvas. Damit spielte er im übertragenen Sinn auch auf seine eigene Zwitterstellung in der ungarischen und europäischen Kultur an, die von ihm zu Lebzeiten kaum Notiz nahmen und ihr Versäumnis nach seinem Tod erst mit jahrzehntelanger Verzögerung wiedergutzumachen begannen.

Er war ein radikaler Denker und Schriftsteller, ein Pädagoge im ursprünglichen Sinn des Wortes. Dieser Geist sowie der Geist der alten Kunst der Seelenführung prägen seine Schriften in allen Phasen seines Lebenswerkes. Deshalb sprechen sie den Leser so leicht an. Er war sein Leben lang ein großer Erforscher der Tradition und könnte bei einer imaginären Tischgesellschaft neben Mircea Eliade, Carl Gustav Jung und Karl Kerényi oder auf der anderen Seite des Tisches neben Giulio Evolva, René Guénon und Leopold Ziegler Platz nehmen. Wenn er jedoch bekannte, daß der Mensch »nur in der Einsamkeit Gott sein« kann, beschrieb er damit auch seinen eigenen Sonderweg. Denn er war ein Einsamer in vielfacher Hinsicht: die ungarische Sprache isolierte ihn von der Gemeinschaft der Europäer; sein besonderes Verpflichtetsein der Tradition und der Metaphysik isolierte ihn von einem Großteil der ungarischen Intellektuellen; und sein persönliches Schicksal vor allem nach 1945 ist ein so außergewöhnliches Beispiel für Ausgestoßensein und Erniedrigung, daß man es in Westeuropa gar nicht begreifen kann. Andere hätte ein solches Ausgestoßensein aufgerieben. Hamvas durchlebte alles mit heilem Gemüt, ja: mit Humor; der Leser bekommt den Eindruck, daß er sich um so leichter emporschwang, je mehr auf ihm lastete, um so freier atmete, je tiefer er unter Wasser gedrückt wurde. Die Prüfungen und die Zurückdrängung, die sein Leben so erschwerten, waren für ihn fast schon ein Lebenselixier. Und wer die Prüfungen aushält, dem geht die Sensibilität für die Metaphysik und das nicht nur existentialistische, sondern auch existentielle

Verpflichtetsein der Freiheit ins Blut über. Europas östlicher Hälfte ist dieses Problem wohl vertraut; nicht zufällig finden sich unter Hamvas' geistigen Vorfahren und Verwandten auch die Russen: Dostojewski, später auch Schestow und Berdjajew.

Bis in die neunziger Jahre war der Name Béla Hamvas auch in Ungarn nur einem verhältnismäßig kleinen Kreis bekannt. Das hatte einen durchaus prosaischen Grund: nach dem Krieg, seit 1947, waren seine Werke verboten, so daß er ausschließlich für seine Schublade und einen engen Freundeskreis schrieb. Das Inkognito – nicht jedoch die Einsamkeit! – war sein wahres Zuhause. Und das dauerte bis zu seinem Tod 1968; denn nie, nicht einmal im Tauwetter der sechziger Jahre versuchte er, sein erzwungenes Schweigen politisch umzumünzen. Die Politik selbst ist ein Symptom des Verfalls, bekannte er, und deshalb polemisierte er nicht, protestierte er nicht, ging er nicht in die Illegalität und schloss sich auch keiner politischen Dissidentenbewegung an. Statt dessen setzte er mit echter Heiterkeit die Arbeit an seinen Büchern fort ohne auch nur die geringste Hoffnung auf eine Publikation. Seine Werke wanderten in Manuskriptform von Hand zu Hand. Und vielleicht fand er sogar seine Freude daran. Er war überzeugt, daß der Mensch das, was er wirklich brauchte, früher oder später sowieso fand.

* * *

Béla Hamvas wurde am 23. März 1897 in Eperjes in der heutigen Slowakei als Sohn eines evangelischen Pastors und Lehrers geboren. Bis 1914 wohnte er mit seiner Familie im damals noch ungarischen Bratislava, erhielt seine Ausbildung in der Kadettenschule und kam im Ersten Weltkrieg an die russische und ukrainische Front. Nach mehrfacher Verwundung wurde er aus dem Wehrdienst entlassen, dann nach dem Krieg von den slowakischen Behörden samt seiner Familie deportiert, da sein Vater nach dem Friedensvertrag von Trianon nicht bereit war, den Treueschwur auf die Slowakei zu leisten. Die Familie zog nach Budapest, wo sich Hamvas an der deutsch-ungarischen Fakultät der Universität einschreiben ließ. Nach Beendigung seines Studiums 1923 wurde er Journalist bei einer der größten Budapester Zeitungen, anschließend 1927 Bibliothekar in der Hauptstädtischen Bibliothek, wo er bis 1948 angestellt war. Von 1940 an wurde er mehrfach rekrutiert; erst kam er an die russische Front, dann wurde er im Frühjahr 1944 mit seiner Abteilung nach Deutschland abkommandiert, flüchtete von dort nach Hause, wo er sich als Deserteur versteckt hielt. Im Januar 1945 traf eine Bombe seine Wohnung und vernichtete seine riesige Bibliothek und sein gewaltiges Manuskriptwerk. Nach Kriegsende machte er sich wieder an die Arbeit, plante eine Buchreihe, hielt Vorträge und war zuversichtlich, daß sich in Ungarn eine demokratische Staatsform etablieren würde. Er bot sogar dem aus Moskau heimgekehrten György Lukács die Mitarbeit an der geplanten Buchreihe an – vergeblich. Statt dessen attackierte Lukács 1948 scharf das gerade erschienene Buch *Die Revolution in der Kunst – Abstraktion und Surrealismus in Ungarn*, das Hamvas mit seiner Frau, der Kunsthistorikerin Katalin Kemény, verfaßt hatte, in dem er sich zu der progressivsten Gruppierung der ungarischen bildenden Kunst des zwanzigsten Jahrhunderts, der sogenannten Europäischen Schule, bekannte, zu deren wichtigen Organisatoren sie auch beide zählten. Bald entzog man in Ungarn den Mitgliedern der Europäischen Schule jede Gelegenheit zur Ausstellung; schon zuvor war Hamvas als Folge von Lukács' Kritik mit Publikationsverbot belegt und aus seiner Bibliothekarsstellung entlassen worden. Zwischen 1948 und 1951 betrieb er in Szentendre, einer Kleinstadt nahe Budapest, Gartenbau, wurde anschließend im Juli 1951 Lagerist bei einem Unternehmen einhundert Kilometer westlich von Budapest. Von 1954 bis 1962 arbeitete er dann in Ostungarn als Hilfsarbeiter. Wie er an den Wochenenden nach Budapest heimfuhr, um seinen Rucksack mit neuen Büchern zu bepacken, oder wie er seine Essays, Romane und philosophischen Werke in Stunden, die er der physischen Arbeit stehlen mußte, in in Schubläden aufbewahrte Hefte kritzelte oder wie er inmitten von Schlamm, Schmutz und ständigem Lärm mit unerschütterlicher Seelenruhe die Upanischaden, Werke des Zen, des Sufismus, tibetische Mysterien oder die Apokalypse des Henoch übersetzte – das alles gereicht zur Schande jener Zeit und bezeugt zugleich die Geistesgröße von Hamvas, der weder innerlich zerbrach noch Kompromisse einging noch zu einem lebensüberdrüssigen, in sich gespaltenen Misanthropen wurde. 1964 wurde er endgültig pensioniert, durfte aber auch weiterhin nicht veröffentlichen. Er starb am 7. November 1968, an dem Tag, an dem ganz Ungarn den Nationalfeiertag der russischen Besatzer begehen mußte. Von seinem Tod erfuhren nur wenige. Seine in Manuskriptform hinterlassenen Werke – viele, viele tausend Seiten Romane, Essays, Kommentare, Studien, Bücher – gingen in Kopien von Hand zu Hand. Während der siebziger Jahre lernten immer mehr Menschen seinen Namen kennen, auch solche, die nie eine Zeile von ihm gelesen hatten. In den achtziger Jahren erschienen hier und da einzelne Werke von ihm; 1985 wurde (in zensierter Form) sein über tausendseitiger Roman *Karneval* veröffentlicht, ein gewaltiges Panoptikum und Katalog der Schicksalsmöglichkeiten des zwanzigsten Jahrhunderts; später erschienen auch einige seiner Essaybände. Und nach dem Zerfall des bis dahin herrschenden, politischen Systems begann in den neunziger Jahren die vollständige Veröffentlichung des unüberschaubar großen Lebenswerkes, die bis in unsere Tage fortdauert. Manche seiner Werke erschienen auch in fremden Sprachen: unter anderem in Serbisch, Deutsch, Französisch, Italienisch. Die vorliegende Ausgabe ist die erste umfassende Auswahl aus Hamvas' essayistischem Werk in einer fremden Sprache.

* * *

Schon zu Beginn seiner Laufbahn deckte Hamvas mit einzigartiger Konsequenz die Situation des in einer existentiellen Krise befindlichen Menschen auf. In seinen Essays aus den zwanziger und dreißiger Jahren, in denen er über die in die Sackgasse geratene Kultur des zwanzigsten Jahrhunderts sinnierte, schälte er Schicht für Schicht die Tradition der europäischen Zivilisation ab und erwog – ohne jedes ideologische Vorurteil! – alle früheren, geistigen Produktionen, die diese Zivilisation aufzuweisen hatte. Parallel dazu wurde er, je mehr sich sein

Horizont zeitlich rückwirkend erweiterte, immer sensibler für die Voraussetzungen der europäischen Kultur.

Bei seiner eingehenden Ausarbeitung des Begriffs der Krise spielte die weltweite Krise der ausgehenden zwanziger Jahre eine wichtige Rolle. Hamvas begnügte sich jedoch nicht mit der geschichtlichen Erklärung der Krise, sondern suchte nach ihren existentiellen Wurzeln. Krise bedeutet auf griechisch Entscheidung, Wahl, Trennung und schließlich Streit. Doch so wie die Trennung von einer vorherigen Einheit ausgeht, so läßt sich auch das Gefühl der Krise nicht von der Sehnsucht nach ihrer Überwindung trennen. Von nun an bestand die wichtigste Lebensaufgabe für Hamvas in der Suche nach der auf dem Einklang aller Dinge beruhenden Tradition beziehungsweise (um seinen Lieblingsausdruck zu zitieren) der »ursprünglichen, menschlichen Grundstellung«, dem *status absolutus*. Mit der Suche nach der »Grundstellung« wies er wiederum der Erforschung der Tradition den Weg. Davon erhoffte er sich die Entdeckung der ursprünglichen Einheit.

1935 gründete er in Budapest den Insel-Kreis, eine geistige Gesellschaft, der zahlreiche Schriftsteller, Dichter und Philosophen angehörten. Dieser Freundeskreis, der bis 1939 bestand, setzte sich zum Ziel, in dem immer mehr nach rechts abdriftenden, faschistischer werdenden Ungarn die europäische Tradition, vor allem den griechischen Geist aufrechtzuerhalten. Ein auch international bekanntes Mitglied des Kreises war der damals noch in Ungarn lebende Károly Kerényi, der später dadurch Weltruf erlangte, daß er den Maßstab für die Moderne im Archaischen suchte. Wie Hamvas, der zu jener Zeit Heraklits Fragmente übersetzte, versuchte auch Kerényi das Universelle und das Partielle miteinander zu verbinden. Dreimal veröffentlichten sie unter dem Titel *Insel* Anthologien mit mehreren Essays von Hamvas vor allem zu griechischen Themen. Der Geist dieser Anthologien erinnerte ebenso an die schweizerischen Eranos-Jahrbücher wie später an Ernst Jüngers Antaios-Unternehmung. Der Insel-Kreis selbst erinnerte auch an den George-Kreis; aber auch an eine frühere, ungarische Unternehmung, den sogenannten Sonntagskreis in Budapest in der Zeit vor dem Ersten Weltkrieg, zu dessen Mitgliedern György Lukács, Béla Balázs, Karl Mannheim, Arnold Hauser oder Charles Tolnay gehörten – die meisten von ihnen ließen sich schließlich im Ausland nieder. Auch der Insel-Kreis blieb eine isolierte Unternehmung und vermochte keine Tradition zu begründen. Die halbfeudale Ordnung der ungarischen Gesellschaft zwischen beiden Kriegen behinderte eine gesunde, geistige Entwicklung genauso wie die fremde Besatzung nach dem Zweiten Weltkrieg. Die Geschichte des ungarischen Geisteslebens im zwanzigsten Jahrhundert ließe sich ebenso gut als die Geschichte seiner Hindernisse beschreiben: all den aufeinander folgenden, gegensätzlichen politischen Richtungen war gemeinsam, daß sie verhinderten, daß Ungarn die Rolle einer Brücke zwischen Ost und West spielen konnte. Es ist bezeichnend, daß auch die Entwicklung der ursprünglich auf Weltniveau stehenden, ungarischen Psychoanalyse in der Horthyära abbrach und dann von den Kommunisten den endgültigen Todesstoß versetzt bekam. Wie es auch kein Zufall ist, daß sich Béla Bartók, der die uralte, ungarische Kultur mit der zeitgenössischsten Formsprache verband, gezwungen sah, das Land zu verlassen, um in den Vereinigten Staaten zu sterben.

Der Insel-Kreis blieb eine symbolhafte Unternehmung in Hamvas' Leben: er fühlte sich sein Leben lang wie auf einer Insel. Nicht nur politisch; er war der Überzeugung, daß in der europäischen Kultur der Geist selbst zu einer Insel geworden war und die wichtigste Aufgabe darin bestand, ihn wach zu halten. Hamvas bot eine radikal neue Deutung des Geistes. Neu jedenfalls gemessen an der in Europa herrschenden, im deutschen Idealismus sich vollendenden Geistesauffassung – keinesfalls neu jedoch, wenn wir uns die archaische, biblische, gnostische oder eschatologische Deutung des Geistes vor Augen halten. Das Neue an Hamvas' Auffassung kommt in seiner Rückkehr zur alten Tradition zum Vorschein. Er blickte nach vorne, über die Geschichte hinaus (suchte die Erlösung von der verkommenen Gegenwart), aber sein Blick richtete sich auch auf das Vorgeschichtliche. Er war natürlich nicht der einzige, der im Kampf gegen die immer technisiertere, alles uniformierende und homogenisierende Sichtweise des zwanzigsten Jahrhunderts zu einer solchen sich zugleich weitenden und verengenden Perspektive griff. Eine ähnliche, verwandte Einstellung war auch für Walter Benjamin, Ferdinand Ebner, Rosenzweig, Buber, Berdjajew charakteristisch. Und gerade seine Sensibilität für den Geist erklärt, daß Hamvas' Gedanken im Gegensatz zu den geschlossenen, also ausschließenden Systemen der Literaturhistoriker oder Psychologen einschließend sind und den Leser gleichsam einladen. Für Hamvas bedeutete geistige Erfahrung nicht Besitz, sondern Teilnahme – ein Emporsteigen (oder wenn man so will: Abtauchen) zu jenem gemeinsamen Fundament, das jedes Sein sichert, ohne daß es sich selbst auf irgendein Seiendes beschränken ließe. Er hielt den Geist für etwas grundsätzlich Metaphysisches und verkündete das, was Parmenides als SEIN bezeichnete und was sich – als Fundament von allem – nicht begrenzen und nicht begründen läßt (Ungrund, zitiert er an mehreren Stellen Böhmes Ausdruck).

Schon im Insel-Kreis, als Zeitgenosse Heideggers und Jaspers' und der russischen Emigranten (Schestow und Berdjajew), deren berufener Kenner er war, suchte auch Hamvas eine Antwort darauf, ob es geistige Wurzeln und Quellen gibt, die heute zwar unsichtbar und unspürbar geworden, in der Tiefe jedoch noch lebendig und nicht versiegt sind. Wie läßt sich der Geist von neuem beleben? Auch er gelangte zu der Überzeugung, daß die europäische Zivilisation womöglich gerade aus dem Kraft schöpfen könnte, was sie im Laufe von zweitausend Jahren so erfolgreich verleugnet und verdrängt hat: aus der eben erwähnten, alten Tradition.

Um diese wiederzubeleben, begann er am Anfang der vierziger Jahre zum einen eine gewaltige Unternehmung unter dem Sammeltitel *Die Großhalle der Ahnen*, die er bis in die sechziger Jahre fortsetzte. Das Werk besteht aus seiner Übersetzung der wichtigsten Bücher der Tradition mit den dazu verfaßten, einführenden Kommentaren. Was übersetzte und veröffentlichte er für die ungarische Leserschaft? Konfuzius, Tschuang-Tse, das Tao Te King, die Upanischaden, Patanjali, das Samkhya, das Tibetanische Totenbuch, das ägyptische Totenbuch Pert Em Heru, Henoch, den Sohar, Heraklit und Jakob Böhme.

Zum anderen begann er in den geschichtlich krisenhaftesten Jahren 1943-44 sein Werk *Scientia Sacra* (dessen Titel René Guénons *Symboles de la Science sacrée* zitiert – 1941 veröffentlichte Hamvas die erste Studie über Guénon auf ungarisch), an dem er bis in die sechziger Jahre arbeitete. Im Verlauf seiner Erschließung der archaischen Tradition rettete er unermeßlich viel Wissen aus der Vergangenheit in die Gegenwart hinüber und versuchte es mit seinen Zeitgenossen zu teilen, für die das alles weitgehend unbekannt war. Dabei beabsichtigte er mit diesem Werk nicht nur eine Katalogisierung und Inventarisierung der sakralen Wissenschaften. Er näherte sich seinem Objekt nicht als

Wissenschaftler, sondern als begeisterter Eingeweihter. Er wollte das bekannt machen, was aus der Vergangenheit befruchtend auf ein Zeitalter wirken konnte, das sich »auf der anderen Seite der Zeit« befand. Hamvas' Absicht bestand in der Erschließung der alten Tradition, der Rekonstruktion des sogenannten Goldenen Zeitalters, das er der von ihm als *apokalyptisch* bezeichneten Gegenwart gegenüberstellte. Er suchte nach dem *Urbild*, dem die Aufmerksamkeit der Vertreter der Tradition und der meisten Mystiker galt.

Seiner Ansicht nach ist es auch heute noch möglich, dieses Urbild zu erblicken, man benötigt dazu das, was er als *Wachsamkeit* bezeichnete: »Die Wachsamkeit ist die metaphysische Sensibilität des Menschen. *Meta ta physika* bedeutet soviel wie: jenseits der Natur. Eine übernatürliche Sensibilität, die auch das schaut und sieht und weiß, was den Sinnesorganen unzugänglich ist. Wachsam ist derjenige, der über die Phänomene der Sinne, des Verstandes, der Gefühle, der Leidenschaften hinausschaut.« Die Wachsamkeit ist die Voraussetzung für die Empfänglichkeit für die Tradition – die apokalyptische Gegenwart hingegen zeichnet sich gerade durch deren Fehlen aus. Das charakteristische Symptom des gegenwärtigen Zeitalters ist der Stumpfsinn, stellte er fest, doch damit meinte er nicht einen Mangel an Verstand und Wissen, sondern im Gegenteil deren ungesundes Übergewicht. Ein Ausdruck des Stumpfsinns besteht gerade darin, daß man versucht, ausschließlich auf sein Bewußtsein zu hören und die gesunde Verbindung zu allem abbricht, was sich hinter und unter dem Bewußtsein abspielt. Seine Worte zur Wachsamkeit und zum Unbewußten erinnern an Gedanken C. G. Jungs: »In einem verschlossenen Leben ist die Wachsamkeit verschlossen. Diese verschlossene und versunkene Wachsamkeit bezeichnet die Psychologie neuerdings als das Unbewußte. Das ist das Wachsamkeitsorgan der menschlichen Seele. Das ist die Fähigkeit, die mit dem übernatürlichen, in der Wirklichkeit also nicht existenten Sein in Verbindung steht. Die Psychologen können sich gar nicht genug darüber wundern, daß das Unbewußte alles erfährt, jede Tätigkeit beurteilt, sich widersetzt, gutheißt, führt, Widerstand leistet, droht, mahnt, rät, abrät, anregt, Kenntnis über jede Regung des menschlichen Lebens hat, ständig das ganze Leben aus unerhörter Ferne beobachtet, die Ereignisse des Schicksals registriert, sie versteht, und zwar untrüglich, eigentümlich, sicher und metaphysisch, mit anderen Worten die Traumbilder der sogenannten äußeren Welt ignoriert ... sie für nichtexistent hält. Das Unbewußte ist die Wachsamkeit des geschichtlichen Menschen. Es ist auch das, was über den menschlichen Verstand und seine Arbeit ständig zu Gericht sitzt.«

Sein Interesse an der Tradition richtete sich stillschweigend auf die Erlösung – das Erlöstwerden. Denn nach Hamvas folgt auf das gegenwärtige, »apokalyptische Zeitalter« die ewigwährende »Erlösung«. Es ist vielleicht überflüssig zu erwähnen, daß dieser Gedanke nichts mit christlichen oder kirchlichen Auffassungen im traditionellen Sinn zu tun hat. Nicht Institutionen werden dieses kommende Zeitalter erschaffen, es wird vielmehr als persönliche Unternehmung jedes einzelnen Menschen entstehen. »Ich bin nicht religiös«, schrieb er in seinem Essay *Ein Tropfen Verdammnis*, »aber seltsamerweise war jede große, entscheidende Erfahrung meines Lebens religiöser Natur.« Dieses religiöse Gefühl ist kirchenfeindlich. Wie es der Philosoph Lajos Szabó, ein ungarischer Freund von Hamvas, ausdrückte: Religion: Revolution, Kirche: Konterrevolution. Bei der von Hamvas bekundeten, religiösen Empfindung erwacht Gott nur in der alleingebliebenen Seele zum Leben. Wer an einem religiösen Erlebnis teilhat, erlebt nicht nur, daß jede Verantwortung auf ihn fällt (alles durch seine Sicht – Wachsamkeit – zum Leben erwacht), sondern auch, daß sogar die göttliche Last von Schöpfung und Vernichtung auf seinen Schultern ruht.

Im religiösen Erlebnis kommt das zum Vorschein, was Hamvas in seinem Essay *Harlekin* als die »paradoxe Logik« des Seins bezeichnet hat und wofür er nicht weniger empfänglich war als Georges Bataille, der die Betonung ebenfalls auf die innere Erfahrung legte. Hamvas' dritte Phase stand im Zeichen der Suche nach dieser inneren Erfahrung. »Ich bewegte mich rückwärts von der Mitte des letzten Jahrhunderts bis zur französischen Revolution, zur Aufklärung, zum Rationalismus, zum Humanismus, durch das Mittelalter hindurch zu den Griechen, den Hebräern, den Ägyptern, den Primitiven. Die Krise fand ich überall, aber jede Krise verwies auf etwas noch Tieferes. Der dunkle Punkt liegt weiter zurück, noch weiter zurück. Ich beging den typischen, europäischen Fehler, den dunklen Punkt außerhalb von mir zu suchen, obwohl er in mir war.« Sein Exerzitienbuch *Mágia sutra* (1950), das sich nur mit den *Exerzitien* von Ignatius von Loyola vergleichen läßt, bezeugt genauso die Kraft dieser inneren Erfahrung wie seine Romane, die alle von der Einheit von Person und Schicksal handeln (vor allem das gewaltige *Karneval,* das zu Beginn der fünfziger Jahre entstand), oder der gewaltige, dreiteilige Essayband *Patmos,* an dem er sieben Jahre arbeitete (1959-66). Der Titel dieses Werkes zitiert den nach Patmos verbannten Evangelisten Johannes: die Einsamkeit, in der der Mensch dennoch bestehen kann. Auch Hamvas lebte auf seinem inneren Patmos und blickte von dort auf das hinaus, was vor und was jenseits der Geschichte war.

Béla Hamvas
Kierkegaard in Sizilien

Byzanz

1.

Dieser Aufsatz beschäftigt sich mit der Frage, wie der Humanismus aus dem Byzantinismus entstand.

Das Paradox mußte nicht lange gesucht werden. Es bot sich von selbst an. Was sehr hoch emporragt, ist sehr tief verwurzelt. Unter den heutigen Lebensalternativen steht der Humanismus – die Verpflichtung, den Unterdrückten zu helfen – am höchsten: in ihm laufen der Sozialismus und das neuzeitliche Christentum zusammen, er bildet die Grundlage der heutigen Moral, er soll zur Grundlage des kommenden Staates werden, in ihm liegt der Sinn des kollektiven Gedankens. Dieser Höhe entspricht als Tiefpunkt das mittelalterliche Byzanz: ein einzigartig düsterer, bornierter und blutiger Schauplatz der Geschichte.

Daß das bisher keinem aufgefallen ist, hat mehrere Gründe. Die eintönigen, bedrückenden tausend Jahre von Byzanz sind deprimierend wie eine langwierige und unheilbare Krankheit. Niemand machte sich gern an das Studium von Byzanz – diejenigen, die es dennoch taten, waren Talbewohner: die größeren Zusammenhänge und weiteren Perspektiven sahen sie nicht. Es gab auch noch nicht die psychologischen Voraussetzungen für eine solche Betrachtungsweise. Es ist kaum dreißig Jahre her, daß Nietzsche die Menschheit diese Art des Sehens gelehrt hat.

Daß der Byzantinismus und der Humanismus auf diese Weise Seite an Seite geraten sind, hat viele Konsequenzen. Keinesfalls jedoch, daß Byzanz dadurch einen vornehmeren Platz erhält oder daß die Idee des Humanismus kompromittiert wird. Es lohnt sich nicht, Byzanz zu rehabilitieren, es lohnt sich nicht, den Humanismus zu destruieren. Was ersteres angeht: Byzanz ist nicht sympathisch; das war es nie und wird es wahrscheinlich auch nie sein. Was letzteren angeht, gilt, daß: »die Zerstörung einer Illusion noch keine Wahrheit ergibt, sondern nur ein Stück Unwissenheit mehr«.

2.

Konstantin der Große legte den Grundstein zu Byzanz im Jahr der 276. Olympiade. Rom mochte er nicht; er wollte eine neue Hauptstadt. Anfangs dachte er an Sardika, ein Städtchen in Kleinasien. Später zog er Saloniki, Kalcedon, sogar Ilion in Betracht. Er hatte sogar schon mit dem Bau begonnen, aber ein Geist, der ihm im Traum erschien, ließ ihn wieder aufhören.

Byzanz – Konstantinopel – entstand nicht aus einem natürlichen Interesse des Römischen Reiches, sondern aus der Eitelkeit des Kaisers. Er wollte sich selbst ein Denkmal setzen. Er ließ seine Statue auf eine kolossale Porphyrsäule stellen und glaubte, die Stadt würde zu einer Pilgerstätte wie Delos oder Jerusalem werden. Er trieb seine Priester, Soldaten und Beamten dorthin. Er plünderte die Kirchen Griechenlands, Italiens, Kleinasiens, Nordafrikas. Er ließ Schiffsladungen von Statuen, Säulen, Schätze in seine neue Residenz bringen – das waren die Meisterwerke, die von den Mauern auf Dandolos' Kreuzritter geworfen wurden. In einer einzigen Kirche standen 427 Statuen. »Konstantinopel entsteht«, sagt Hieronymus, »während die anderen Städte verfallen.« Ennapius ist aufgebrachter: »Er versammelte Massen von Menschen aus den eroberten Städten in Byzanz, um genug betrunkenes Gesindel zu haben, das ihn beim Betreten des Theaters beklatscht.« Ein Großteil der neuen Bevölkerung bestand aus Müßiggängern. Der Kaiser sorgte für ihre Verpflegung. »Sämtliche Getreidelieferungen Ägyptens, Syriens, Kleinasiens reichten kaum aus, um ihre Bäuche zu füllen.« Der Kaiser hingegen war zufrieden. Andere lassen sich nur ein Denkmal errichten, Diokletian läßt höchstens einen Palast in Salona erbauen; Konstantin läßt eine ganze Stadt errichten.

Die Stadt entstand dank Konstantins ehrgeizigem Hochmut. Diese Gemütsstimmung saß dort tausend Jahre, bis sie von Suleiman erobert wurde. Konstantin war Kaiser und Hoher Priester in einem. Und das, was er tat, erweckt oft den Anschein, daß er sich sogar für einen Gott hielt. Von seiner Warte aus war dieser Glaube nicht ganz abwegig. Was Intelligenz betraf, konnte sich kaum jemand mit ihm messen. Was politische Genialität betraf, geradezu niemand. Außerdem hatte Konstantin Glück, oder wie die heutige Psychologie sagen würde:

einen hervorragenden Instinkt. Und wer über Intelligenz, einen scharfen Verstand und einen guten Instinkt verfügt, ist zweifellos ein Halbgott. Die andere Hälfte nahm die Eitelkeit des Kaisers nicht wahr.

Konstantin wankte nie. Seine Familienangehörigen, Verwandten, seinen besten Freund, den Philosophen Sopater, ließ er umbringen, wahrscheinlich nicht ganz ruhigen Gewissens, doch ohne jedes Zögern. Dennoch war er nicht blutrünstig. Er wußte stets, was er tat, vor allem aber wußte er, daß das Glück auf seiner Seite war – es konnte mit ihm nur nach oben gehen, also würde er mehr gewinnen als verlieren.

Als er vor seinem schwierigsten Problem stand und statt des Heidentums sich für das Christentum entschied, spürte er, daß er damit die größte Aufgabe seines Lebens gelöst hatte. Konstantin hatte richtig abgewogen: auf der einen Seite das reiche, aber verkommene Heidentum mit den welken Resten seines Glaubens, allein durch die Ohnmacht der Geschichte noch aufrechterhalten; auf der anderen Seite die keineswegs sympathische, aber quicklebendige und zuweilen mit entsetzlicher Kraft ausbrechende Massenleidenschaft. Vielleicht spürte er, daß sie ihn wegfegen würde, wenn er sich nicht für sie entschied. Er fürchtete sich vor ihr. Bis er lernte, sie zu verachten. Denn der Autokrat verachtet das, was er nicht fürchtet. Die Entscheidung glückte: er hatte die herrenlose, elementare Energie gebremst, in seinen Dienst eingespannt. So konnte er sich des fast schon illegitimen Reichtums bemächtigen. Seine Politik kostete viel, wie Politik stets viel kostet, um so mehr, je größer sie ist. Aber die heidnischen Tempel bargen genug Schätze, und er wußte, daß er seinen neuen Anhängern keine größere Freude bereiten konnte, als ihre Plünderung zu befehlen.

Die christliche Kirche beklatschte jede seiner Taten. Sie war dankbar, weil er sie an die Macht brachte. Konstantin wußte diese Dankbarkeit zu nutzen. Die Verwaltung des Römischen Reiches war korrupt; das Heer ernährte sich aus den Reihen der Barbaren, die Zeit hatte sich auch geändert, und es bedurfte einer Institution, die der Zeit gemäß raffinierter, innerlicher, seelenartiger war. Er war ein echter Herrscher und begnügte sich nicht mit der oberflächlichen Herrschaft; er wollte alle Menschen des ganzen Reiches bis in den verborgensten Winkel ihrer Gedanken in der Hand haben. Das Christentum erbot sich dazu von selbst. Er »fand den Klerus schon so eigentümlich zur Macht organisiert«, so Burckhardt, daß »die Geistlichen die ergebensten Verbreiter seiner Macht« wurden. Die Kirche war das Instrument, durch das er sogar die Gedanken, Sehnsüchte, Phantasien, Träume der Menschen beeinflußte. Die Religion – die abhängigste Abhängigkeit – als Herrschaftsinstrument. Konstantins Erfindung. Byzanz' Fundament. Cäsaropapismus.

Keiner der christlichen Bischöfe erkannte, daß Konstantin nicht von religiösen Überzeugungen geleitet wurde. Das wird besonders durch die Ereignisse beim Konzil von Nicäa deutlich. Nominell ging es um eine Glaubensfrage, in Wirklichkeit um überaus weltliche, ja finanzielle Fragen. Kein Wort von dem, was Eusebius schreibt, ist zuverlässig. Er verfälscht sogar die Zahl der Bischöfe, die am Konzil teilnahmen: er behauptet, es seien 318 Bischöfe anwesend gewesen, doch wie sich später herausstellt, ist die Zahl 318 eine Anspielung auf das vierzehnte Kapitel der Genesis. Die Versammlung bezeichnet er als eine »Wiederholung des ersten Pfingsten« und als »Abbild der apostolischen Runde«. Das Mahl nach dem Konzil beschreibt er so: »Was hier geschah, übertraf jede Beschreibung. Am Palasttor standen kaiserliche Leibwächter mit gezogenem Schwert – doch die Diener des Herren passierten sie furchtlos (und wie sie sich gefürchtet haben müssen!). Ein Teil der Bischöfe setzte sich an den Tisch des Kaisers, die anderen nahmen rechts und links Platz.« »Man glaubte«, fügt er hinzu, und zwar ohne jeden Spott, »des Himmelreichs Christi ansichtig zu werden.« Das ist der Ton des Buches »Vita Constantini«, bei dem man wirklich nicht weiß, ob sein Verfasser so einfältig oder so maßlos unverschämt ist.

Auf dem Konzil errang »der Byzantinismus oder, was dasselbe ist, die Orthodoxie« den Sieg. »Der Basileus von Byzanz wurde zum königlichen Ebenbild der himmlischen Majestät.« Das hatte Konstantin gewollt. Und als das klar wurde, war es schon zu spät. Ein paar Jahre nach Konstantins Tod versammelten sich die Bischöfe erneut zu einem Konzil in Mailand, doch da fuhr Constantius die zankenden Priester schon mit den Worten an: »Das Gesetz der Kirche ist das, was ich will.«

3.

Prokopios – der Sekretär Kaiser Justinians – hatte nichts von Eusebius' kindischer und ruchloser Heuchelei. Die Angelegenheiten seines Herren erledigte er wohl gut, aber wenn er allein war, rächte er sich, indem er über alles, was um ihn herum geschah, Aufzeichnungen machte. Und davon gab es genug. Etwa über Theodora, die Tochter des Käfigwärters, die von der Straßenecke auf den Thron gelangte; über die Edelleute am Hof, die nur drei Dinge ernst nahmen: den Zirkus, die Ausschweifung und das Trinken; über die Staatsordnung, die er mit einem einzigen Wort ausreichend charakterisiert: »leelasia«; und schließlich über den Kaiser selbst, der Theodoras Mann, der Herr der Edelleute, der Hüter der Staatsordnung und noch soviel mehr war, daß nicht einmal der dicke Band der »Anekdoten« ausreicht, um seine Eigenschaften aufzuzählen.

Prokopios störte auch, daß Justinian den Menschen das Geld aus der Tasche zog, doch das eigentlich weniger. Schließlich wußte auch er, daß die Selbstsucht von »Dieben, Räubern, Wucherern und Spekulanten letztendlich bescheiden und anspruchslos ist; schließlich kann man von den Menschen kaum weniger verlangen als ihr Geld«. Was Prokopios schmerzte, war, daß Justinian das nicht ausnahmsweise machte, sondern systematisch, nicht manchmal, sondern ständig und schließlich nicht als Mißbrauch, sondern als das Rechtmäßige. Er begriff nicht, daß gerade das Justinians weltgeschichtliche Neuerung war. Prokopios war ein Moralist. Er glaubte, die Moral sei die tragende Säule der Staaten. Er hatte die Idiosynkrasie eines Tacitus allem Starken, Blutigen, aber auch Feinen und Raffinierten gegenüber. Vermutlich hatte er Thukydides gelesen, daraus jedoch nicht gelernt, welch großer Unterschied zwischen der Geistigkeit primitiver Gemeinschaften und der Kompliziertheit bevölkerungsreicherer, vermögenderer, kultivierterer Gesellschaften besteht. Zur Regierung zivilisierterer Staaten reicht die Moral allein nicht aus – es bedarf auch anderer, effektiverer Methoden. Prokopios war kein Psychologe und besaß keinen Sinn für Geschichte. Er begriff nicht, was der Kaiser eigentlich tat: er hatte die Macht des Rechts über die Finanzen entdeckt, lenkte jedes Einkommen zum Thron hin und verlängerte damit

Byzanz' Existenz um Jahrhunderte. Justinian war ein genialer Mensch, aber kein politisches Genie wie Konstantin, sondern ein juristisches Genie. Was heißt es, ein Genie zu sein? Alles zu erreichen, was man erreichen kann. Ob einem das in der Politik oder im Recht gelingt, ist zwar nicht unwichtig, aber doch nur ein Unterschied in der Nuance. Justinian hatte einen besonderen Sinn dafür, das Procedere zu legalisieren, mit dem er über das ganze Reich wie über sein Privateigentum verfügen konnte. Mit Hilfe von Erlassen erschloß er immer neue Einkommensquellen, war erfindungsreich im Hervorzaubern von Geld, sicherte die Möglichkeit, daß der Kaiser den ganzen Reichtum des Staates einfach an sich nehmen konnte. Und das alles gründlich und vorbildlich: er ließ seine Gelehrten den großen Rechtskodex verfassen, der von vornherein alles absegnete, was der Kaiser tat.

Starb ein reicher Mann, fälschte er ein Testament, in dem jener sein Geld dem Staat hinterließ. Ein solches Testament ließ sich nicht anfechten.

Er ließ fiktive Klageschriften gegen wohlhabende Leute verfassen, die durch Geld ausgelöst werden mußten.

Die Reichen durften Verbrechen begehen, zahlten und erlitten keinen Schaden.

Seine Vorgänger hatten die Ämter verkauft. Bevor er Kaiser wurde, sagte Justinian in seinem Eid: »In diesem Punkt wichen meine Ahnen von der Wahrheit ab«, und fuhr fort: »Sollte ich meinen Eid brechen, will ich verdammt sein, hier und im Jenseits, will ich zum Judas werden, dem Verräter des Herrn, möge mich die Pest bedecken und Kains Fluch gefangen halten.« Die Ämter verkaufte er jedoch noch im selben Jahr, und als sich die Provinzen wegen der maßlosen Räubereien der Beamten erhoben, jagte er seine Statthalter davon. Dann ersann er eine neue Methode: die Verpachtung. Seine Ämter wurden auf Auktionen für ein Jahr verpachtet. Diese Idee brachte ihm jährlich dreitausend Goldmünzen ein. Justinian bezeichnete diese Summe mit Vorliebe als »vom Himmel gefallenes Geldchen«.

Hinter dieser Methode des Regierens stand der Rechtskodex – jenes Rechtssystem, das einen so nachhaltigen Einfluß auf das moderne Recht hatte.

Der Instinkt eines Volkes manifestiert sich in seinen Herrschern. Die Herrscher kranker Völker verbrauchen die Kraft des Staates –

unter und nach ihnen wird das Land schwächer und schwächer. Die Herrscher gesunder Völker sichern die historische Standfestigkeit des Landes. Justinian wußte, daß sein Genie nur so lange wirken würde, wie er lebte: er sicherte jedoch auch den Schwächeren und Unbegabteren die Möglichkeit, richtig zu herrschen. Byzanz war erst zweihundert Jahre alt: ein gesundes Reich mit gutem Instinkt – es spürte, daß es noch lange eine bedeutende Rolle spielen würde. Es konservierte sich. Dieser Konservator war Justinian.

Die äußeren Umstände der Herrschaft Konstantin Porphyrogennetos' waren durch und durch byzantinisch. Was das heißt, ging schon aus dem zuvor Gesagten hervor. Doch der Kaiser eignete sich weder zum Herrschen noch zum Regieren, das überließ er anderen – während er ein Buch über das Regieren und die Hofsitten schrieb.

Sein Buch über das Hofzeremoniell ist eines der gründlichsten und detailliertesten Bücher der Weltgeschichte über die Etikette. Es beinhaltet genaue Beschreibungen der Festumzüge, Empfänge, Einweihungen, Festakte, Audienzen, des Einzugs in den Zirkus, beschreibt, was zu tun ist, wenn dem Herrscher ein Sohn geboren wird, was zu tun ist, wenn er getauft wird, wenn ihm die Haare geschnitten werden. Die Zahl der Zeremonien beläuft sich auf über vierhundert.

Nach Ansicht Burckhardts diente die Etikette dazu, Unberufene von öffentlichen Auftritten abzuhalten, die Wirkung zu erhöhen, indem sie den Platz, die Kleidung, das Verhalten jedes Teilnehmers vorschrieb, und so bei der Menge den Eindruck zu erwecken, der Hof stünde weit über dem gewöhnlichen Leben. Der Zufall, die Natur durften nicht zu Wort kommen, und auf den Festen, auf denen das Volk Entzücken bekunden mußte, wurden die Worte der Ekstase von Vorsprechern – kraktoi – vorgesungen.

Das Zeremoniell: Kleidungen, Verbote, Versteckspiele, Formeln – nichts als Zurschaustellung, Demonstration. Die Überbetonung des Zeigens – der Form. Stets ein Zeichen dafür, daß mit dem, was so sehr gezeigt wird, etwas nicht in Ordnung ist. Es ist defekt. Krank. Zuweilen fehlt es auch ganz.

Es besteht ein grundsätzlicher Unterschied zwischen der natürlichen Geste und der schauspielerischen Demonstration. Die natürliche Geste tritt in ihrer eigenen organischen Komplexität auf. Die schauspielerische Demonstration geht darüber hinaus: sie ist nicht das, was sie ist, sondern das, als was sie erscheinen möchte. Das »Zeigen« verweist auf einen um eins höheren Platz als die natürliche Geste, und daraus folgt, daß sie um einen Platz niedriger ist.

Benehmen ist das eine, Manieren sind das andere. Dort, wo das natürliche Benehmen fehlerhaft ist, kommen die Manieren zum Vorschein. Armut verrät sich dadurch, daß sie als überreich erscheinen will an dem, woran sie arm ist. Sie begnügt sich nicht mit sich selbst, sie braucht äußere Anerkennung. Sie will eine Wirkung erzielen. Sie wird zum Schauspieler. Ihr Leben wird zum Theater. Und im Theater »gibt es keine Einsamkeit, die Vollkommenheit duldet keine Zeugen... im Theater wird der Mensch zum Volk, zum Herdentier, zur Frau, zum Wahlvolk, zum Idioten... er will den Effekt, um jeden Preis das Espressivo«.

Die Zeremonie ist Effekthascherei ohne seelischen Hintergrund, schauspielerische Leistung, die nur eines will: hoch, unerreichbar, vornehm, göttlich erscheinen.

Konstantin Porphyrogennetos geht hinaus zu seinen Soldaten, und sie erwidern gemäß der vorgeschriebenen Etikette: »Wir sind deine Diener, unter deiner Herrschaft geht es uns großartig.« Dieses großartige Leben bestand darin, daß der Hof schon derart verarmt war, daß er bei größeren Empfängen Gold, Silber, Seide auslieh, um eine größere Pracht »vorzuführen«; daß man die persische Sitte einführte, daß man sich dem Herrscher nicht auf den Knien, sondern nur am Bauch kriechend nähern durfte; daß Nebenkaiser herrschten; daß die Thronfolger einander verstümmelten; daß das Leben am Hof aus Intrigen, Klatsch und Giftanschlägen bestand; daß das Volk in den Straßen im Aufruhr war; daß die Steuern so hoch waren, daß viele ihre Häuser zurücklassen und fliehen mußten; daß sich das Parteileben in der Kirche und im Zirkus abspielte; daß alles, was aus dieser Zeit übriggeblieben ist, langweilige Allegorie, wertlose, lexikalische Sammlung, philologische Spielerei und extravagante, an den Haaren herbeigezogene, philosophische Problemstellung ist.

4.

In dieser Atmosphäre politischer, wirtschaftlicher, moralischer, formaler, kirchlicher und gedanklicher Unterdrückung, die in Byzanz herrschte, bildete sich ein ganz eigenartiges Wertesystem heraus. Die echte Natur der Unterdrückung läßt sich qualitativ gar nicht beschreiben oder ausdrücken; sie ist ganz ortsgebunden, spezifisch und auf die Lebensqualität bezogen – vom gleichen inneren Wesen durchtränkt wie das byzantinische Griechentum, das Mosaik, der Baustil, die Sitten; alles atmet den byzantinischen Genius Loci. Die Bedeutung der Unterdrückung ist positiv: der erste Schritt zum wahren Verständnis der Lage ist die Einsicht, daß Unterdrückung nicht »schlecht«, nicht »falsch«, nicht etwas »Abzulehnendes«, »Fehlerhaftes« ist. Das scheint nur aus dem Blickwinkel der humanen Idee so. Unterdrückung ist die Auswirkung herrschaftlicher Willkür. Und die byzantinischen Kaiser schufen eine Herrschaftssituation, die an ihrer Stellung keinen Zweifel aufkommen ließ: es war eine Unterdrückung. Willkür ist nur aus dem Blickwinkel der Freiheit »schlecht«. An sich ist sie ein Symptom des Lebens wie die Freiheit auch. Zwischen

Willkürherrschaft und Freiheit
Freiheit und Willkürherrschaft

besteht ein beiderseitiges, komplementäres Gegensatzverhältnis. Beide stützen sich aufeinander ab. Das Problem liegt nicht hier, sondern tiefer.

Die Erklärung dieser tieferen Schicht: Das byzantinische Kaisertum fühlte sich nie stark genug, seine Despotie in voller Unverantwortlichkeit auszuüben. Das ist das Erbe Konstantins: er berief sich auf etwas, etwas Höheres. Als schuldete der Kaiser jemandem eine Erklärung für das, was er tat. Mit seinen Verfügungen sammelte er moralisches Kapital vor einem nicht existenten Forum. Er mußte sich vor dem nicht existenten Forum verantworten und bewies durch diese Tatsache, daß dieses nicht existente Forum – existierte! Er begab sich selbst in eine Abhängigkeit, um seine Untertanen vollkommen von sich abhängig zu machen. Justinian zog aus diesem politischen Kunstgriff materiellen Nutzen, Konstantin Porphyrogennetos segnete sie formal ab.

In diesem Augenblick, so scheint es, lebt der Herrscher nicht mehr sein eigenes Leben, sondern seine Biographie. Er ist kein Mensch mehr, sondern ein Darsteller auf der Bühne der Weltgeschichte, er sagt nicht sein menschliches Leben, sondern seine einstudierte Rolle auf. Wovon kein Wort wahr ist. Man hat kein Wort von Konstantins Verfügungen, Justinians Kodex oder Porphyrogennetos' Etikette verstanden, wenn man nicht begreift, daß es sich dabei um einen raffinierten Kunstgriff des Regierungssystems handelt: der Kaiser erweckt den Eindruck, als müsse er sich vor dem Weltenrichter verantworten, vor jenem Weltenrichter, vor dem er seine Taten rechtfertigen muß.

Die Art der Rechtfertigung: der Humanismus. Die Menschlichkeit. Nimmt man jemandem das Geld weg, nimmt man es im Namen der Menschlichkeit weg; sperrt man ihn ein – im Namen der Menschlichkeit; löscht man sein Leben aus – im Namen der Menschlichkeit. Der ganze Staat steht im Dienst der Menschlichkeit – selbst der Kaiser, er am allermeisten, denn in ihm manifestieren sich die Gebote der Menschlichkeit am unmittelbarsten.

Wäre es möglich, willkürlich zu herrschen, die Despotie auszuüben, ohne sich auf irgend etwas zu berufen? Das wäre es. Es ist auch schon geschehen: durch orientalische, griechische und römische Despoten, hinter denen nicht eine Idee, sondern ein gut bezahltes Heer, Tatkraft, Geistesgegenwart und Eignung zur Herrschaft standen. Kein einziger byzantinischer Kaiser besaß diese selbstbewußte Entschlossenheit des Begabten, die es offen gewagt hätte, Willkür auszuüben. Sie mußten lügen. Die Lüge war ein Zeichen von Schwäche, und diese Schwäche, die der Ideen bedurfte, um herrschen zu können, lastete auf der ganzen Atmosphäre von Byzanz.

Wie jede Idee hat auch der Humanismus nur dort einen Sinn, wo die realen Umstände zu ihrer Verwirklichung fehlen. Faßt eine Idee irgendwo Fuß, lebt die Gesellschaft stets in der Negation der Idee. Der Humanismus ist dort von Bedeutung, wo die Unterdrückung so groß ist wie in Byzanz und dazu das Selbstbewußtsein und die Eignung der Unterdrücker gering und es somit Tradition ist, daß der Kaiser – Halbgott, Ursprung des Rechts und nur über ein Zeremoniell zugängliche, höchste Person – die Unterdrückung als Hilfe für die Unterdrückten kaschiert, wo es also außer der Unterdrückung auch noch nötig ist zu lügen, zu lügen, daß die Unmenschlichkeit eigentlich Menschlichkeit sei.

Durch seine präventiven Vorkehrungen sprach sich das byzantinische Kaisertum vom Vorwurf frei, unmenschlich zu sein, weil sie die Welt mit der Idee des Humanismus zudeckte – einer Idee, unter der das Leben kaum mehr atmen konnte.

Und auch dieses Leben erlosch alsbald.

5.

Als sich die byzantinische Idee in der ersten Hälfte des 13. Jahrhunderts in Europa auszubreiten begann, gab es für den Humanismus keine geeigneten Lebensbedingungen: die negativen Aspekte der Menschlichkeit waren nicht vorhanden. Europa war nicht human; es war mehr als das – es schrieb Geschichte. Die maßgeblichen, den Geist diktierenden Staaten, die Staaten Friedrichs II. und Innozenz' III., der Staat der Hohenstaufer, Venedig, Frankreich führten einen ehrlichen und erbarmungslosen Kampf um den ersten Platz. Die allgemeine Stimmung in Europa war die des Machtrausches, im Privatleben untermalt von Abenteuerlust und fanatischer Religiosität. Der Geist dieser Zeit – Religion und Abenteuer – vermochte eine Idee wie den Humanismus nicht zu begreifen und aufzunehmen. Die Lebensumstände waren rauher, einfacher, ernsthafter, unverhohlener. Dröhnende Reiterschlachten und der Klang der Meßglocken, Rüstung und Meßgewand, Psalmen und Minnesang, Helm und Bischofsmütze, der Geruch verwesender Leichen am Schlachtfeld und Weihrauchduft, Pilgerfahrt und Pest, dazu die Nähe, Intimität und beengte Wärme des Alltagslebens gaben der Zeit eine eindeutige Richtung. Die Unterdrückung war natürlich, gehörte zum Leben, es fiel niemandem ein, sie zu rechtfertigen.

Byzanz begann zu wirken. Durch die Kreuzritter und über Venedig breitete sich die Antiquität und der nachdrückliche Charakter seiner Zivilisation aus, die aufreizende Schwüle, die seinen Gedanken entströmte, jene eigentümliche, »byzantinische Deformation«, die auch für seine Kunst so charakteristisch ist.

Im 14. Jahrhundert überfluten die Humanisten Europa. Sie verkünden die Ideale von Frieden, Harmonie, Verständigung und Bildung. Die Gerechtigkeit. Sie nehmen die Armen und Ausgebeuteten, die Kranken, Verkrüppelten und Unglücklichen unter ihren Schutz. Sie wollen die Unterdrückten befreien. Die Parolen der »Gedankenfreiheit« und der »Gewissensfreiheit« tauchen auf.

In Deutschland, Frankreich, Italien gab es keine günstige Lebensordnung für den Humanismus. Die Macht war gut organisiert und gesichert, sie bedurfte keiner Lügen zu ihrer Rechtfertigung. Sie war stark genug, um sich nicht auf Ideen abstützen zu müssen. Europa war nicht human, aber es führte ein luftigeres, freieres, abwechslungsreicheres Leben als Byzanz. Als sich der Humanismus ausgebreitet hatte, begann er seine eigenen negativen Aspekte heraufzubeschwören; die Atmosphäre wurde immer gedrückter, schwüler, bösartiger, ungeduldiger, arglistiger, heimtückischer, verlogener. Inhumaner. Der Humanismus hatte in Europa keinen Sinn – die Zustände waren »unmenschlich« genug, aber die Macht war stark genug. Es war eine wogende, grausame, aber offene »Unmenschlichkeit«. Doch die Idee griff um sich und schuf sich die Luft, die sie zum Leben brauchte. Auf diese Weise wurde die Lebensordnung »unmenschlich« – und dazu verhohlen unmenschlich, jene Art Unmenschlichkeit, die unter dem Deckmantel des Humanismus umhergeht. Die Pflanze saugt ihre Kraft aus der Fäulnis. Die Bedingung jedweden Lebens ist der Tod. Es muß gemordet werden, um leben zu können. Der Humanismus ermordete die Lebensweise Europas, um sich erhalten zu können.

6.

Die Grundvoraussetzung des Humanismus wurde folgendermaßen formuliert: »Wer nicht glaubt, daß das Ziel des Staates das größtmögliche materielle und moralische Wohl aller Staatsbürger sei, irrt sich in höchstem Maß.« Das ist die moderne, soziale, humanistische Auffassung. Doch das Ziel der Staaten, die Geschichte beweist es immer wieder, war nie die Verbürgerlichung der einfachen Menschen. Die Geschichte kümmert sich überhaupt nicht um das materielle und moralische Wohl der Staatsbürger. Die Idee des Wohlstandes, des Humanismus war ein Kunstgriff des Regierens in Byzanz und breitete sich über die byzantinischen Humanisten in Europa aus. Das Ziel des Staates besteht nicht darin, den Wohlstand der Bürger zu heben, sondern Geschichte zu schreiben. Das galt auch für Byzanz. Die Geschichte ist gerade das Gegenteil dessen, was dem Bürger zum Vorteil gereicht: sie bedeutet nicht Frieden, Menschlichkeit, Gerechtigkeit, sondern Blut, Kampf, Krieg, Willkür, Gewalt – die Erfüllung großer, geschichtlicher Aufgaben. Geschichte, das ist das schicksalhafte Wogen der Machtverhältnisse – das war sie seit jeher und wird es immer sein; der Humanismus hingegen ist die byzantinische Lüge, die die Aufmerksamkeit vom Wesentlichen ablenkt, den Menschen täuscht, das wahre Ziel verschleiert, ihn daran hindert, sein wahres, vorherbestimmtes Schicksal zu erkennen, zu begreifen, mit den echten Geschichtstugenden des Menschen zu erleben: Geistesgegenwart, Klugheit, Energie, Schwung, ehrgeiziger Heldenmut.

Der Humanismus ist das Ideal der »Kanalbewohner« (Dostojewski) und somit das größte Massenideal. Das der Unterdrückten, Schwachen, Verkrüppelten, Feigen, Furchtsamen, Kranken – die durch die Verkündung des Ideals das für sie empfundene Mitleid zur Pflicht machen wollen, ja die unter dem Vorwand der »Gleichheit aller Menschen« heimlich ihre eigene Herrschaft vorbereiten und teilweise auch verwirklichen.

Der zivilisierte Mensch lebt in einem Staat, und im Staat nehmen die Menschen ihren Platz gemäß einer natürlichen Werteskala ein. Der Humanismus trübt das klare Bild, das durch die geschichtliche Notwendigkeit so deutlich und greifbar hervortritt; er trübt es, indem er »gleiche« Rechte fordert, »Menschenrechte«, also die Güter des Lebens gleichmäßig verteilen will, weil er glaubt, daß die byzantinischen Kaiser, als sie die Idee der Menschlichkeit erfanden, vom Gedanken der gleichmäßigen Verteilung der Güter des Kaisertums geleitet wurden. Die byzantinischen Kaiser verzichteten nicht auf ihren Vorteil, sie waren nur zu schwach, um ohne Lügen an ihm festhalten zu können. In Europa, wo die Herrscher die Kraft hatten, an ihrem Vorteil festzuhalten, löste dieser Kunstgriff Verwirrung aus. Er war nicht nötig, dennoch verbreitete er sich, so daß die Herrscher unsicher wurden, ob sie noch stark genug für die offene Herrschaft waren oder ob fortan auch sie die Willkür unter dem Deckmantel der Menschlichkeit ausüben sollten; und die Untertanen wurden unsicher, ob sie die Güter vom Herrscher einfordern sollten oder ob sie in der staatlichen Ordnung an dem Platz bleiben sollten, an den sie durch ihre natürlichen Lebensbedürfnisse gebunden waren und wo sie letztlich vollkommen zufrieden lebten.

Der Humanismus löste in Europa einen neuen historischen Konflikt aus, den zwischen der Nutzung des Lebens und dem Dienst an der Idee. Die Nutzung des Lebens entspricht der natürlichen Lebensordnung in der Geschichte: jeder bekommt vom Leben soviel, wie er erreichen kann. Das ergibt sich aus der freien Möglichkeit von Begabung, Wissen, Eignung, Kraft, Klugheit. Der Dienst an der Idee ist im Grunde genommen nichts anderes als die Nutzung des Lebens, allerdings in verhüllter Form: er tut, als diene er, doch er lebt genauso wie andere – er kann auch nicht anders, er hat die gleichen Lebensbedürfnisse wie andere. Aber das Ressentiment tritt dazwischen. Er fängt zu lügen an. Er mimt den Dienst an Ideen (Zeremonie), beruft sich auf das Recht (Justinian) und schuldet einem nicht existenten Forum Rechtfertigung (Konstantin), während er einen raffinierten und komplizierten Lebensstil führt, der ihn davon abbringt, das Leben in einer normalen Art und Weise auszuschöpfen.

7.

Heute, als es selbst unter verzweifelten Anstrengungen kaum möglich ist, auch nur den Anschein von Humanismus aufrechtzuerhalten, hat sich gezeigt, welch tiefe Veränderungen der Lebensordnung dieser im Leben der Gesellschaft wie auch im persönlichen Leben hervorgerufen hat.

Der Humanismus hat das Leben der Gesellschaft vollständig mit seinem Idealismus überzogen; die Wirklichkeit wird überall vom Anschein der Menschlichkeit verdeckt. Demokratische, republikanische, sozialistische Verfassungen, Parlamentarismus, Volksvertretung, Rechtsgleichheit, allgemeine Steuerpflicht – all die Einrichtungen, die im Namen der »Menschlichkeit« entstanden sind, all die Einrichtungen also, die heute im Endstadium ihres Wankens kurz vor dem Einsturz stehen, sind eine historische Folge der Idee des Humanismus. Dabei weiß inzwischen jeder, daß sich hinter der demokratischen Staatsform die Herrschaft der Kapitalisten verbirgt; in einer Republik entscheiden genauso die Interessensgemeinschaften über das Schicksal des Staates wie in einer Monarchie; der sozialistische Staat bedeutet zum Teil die gemeinsame Herrschaft der Industriebarone und der Arbeiterführer über die Arbeiterklasse, eine zum Teil neue Herrscherklasse, eine Züchtung der Beamtenaristokratie. Das Parlament kann die schrankenlose Herrschaft der Parteien und der hinter ihnen stehenden Einzelpersonen kaum verhüllen; die Rechtsgleichheit war immer schon eine Illusion genauso wie die allgemeine Steuerpflicht. Darüber hinaus belasten den Staat auch die Ausartungen der Menschlichkeit: allgemeine Hygiene, allgemeine Wohltätigkeit, allgemeine Schulpflicht, dazu und als deren Folge lassen wirtschaftliche Not, Korruption in der Verwaltung, Halbbildung und Überbevölkerung die Staatslehre immer komplexer werden, bis sie sich heute an einem Punkt befindet, daß sie nicht mehr fortgesetzt werden kann, daß die »Menschlichkeit« auf ihrem triumphalen Weg, einem Weg, der die Staaten zweifellos ins Verderben führte, aufgehalten werden muß. Die Staaten beginnen von neuem zu erkennen, daß die rauheren, vitaleren Energien freigesetzt werden müssen: wir müssen eine ungeduldigere, kämpferischere, provokativere, grausamere – unmenschlichere Lebensweise annehmen, um unser Leben zu sichern. In modernen Staaten wird die latente, individuelle Absicht zum »Träger menschlicher Ideen«, jeder kleine und große Gauner zu einem »Freund des Volkes«, der Hochstapler zu einem »Fürsprecher der Ideen«, denn die verschiedenen Interessen trauen sich nie, sich in ihrer Wirklichkeit zu zeigen, sie berufen sich stets auf etwas und werden so zu Brutstätten des Byzantinismus: der Intrige, der Hinterlist, des heimlichen Hintergedankens, der Schwüle, der Geschichtslosigkeit, der langsamen Vergiftung, der verzehrenden, tödlichen Krankheit; jener Idee also, die sich den Deckmantel der Menschlichkeit übergestreift hat, um herrschen zu können: des Humanismus. Das »social service«, der Dienst an der Allgemeinheit – ein Dienst an der Idee –, hat die aufrichtige, offene Nutzung des Lebens verdrängt; es hat Menschen, Institutionen, Gedanken hervorgebracht, die jene byzantinischen Lebensbedingungen aufrechterhalten, derer der Humanismus bedarf, und hat die ganze staatliche Lebensordnung in eine byzantinische, sprich: korrupte, starre, zeremonielle, äußerliche, verlogene, heuchlerische verwandelt.

Als Folge des Humanismus wurde das persönliche Leben zum persönlichen Privatleben. Die Rollenhaftigkeit des Dienstes an der Idee spaltete die Menschen, die eine Hälfte sollte der Allgemeinheit gehören, der Menschheit, der Öffentlichkeit, der Bühne also, der heuchlerischen Lüge. Die andere Hälfte sollte der Mensch selbst sein – möglichst verleugnet und heimlich, die Tatsache verbergend, daß er sich ernähren, für Haus und Kleidung sorgen, seine Familie erhalten muß und daß er zu guter Letzt etwas will, was so etwas wie ein Leben ist, was zwar in keinem öffentlichen Bekenntnis steht, aber vielleicht doch das Wichtigste ist: der Taumel, die Freude, die Tiefe, die Andacht, die Reinheit, das Sonnenlicht. Der Humanismus verseuchte den Menschen mit dem Allgemeinen, erfand etwas wie: Privatleben. Das Gift der Idee des Privaten ist die bösartige Spaltung des Menschen in einen öffentlichen und einen privaten Menschen; zu einem zur Lüge verpflichteten Menschen und einem, dem zwar erlaubt ist, nicht zu lügen, der aber, wenn es herauskommt, daß er nicht gelogen hat – bis an sein Lebensende gezeichnet bleibt.

Klages hält ein solches menschliches Verhalten für Hysterie und sagt: »Entscheidend aber für die hysterische Haltung ist ihre Bezogenheit auf den Zuschauer. Wer etwas darstellen muß, der stellt es einem Zuschauer dar: am liebsten der wirklichen Fremdperson, wenn das nicht, so der eingebildeten Fremdperson, mindestens aber dem Zuschauer in ihm selbst. Demgemäß ist kein Hysteriker jemals ›bei der Sache‹, und was er tut oder unterläßt ... ist der vorweggenommene Effekt ... infolge krankhaft herabgesetzter Wirklichkeitsfühlung.« Worin sich eine genaue Diagnose der Zeremonie findet: die Darstellung, die Tatsache, daß man »nicht bei der Sache bleibt«, sondern sie übersteigt, überspringt, nicht das Wesentliche sucht, sondern die Rolle, nicht die Wirklichkeit, sondern die »glänzendere«, »dekorativere«, »effektvollere« Irrealität – den pittoresken Idealismus.

Dem Humanismus gelang es, den größten Teil der Menschheit mit der Idee des Privaten zu vergiften: durch die Trennung von Öffentlichkeit und Privatleben, dadurch daß man »als Staatsbürger«, »als Richter«, »als Beamter«, »als Mitglied der Kirche« anders fühlt, denkt, handelt, begehrt, urteilt, lebt, als man das als »Privatmensch«, »als – Mensch« tut. Der Humanismus hat den Menschen zerrissen, das »Allgemeine«, »Öffentliche«, »Ideelle« – sprich: Verlogene, Gespielte, Nichtexistente verklärt und das Wahre, Wirkliche beschmutzt, geschändet oder bestenfalls »hysterisiert«.

So entstand die Situation, die Nietzsche folgendermaßen beschreibt: »Die gewöhnlichste Lüge ist die, mit der man sich selbst belügt; das Belügen anderer ist relativ der Ausnahmefall.« Denn zu guter Letzt glaubte man das Unwirkliche, glaubte, was nicht wahr war, erkannte die Idee als verpflichtend an und hielt den inneren Byzantinismus für die höhere Wirklichkeit: die schwüle Luft der Seele, die Korruption der Gefühle, die Zeremonie des geistigen Haushaltens und die Lüge, daß man einem höheren Forum, vor dem man ständig die Rolle des »sittlichen Wesens«, »des Staatsbürgers«, »des Trägers der humanistischen Idee« spielt, Rechenschaft schuldet. Unter dem Eindruck des um jeden Preis erzwungenen »espressivo« wandelte sich das ganze innere, seelisch-geistige Wertesystem, der Mensch wurde zu einem sich zur Schau stellenden, maskierten, verkleideten, entstellten Wesen, dessen Verwurzelung in der Wirklichkeit verkümmert ist, der in der unwirklichen Sphäre der Idee verhungert und verdurstet, weil er vom nährenden Boden des Lebens abgetrennt ist.

Bei einer Idee kommt es nie darauf an, was sie erreichen will, sondern was sie legitimiert. Denn nur das, was sie legitimiert, ist real, was sie erreichen will, ist es nicht. Und letztendlich kommt es ihr auch nicht darauf an, das Irreale zu erreichen oder nicht zu erreichen, denn ihr Ziel ist die Legitimation. Die Ritterlichkeit legitimiert das Brutale; die Häuslichkeit – Haustiertugend – die Prostitution und die Ausschweifung; die Ehre die Schlauheit; der Sozialismus die Raubtierinstinkte. Der Humanismus rechtfertigt die gnadenlose Ausübung der schrankenlosen Macht.

Was der Humanismus ist, kann man nicht zeigen, da er keine Person, kein Gegenstand, keine Eigenschaft, sondern eine geistige Essenz ist; in seinem eigenen Sein ist er nicht sinnlich erfahrbar, nur in seinem Wirken: dort, wo seine Schöpferkraft etwas geschaffen hat, was – nicht nur ganz der Idee entspricht, sondern ganz die Idee selbst ist. Dieses Etwas, diese Wirklichkeit, dieser Gegenstand ist der elektrische Stuhl – das Symbol des Humanismus.

Der elektrische Stuhl ist das Symbol der schrankenlosen Macht, doch er hüllt sich in den verlogenen Schein von Barmherzigkeit. Der elektrische Stuhl tötet genauso im Namen der Macht wie das Beil oder die Kugel oder die Guillotine, aber aus der Ferne, unpersönlich, kein Mensch, sondern eine kosmische Kraft. Hier wird der Kosmos – die »schöne Ordnung«, das unendliche Leben, der gebändigte Funke übervoll strahlender Naturkräfte gegen das Leben, zur Auflösung der »schönen Ordnung« verwendet. Tötet der Mensch, so ist das natürlich, aber es ist nicht natürlich, das auf barmherzige Art und Weise zu tun, denn ein Mord ist Ausdruck der menschlichen Grausamkeit und nicht seines Wohlwollens, es ist nicht natürlich, daß man in einem solchen Fall »menschliche – humane« Mittel erfindet, um der Verantwortung auszuweichen, um unpersönlich zu töten, seiner Tat zu entkommen, sie zu leugnen, die Verantwortung auf den Funken der schönen Ordnung abzuwälzen. Die Idee des elektrischen Stuhls ist auf geradezu niederträchtige Weise unanständig, was in ihm zum Ausdruck kommt, ist ein feige winselndes, jämmerliches, unterwürfiges Blinzeln – am elektrischen Stuhl merkt man klar und vollständig jede schwüle, schmutzige Lüge Byzanz' und des Byzantinismus, spürt man das Zittern der Kloakenmenschen vor ihrer eigenen Tat, spürt man die Zeremonie des Verhüllens, den juristischen Absolutismus, die Rechenschaftslegung vor dem höheren Forum – die ganze byzantinische Ideenrüstung. Hier wird die blutigste und tiefste menschliche Leidenschaft, die Rache, legitimiert, »veredelt«, »verklärt«, zum »Gesetz«, zur »Pflicht« erhoben, bekommt ein Ideenkleid, ein weißes natürlich, wird geheiligt und empfängt in der Wiedertaufe den Namen »Vergeltung«. Die Gesellschaft vergilt die gegen sie begangene »Schuld«. Doch verborgen, ängstlich, Umwege beschreibend – legitimierend – läßt sie den Delinquenten im bequemen Armsessel Platz nehmen, als wolle sie ihn bewirten, polstert den Stuhl mit Kissen aus, grinst den Gast freundlich an, ergeht sich in Höflichkeiten, läßt bitten – sie bietet ihm einen Platz in ihrem Haus an. Sobald der Gast Platz genommen hat, schnallt der freundliche Wirt die Gurte an ihm fest, fesselt ihn, legt ihn lahm und jagt den Strom durch ihn – und dabei lächelt er zufrieden, da er weiß, daß er eine gute Tat vollbracht hat, den Schmerz des Delinquenten gelindert, seinen Tod beschleunigt, sicher, blutlos, einfach – human – gemacht hat, er wundert sich höchstens, daß der Gast, die verkohlte Leiche, bei soviel Menschlichkeit sein Grinsen nicht dankbar erwidert.

Wissenschaftsreligion und Religionswissenschaft

1.

»Wissenschaft und Religion«, so lauteten Titel, Thematik und Problematik von Émile Boutroux' Buch, das vor dreißig Jahren entstand und den damaligen Stand der Frage erschöpfend behandelte. Eine solche Gegenüberstellung wäre heute naiv. Das, was damals als die letzte Grenze erschien, durchschauen wir heute bereits. Wissenschaft und Religion sind in gewisser Hinsicht miteinander verschmolzen. Wir wissen, daß die Wissenschaft vor dreißig Jahren nicht das war, wofür sie damals gehalten wurde; wir waren Zeugen, wie es sich von einer These nach der anderen, von einem Gesetz nach dem anderen herausstellte, daß sie alles andere als, wie damals angenommen, ewige Wahrheiten waren. Aber vor allem wissen wir, daß das gar nicht anders sein kann. Deshalb befriedigt es uns heute nicht mehr, die Frage so zu stellen: Wissenschaft und Religion. Auch die Wissenschaft ist eine Art Religion, vor allem wenn sie mit dem Anspruch auftritt, jene Probleme lösen zu können, die früher die Religion gelöst hat. Denn genau das tut ein Teil der Wissenschaft. Sobald ihre Aussagen über das rein Materielle hinausgehen, ist sie bereits Geist und eine Leben verwandelnde Kraft. Doch dann gelten auch für sie die Gesetze des Geistes. Wissenschaft und Religion stimmen darin völlig überein, »the higher order of consciousness – eine höhere Bewußtseinsordnung« zu sein. Sie gehen über das hinaus, was hier, heute, einmalig und zufällig ist, und suchen, ja verkünden das, was ständig, immer und überall unbedingt wahr und wahrhaftig ist. Gerade deshalb ist es heute bereits erwiesen, daß jede Wissenschaft, die sich nicht mit Einzelheiten befaßt, die über konkrete und technische Fragen hinausgeht, religiösen Charakters ist. Jede sich mit allgemeinen Fragen befassende und mit geistigem Anspruch auftretende Wissenschaft ist in Wahrheit eine Wissenschaftsreligion.

Und diese Wissenschaftsreligion steht nicht mehr so in Opposition zu den Daten, Fakten und der Exaktheit, wie sie das noch vor dreißig Jahren getan hat. Sie hat sich von ihnen genährt. Die Wissenschaftsreligion ist eine Datenreligion, eine Faktenreligion, eine Exaktheitsreligion. Das, wozu sie in Opposition steht, ist das Gefühl, die Imagination, das Unbegreifliche, das Bildhafte und Musikalische, alles, was nicht aus Daten besteht. Da jener Bereich der Wissenschaft, der früher als Naturwissenschaft bezeichnet wurde, Physik, Chemie, Astronomie und Biologie, in eine höhere Ordnung des menschlichen Bewußtseins überging, wurde er zu einer Religion. Und jener Bereich der Wissenschaft, der früher als Geisteswissenschaft bezeichnet wurde, zog sich um eine einzige Frage zusammen, und dieser eine Punkt war: die Religion. Wer genau darauf geachtet hat, was sich in den letzten zwanzig Jahren in der Geschichte, Soziologie, Ethnologie, Psychologie und Sprachwissenschaft ereignet hat, konnte feststellen, daß ausnahmslos alle Fragestellungen der einzelnen Wissenschaften auf die Religion hinausliefen. Die ganze Geisteswissenschaft wurde durch die Entdeckung, daß die Fragen des menschlichen Geistes letztendlich religiöse Fragen sind, zur Religionswissenschaft.

So ergibt sich in der höheren Ordnung des menschlichen Bewußtseins jene neue, heutige, zeitgemäße Opposition von Wissenschaftsreligion, die eine Faktenreligion ist, und Religionswissenschaft, die sich mit der ultimativen Natur, den ultimativen Abhängigkeiten, den ultimativen Verbindungen des menschlichen Geistes befaßt. Deshalb lautet die vor dreißig Jahren als »Wissenschaft und Religion« formulierte Problematik heute: Wissenschaftsreligion und Religionswissenschaft.

2.

Das erste, was an der Wissenschaftsreligion auffällt, ist ihre Mittelmäßigkeit. Zu den wichtigsten Fragen des menschlichen Lebens schweigt sie. Das allgemeine Desinteresse der Wissenschaft ist überaus groß. Dieses Desinteresse ist allen Wissenschaften gemeinsam und liegt in der Wissenschaftlichkeit selbst begründet. Worin besteht diese Wissenschaftlichkeit? Zweifellos in der Form der Wissenschaft. Man kann über einen Gegenstand künstlerisch schreiben, politisch, ironisch und eben wissenschaftlich. Von allen Arten des Schreibens ist die wissenschaftliche die desinteressierteste, da die wissenschaftliche Form am wenigsten essentiell ist. Dem hält man entgegen, sie sei wahr. Nein. Nur ihre Voraussetzungen sind strenger. Was sind diese Voraussetzungen? Die sogenannten Daten, Fakten – auf diesen Daten, Fakten beruht die Form der Wissenschaft. Sie sind die Voraussetzungen der Wissenschaft oder anders gesagt: ihre Vorurteile. Auf ihnen beruht jenes ausgeklügelte System von Vorurteilen, das als wissenschaftliche Methode bezeichnet wird.

Dem systematischen, wissenschaftlichen Denken, das heißt den auf Fakten und Daten errichteten Vorurteilen läßt sich eine andere Art des Denkens, die Daten und Fakten nicht berücksichtigt, entgegenhalten. Dieses läßt seiner Phantasie vielleicht freien Lauf, wird auch mal tendenziös, macht den Gegenstand womöglich zu einer persönlichen Angelegenheit, bemüht sich vielleicht gar nicht, den Ereignissen die künstliche Ordnung der Exaktheit aufzuerlegen. Ist ein solches Denken wahrer als die Wissenschaft? Nein. Aber eines ist gewiß – je mehr es die einander durchkreuzenden, einander widersprechenden, einander zerstörenden Ereignisse enthüllt, je weniger systematisch und exakt es vorgeht, um so mehr wird es den Eindruck von Wirklichkeit erwecken. Es will nichts in Zusammenhang setzen, stellt keine Ursache und Wirkung fest, will nicht begreifen, sondern versucht statt dessen die Wirklichkeit mit all ihren Widersprüchen und ihrer Komplexität zu durchleben.

Die Ursache für das Desinteresse der Wissenschaft liegt darin, daß sie intellektuell ist. Was jedoch nur der Intellekt behauptet, kann, da es irreal ist, eigentlich auch unendlich töricht sein. Der rein intellektuelle Mensch ist letztlich dumm. Und so vermag nichts so dumm zu sein wie die ausschließlich intellektuelle Wissenschaft.

Das hat viele Folgen. In erster Linie, daß die Ausdrucksweise der Wissenschaft stets genauso schwerfällig, rein intellektuell, sprich: töricht ist wie die wissenschaftliche Form. Die Sprache des Wissenschaftlers ist ungeschickt, primitiv, dürftig, nüchtern, also bemitleidenswert unfähig. Eine weitere Folge ist, daß die Wissenschaft aus dieser Unfähigkeit natürlich einen Vorteil zieht; auf dieser Nüchternheit, diesen exakten Dummheiten beruht die wissenschaftliche Esoterik, die nichts anderes als eine Art wissenschaftliche Bürokratie ist. Es folgt daraus auch, daß die Wissenschaft infolge ihrer rein intellektuellen Natur letztlich mittelmäßig ist. Ihre Erfolge feiert sie bei den Halbgebildeten, und die Weltanschauung der Wissenschaft ist die Weltanschauung der Halbgebildeten.

An dieser Stelle müssen wir in Anlehnung an Goethe eine wesentliche Unterscheidung machen: Wir müssen das objektive Denken und das systematische Wissen voneinander trennen. Der Unterschied zwischen beiden besteht darin, daß sich ersteres auf das Objekt, letzteres auf Daten bezieht. Ersterem entspringt der Gedanke, letzterem das Wissen. Die spezifische Methode und Form der Wissenschaft beruht nicht auf dem objektiven Denken, sondern auf dem systematischen, datenartigen Wissen. Diese Unterscheidung ist von entscheidender Bedeutung: denn das objektive Denken ist niemals intellektuell, sondern wie Goethe sagt stets eine »Ergriffenheit – ein Schaudern«, und dem entspringt niemals Wissen, Faktizität oder Datenartiges, sondern stets die Wirklichkeit. Goethe zitiert seine »eigentümliche Verfahrungsart«, »daß nämlich mein Denkvermögen gegenständlich tätig sei ... mein Denken sich von den Gegenständen nicht sondere; daß die Elemente der Gegenstände, die Anschauungen in dasselbe eingehen und von ihm auf das innigste durchdrungen werden; daß mein Anschauen selbst ein Denken, mein Denken ein Anschauen sei«. Dieses »gegenständliche Denken« ist dem systematischen Wissen, das sich wiederum nicht auf den Gegenstand, sondern auf Daten bezieht, diametral entgegengesetzt. Der Gegenstand ist die Wirklichkeit, Daten sind die Übersetzung der Wirklichkeit in Wissen. Der Gegenstand bleibt stets ein Gegenstand, Daten als Wissen sind jedoch kein Gegenstand mehr, sondern ein Bestandteil der wissenschaftlichen Form. Beim Erleben des Schauderns betrachtet und sieht und denkt das gegenständliche Denken zur gleichen Zeit; das Wissen hingegen deutet die Wirklichkeit um, macht sie zu einer der Wissenschaft genehmen Materie, einem »Fakt«, und das ist wahrscheinlich nichts anderes als das, was Nietzsche »Übung im Mißverstehen« nennt.

Das läßt sich jedoch auch klarer und einfacher formulieren. Der Mensch mißtraut der Wissenschaft nicht, wenn sie keine oder nur wenige Daten hat, sondern wenn sie viele hat. Je mehr Daten, um so mißtrauischer der Mensch. Und wenn am Ende alles übereinstimmt, glaubt man gar nichts mehr. Unmöglich, daß alles derart übereinstimmt! – Woher dieses seltsame Paradox? Warum gibt es ein umgekehrtes Verhältnis zwischen Überredung und Glauben? Weil sich Daten, Fakten eigentlich nicht auf die Wirklichkeit beziehen, sondern eine Justierung, also eine Perspektive sind. Der Mensch weiß das. Er weiß, daß die Perspektive, wie Leonardo da Vinci sagte, eine Beweisführung ist. Es geht nicht um Enthüllung, sondern um Erklärung; hier ist kein gegenständliches Denken am Werk, sondern das systematische Wissen; es äußert sich nicht die Wirklichkeit, sondern die Wissenschaft überzeugt durch die Logik ihrer aufgereihten Daten und Fakten.

Die wissenschaftliche Methode ist nichts anderes als ein überaus bewährtes und auf mittelmäßigem Niveau außerordentlich wirksames, logisches Verfahren der Überzeugung; von der Warte der Wirklichkeit ist sie jedoch nichts als souveränes Irren. Dieses Irren ist systematisch, also genau und exakt. Man könnte sagen: fehlerlos. Nur hat es mit der Wirklichkeit nichts zu tun. Die Wissenschaft ist ein einheitliches System von Irrtümern. Daten, Fakten, Kausalität, Beobachtung, Folgerung, lauter exakte, konsequente, genaue, präzise Irrtümer.

Kann jemand, der die Wahrheit sucht, diese Wahrheit in der Wissenschaft suchen? Nein. Und zwar nicht deshalb nicht, weil die Wissenschaft diese Wahrheit, wie man annehmen könnte, sucht, sie jedoch trotz größter Anstrengungen nicht findet, sondern weil die Wissenschaft im Gegenteil systematische Wahrheitsvermeidung ist. Diese Feststellung ist strenger als Goethes oder Montaignes, die ähnliche Ansichten formulierten – strenger insofern als man heute strenger, mißtrauischer, von Hintergedanken erfüllter, grausamer – argwöhnischer und letztlich vielleicht noch mehr auf der Suche nach der Wahrheit ist, weil man mit der wissenschaftlichen Wahrheit ziemlich bittere Erfahrungen gemacht hat.

Bevor die Rede darauf kommt, warum die Wissenschaft sich irrt, sich irren muß und warum sie so genau und so konsequent ein einheitliches, exaktes System von Irrtümern errichten muß, müssen wir einen Blick auf die Frage werfen, die jene Problematik halb auch schon löst: die Psychologie des Wissenschaftlers.

3.

Der Wissenschaftler zeichnet sich vor allem durch psychologische Naivität aus. Diese psychologische Naivität besteht in erster Linie in der Leichtgläubigkeit und Arglosigkeit, mit denen er seine Daten aufnimmt, sie behandelt und für die Wirklichkeit hält; zweitens darin, daß er nicht sieht, was durch die Daten verhüllt wird, jene Kraft also, die sie hält und trägt. Damit kein Mißverständnis aufkommt: diese Naivität ist keine erkenntnistheoretische Frage. Die Erkenntnistheorie ist, ob sie sich mit den Voraussetzungen und Möglichkeiten der Erkenntnis oder mit der Kritik der Erkenntnis und des Erkennens befaßt, stets eine Wissenschaft, auch wenn sie ihr vorausgeht. Wovon hier die Rede ist, ob diesseits oder jenseits, außerhalb oder innerhalb der Erkenntnistheorie, ist keine Frage des Erkennens. Das Erkennen ist dem gegenständlichen Denken entgegengesetzt. Die Erkenntnistheorie ist ein Problem des Wissenschaftlers. Das gegenwärtige Problem ist der Wissenschaftler selbst.

Das psychologische Wissen ist letztlich nichts anderes als die ständige, bedrohliche Gegenwart jenes Paradoxes, ob denn das Wissen nicht in Wirklichkeit eine besondere Art von Nichtwissen ist? Ob man sich also nicht etwas vormacht, wenn man sich einbildet, etwas zu wissen? Was ist das Kriterium des Wissens? Die Wissenschaft behauptet: die Erfahrung. Aber wir wissen sehr wohl, daß, wie Nietzsche sagt: »Der Glaube an die unmittelbare Gewißheit des Denkens ist ein Glaube mehr, und keine Gewißheit«. Es bleibt immer ein Verdacht, wenn sich Dinge in der Erfahrung bewahrheiten, und zwar deshalb, weil der Mensch die Wirklichkeit falsch einschätzt. Erklärungen nutzen nichts. Was ist eine Erklärung? – »das Ungewohnte auf das Gewohnte zurückzuführen, damit es seine Fremdartigkeit einbüßt«. Nietzsche sagt: »Was kann allein Erkenntnis sein? – ›Auslegung‹, Sinnhineinlegen, – nicht ›Erklärung‹.« Wenn man etwas ausführt, führt man es nicht wirklich aus, sondern legt etwas hinein. »Es gibt keinen Tatbestand, alles ist flüssig, unfaßbar, zurückweichend; das Dauerhafteste sind noch unsre Meinungen.« »Der Mensch findet zuletzt in den Dingen nichts wieder, als was er selbst in sie hineingesteckt hat: – das Wiederfinden heißt sich Wissenschaft, das Hineinstecken – Kunst, Religion, Liebe, Stolz.« Und schließlich: »wie ist also Erkenntnis möglich? ... als Wille zur Täuschung.«

Das Fehlen solcher Zweifel, die Arglosigkeit und Unempfindlichkeit ihnen gegenüber machen die psychologische Naivität des Wissenschaftlers aus. Man kann über die absolute Gutgläubigkeit in dieser Frage – über den völligen Mangel an psychologischer Subtilität, die kritische Sorglosigkeit, das Verkennen der wahren Situation nur staunen und muß sich über manch wissenschaftliche Lösung wundern, so wie Goethe sich über die Newtonsche Farblehre wunderte, über die grenzenlose Einfalt, die so etwas für wahr halten konnte.

Nichts ist bezeichnender für die Naivität des Wissenschaftlers als die Tatsache, daß er nur eine Angst kennt: die Angst vor der Subjektivität. Dieser Gefahr ist er sich bewußt. Aber die Art, wie er ihr ausweichen will, ist ganz und gar kindisch. Will der Wissenschaftler seinen Subjektivismus überwinden, behauptet er, er sei der Wirklichkeit gegenüber neutral. Was bedeutet diese Neutralität? Unvoreingenommenheit, also Leidenschaftslosigkeit. Diese Leidenschaftslosigkeit ist es, was man Objektivität nennt. Aber was hier zum Vorschein kommt, ist natürlich nur eine weitere Naivität. Der »Kultus des ›Objektiven‹«, so Nietzsche, hat »eine falsche Rangordnung auch in dieser Sphäre geschaffen ... Der Irrtum kam auf die Spitze, als Schopenhauer lehrte: *eben im Loskommen vom Affekt*, vom Willen liege der einzige Zugang zum ›Wahren‹, zur Erkenntnis.« Ist die Wissenschaft leidenschaftslos, so ist das, was sie behauptet, ganz und gar irrelevant, ob es nun behauptet wird oder nicht. Die Leidenschaftslosigkeit steht außerhalb der Frage, ob wahr oder nicht. Die neutrale Wirklichkeit ist keine Wirklichkeit, sondern neutral. Unnütz, unbrauchbar, kalt, starr, leblos. Brouwer, der niederländische Mathematiker, sagt, daß es nicht genügt zu prüfen, ob eine Annahme wahr ist oder nicht. Es gibt eine Kategorie, die außerhalb dessen liegt: das Absurde. Eine diesem Absurden verwandte Kategorie ist das Unwesentliche, das, was gleichgültig, nichtssagend, überflüssig ist, wobei die Frage, ob es existiert oder nicht, unerheblich, jenseits allen Interesses ist. Daher der hohe Koeffizient für Desinteresse in der Wissenschaft. Die Einstellung des Menschen zum Wissen kommt bei Goethe zum Ausdruck, wenn er fragt, was denn das Wirkliche sei, wenn nicht das Geglückte, das, was im Einklang mit der Natur und der Vernunft steht, und was denn das Falsche sei, wenn nicht das Absurde, Leere, Törichte, das, was unfruchtbar ist. Und Nietzsche sagt: »Übrigens ist mir alles verhaßt, was mich bloß belehrt, ohne meine Tätigkeit zu vermehren oder unmittelbar zu beleben.« Ist die Wissenschaft neutral, so sind es ihre Ergebnisse auch, und ihr Werk ist unnütze Zeitverschwendung, fruchtlos und überflüssig. Und wenn die Wissenschaft nicht neutral ist, wenn sie die Leidenschaft auf sich nimmt? Was dann?

Das Problem besteht nicht in dem Gegensatz von Wissenschaft und Geist. Diese Frage zwingt uns noch nicht zu einer endgültigen Klärung, wie der Geist einer Zeit, eines Volkes, einer Rasse zu allen Zeiten gewirkt hat und wie er auf die Resultate der Wissenschaft wirkt. Das sind ganz zweitrangige Fragen. Der Schlüssel zu dieser Sache liegt tiefer. Denn auch die Politik, die Kunst, die Moral können nicht beim Geist stehen bleiben. Sie müssen weitergehen – den Schritt in die Transzendenz machen. Diese Transzendenz ist die endgültige, notwendige, ewige und nicht abzustreifende Stellungnahme der Menschheit. Strachey hat völlig recht, daß: »die Wissenschaft nicht bloß ein subjektiver Prozeß ist, der im Kopf der Wissenschaftler stattfindet und sich aus ihrer seelischen Befindlichkeit ergibt«. Aber auch die Wissenschaft und der Wissenschaftler samt seinem Geisteszustand bilden keine Ausnahme von dem, was für die ganze Menschheit gilt. Die Religion ist der apriorische Subjektivismus der Menschheit. Und hier liegt die Wurzel der Naivität des Wissenschaftlers: ihm wird nicht bewußt, daß er notwendigerweise subjektiv sein muß, da auch die Nichtreligiosität eine Form von Religion, der Atheismus genauso eine religiöse Stellungnahme wie der Gottesglaube ist. Die Katastrophe des Subjektivismus besteht natürlich nicht darin, daß er nichts findet, sondern daß er immer nur die eigene Wirklichkeit findet, die eigene Person, die eigene Problematik, die eigene Welt: den Spiegel. So büßt er in seiner Naivität. Nicht indem seine Naivität zugrunde geht, er scheitert vielmehr um eins tiefer, indem er etwas einsieht, wovon kein einziger Buchstabe wichtig ist. Der Eitle wird nicht durch seine Eitelkeit entlarvt, sondern eine Schicht tiefer – stets eine Schicht tiefer –, dort wo seine Selbsteinschätzung erschüttert wird. Der Lügner geht nicht an seiner Verlogenheit zugrunde, sondern daran, daß sich das, was er durch seine Lüge erreicht, als nutzlos erweist. Und immer so weiter:

Der Mensch scheitert nicht an seinen Fehlern, sein Subjektivismus wird vielmehr eine Schicht tiefer entlarvt, als er glaubt, die Wirklichkeit vor sich zu haben, obwohl das, was er vor sich hat, er selbst ist – in einer merkwürdig ausgeklügelten Form; er hält das, was er erreicht hat, für wahr, obwohl es mit der Wahrheit nichts zu tun hat.

4.

Die Religion ist eine existentielle Situation, und zwar nicht die Lösung, sondern das Problem, oder was auf dasselbe hinausläuft: die dramatische Spannung zwischen dem, was die Wirklichkeit und dem, was das Jenseits ist. Die religiöse Existenz ist nie das eine oder das andere, nie nur die Realität von Geburt-Wachstum-Tod, die Welt des Entstehens-Vergehens, und nie nur Unsterblichkeit, Auferstehung, Unvergänglichkeit, Jenseits, sondern stets beides zugleich. Ein religiöses Leben zu führen bedeutet, den Kampf zwischen der Wirklichkeit des Entstehens-Vergehens und der Leidenschaft des jenseitigen Lebens zu durchleben. Religiöse Existenz ist es, wenn sich die vergängliche Welt und die Unvergänglichkeit in jemandem gegenüberstehen und miteinander ringen. Egal mit welchem Ausgang. Man kann daraus folgern, daß sich der Mensch mit seinem Tod vollständig zersetzt und zu nichts wird; man kann daraus auch folgern, daß er weiterlebt und aufersteht. Man kann an die völlige Vergänglichkeit glauben oder an das Paradies. Keine der beiden Glaubensüberzeugungen hat endgültige Bedeutung, keine kann zur absoluten Gewißheit werden, keine kann eine ein für allemal erreichte Situation und Verhaltensweise sein. Die Religion bietet keine Lösungen, sondern im Gegenteil Spannung – keine Beschwichtigung, sondern Drama. Neben der Vergänglichkeit gibt es stets auch die Möglichkeit der Unsterblichkeit, die Unsterblichkeit wiederum wird stets von der Gefahr der Vergänglichkeit bedroht. Einen Ausweg aus diesem Drama gibt es nicht. Die Religion ist kein endgültiger Standpunkt, sondern der Kampf der letzten Möglichkeiten. Die religiöse Existenz nährt sich gerade nicht von irgendeiner Gewißheit, sondern von der Ungewißheit. Die religiöse Haltung entspringt also keinem unbedingten Wissen um die Vergänglichkeit oder um die Unsterblichkeit, sondern der dramatischen Situation, die zwischen diesen beiden letzten Seinsmöglichkeiten entstanden ist.

Es ist völlig kindisch zu glauben, das Dasein des Wissenschaftlers sei kein religiöses, daß er also über die letzte Gewißheit verfüge. Noch viel kindischer ist es jedoch zu glauben, daß die Wissenschaft, die der Wissenschaftler betreibt, nicht in Wirklichkeit einen Grad, einen Zustand, eine Situation, eine Wendung in dem sich innerhalb des religiösen Daseins abspielenden Kampf darstellt. Das ist eine Frage, die der Wissenschaftler wie jeder Mensch mit sich bringt, die ihm mit dem Leben gegeben und aufgegeben ist. Er muß Stellung beziehen, sich im Drama des Gegensatzes von Unsterblichkeit und Vernichtung durch alle Möglichkeiten hindurchkämpfen. Und wie jede geistige Ausdrucksform muß auch die Wissenschaft kundtun, in welchem Stadium des Kampfes sie sich befindet. In der Naturwissenschaft des neunzehnten Jahrhunderts kam es nicht darauf an, was sie entdeckt, bewiesen oder belegt hat, sondern darauf, daß sie gegen die Unsterblichkeit Stellung bezogen, sie als Aberglauben abgestempelt und verkündet hat, daß das menschliche Leben genauso zu nichts wird, wie Würmer, Kulturen und Himmelskörper zu nichts werden. Und in der neuen Naturwissenschaft des zwanzigsten Jahrhunderts kommt es nicht darauf an, daß sie Euklid, Darwin und den Mechanismus widerlegt hat. Darwin läßt sich ebenso wenig widerlegen wie Shakespeare oder Dante. Das zwanzigste Jahrhundert eröffnete dem Menschen von neuem die Möglichkeit der Unsterblichkeit, die moderne Wissenschaft hat wieder eine transzendente Einstellung, ihre Bedeutung besteht letztlich darin, daß sie durch eine starke Neigung zu Gunsten der Unsterblichkeit die religiöse Dramatik von neuem belebt hat.

So wie die Wissenschaft nur eine Art Religion ist, ist auch der Wissenschaftler nur eine Art Priester. Aber während die Religion und der Priester das, was sie hält und trägt, sehen, der Transzendenz Auge in Auge gegenüberstehen, sehen es die Wissenschaft und der Wissenschaftler nicht. Deshalb ist der Wissenschaftler naiv verglichen mit dem Priester. Die Wissenschaft ist stets eng verglichen mit der Religion. Diese Enge, Kurzsichtigkeit, Abstumpfung, naive Sorglosigkeit sind die Ursache dafür, daß typisch wissenschaftliche Feststellungen so unendlich töricht und vor allem irrelevant sind. Was hier arbeitet, ist, mit Nietzsche gesprochen, das Prinzip der größtmöglichen Dummheit. Es ist die absolute Unkenntnis der eigenen Arbeit, die gar keine Ahnung hat, worin die wirkliche Bedeutung ihres Tuns liegt. Und die, was schwerwiegender ist, gar nicht fähig ist, ihre Lage zu erkennen, und was noch schwerwiegender ist, diese gar nicht begreifen könnte, wenn ihr sie jemand offenbarte. Denn diese Lage ist keine angenommene, sondern eine endgültige Haltung, kein Ergebnis, sondern ein Fundament; sie ist nicht hier angekommen, sondern von hier aufgebrochen; aus dieser Lage fließt und folgt die ganze Gelehrtenmentalität und das wissenschaftliche Dasein.

Die Wissenschaft ist eine Art von Religion. Es liegt in der Natur dieser Religion, daß sie auf Daten beruht. Daten sind sogenannte objektive Fakten – leidenschaftslos und neutral. Aber Daten sind keine Wirklichkeit, sondern eine Beweisführung; das systematische Wissen ist keine Manifestation der wirklichen Welt, sondern ein Überzeugungsprozeß. Die Wissenschaftsreligion ist ein systematisches, exaktes, genaues, präzises Irrtumssystem. »Übung im Mißverstehen«. Und die Wissenschaft muß irren, genau, konsequent, exakt. Zum einen infolge ihrer transzendenten Haltung, zum anderen und wichtiger: weil sich die Frage stellt, warum, in bezug auf was, mit Rücksicht auf was irrt sie? Die Antwort lautet: das, worauf bezogen die Wissenschaft irrt, worauf bezogen und wem gegenüber sie ihr Irrtumssystem ausgebaut hat und anwendet, ist: die Notwendigkeit.

Im Gegensatz zur wirklichen Notwendigkeit errichtet die Wissenschaft eine zweite, eigenständige, wissenschaftliche Notwendigkeit. Das, was als wissenschaftlicher Fortschritt bezeichnet wird, ist kein Fortschritt, sondern das beständige Scheitern der Wissenschaft an der Notwendigkeit. Manche haben das klar erkannt. Burckhardt sagt, daß in antiken Texten jede Generation etwas findet, was zuvor nicht erkannt worden ist und was auf einmal in den Mittelpunkt aller Deutungen rückt und alle anderen wirkungslos macht. Jede Wissenschaft zerfällt nach einer Weile, auch ohne daß sie widerlegt worden wäre. Die Wirklichkeit selbst widerlegt sie. Die Pseudonotwendigkeiten, die von der Physik, der Chemie, der Soziologie, der Astronomie errichtet werden, stürzen ein. Die Wissenschaft hört nicht auf, ihr Irrtumssystem zu errichten, dessen Pseudonotwendigkeit zu erläutern, die Wirklichkeit umzudeuten. Aber nach einer Weile bricht die Wissenschaft zusammen. Der Zerfall der Geisteswissenschaften geht schneller vor sich, der der physischen Wissenschaften langsamer, da Irrtümer in Dingen des Geistes offensichtlicher, dem Menschen näher sind, es zeigt sich schneller, daß die Behauptungen der Wissenschaft auf diesem Gebiet nicht standhalten können. Je desinteressierter die Wissenschaft ist, je weiter weg sie von der wesentlichen Existenz ist, desto langsamer zerfällt sie. Aber die Notwendigkeit zeigt sich jedesmal, und das System verliert seine Bedeutung. Es gibt immer etwas, was die Wissenschaft höher erachtet als die einfache, unerschütterliche Wirklichkeit, sie sieht immer etwas jenseits davon. »Communi fit vitio naturae, ut invisis, latitantibus atquae incognitis rebus magis confidamus vehementiusque exterreamur« (Cäsar). Aber das, was sie jenseits davon sieht, was sie höher erachtet, muß an der wirklichen Notwendigkeit zerschellen.

Wenn die Wissenschaft Pseudonotwendigkeiten konstruiert, muß im gleichen Zusammenhang natürlich auch die Frage beantwortet werden, warum sie das tut. Diese Antwort folgt jedoch aus dem zuvor Gesagten und ist eigentlich einfach. Die Pseudonotwendigkeit ist das Werk der Unsterblichkeits-Leidenschaft. Mit ihrer Pseudonotwendigkeit will die Wissenschaft den Menschen von der wirklichen Notwendigkeit erlösen. Gerade weil sie hier ihren Ausgangspunkt hat, muß sie sich irren, genau, nach exakter Methode, fehlerlos; deshalb muß sie üben, wenn sie sich im Mißverstehen übt; mit Rücksicht auf die echte Notwendigkeit, die Wirklichkeit muß sie sich ständig auf ihre Daten und Fakten berufen; deshalb muß sie durch ihr systematisches Wissen überzeugen. Gegen die Notwendigkeit setzt die Wissenschaft eine souveräne Pseudowirklichkeit, mit deren Hilfe sie den Menschen von der echten erlösen will. Diese Pseudowirklichkeit muß kein ewiges Leben versprechen, wie die Wissenschaft denn auch nur in den seltensten Fällen Unsterblichkeit verspricht; sie muß nicht vom Paradies sprechen und sie tut es auch nicht. Aber eines macht die Wissenschaft ausnahmslos immer: sie humanisiert. Sie vermenschlicht die Notwendigkeit. Sie verleiht ihr jeden Anschein von Wirklichkeit, stellt sie dem Anschein nach als gnadenlos, gesetzmäßig, kalt, gleichgültig dar, und doch bleibt etwas Menschliches an ihr. So teilnahmslos, kalt, wild und gleichgültig die Notwendigkeit der Wissenschaft auch sein mag, so wenig sie sich um menschliche Werte auch kümmern mag, hat sie dennoch etwas an sich, was unendlich sanfter, berechenbarer, dem Menschen näherstehend ist als die Ananke. Hier erreicht die wissenschaftliche Fälschung ihren Tiefpunkt. Deshalb sagt Valéry, die Wissenschaft habe etwas Unanständiges an sich. Ohne sich dessen bewußt zu sein, vermenschlicht sie den Weltprozeß, die Ereignisse, die Gesetze, die ganze Wirklichkeit, verbirgt sie als Ananke vor den Menschen und erlöst sie davon.

Das ist schon eine durch und durch religiöse Problematik. Aber es ist das Problem, das an der Wurzel der Wissenschaftsreligion liegt. Das ist der Grund, warum die Wissenschaft letztlich das Antlitz der Religion verrät, auf diese Weise wird die Wissenschaft als eine Art Religion entlarvt, und deshalb mußte die Wissenschaft Wissenschaftsreligion genannt werden.

5.

Im Gegensatz zur Wissenschaftsreligion bringt die Religionswissenschaft all das, wovon bisher die Rede war, offen an den Tag, deckt die religiösen Wurzeln der Wissenschaft auf und führt uns zu jener letzten Konsequenz, die darin besteht, daß die Wissenschaft die Notwendigkeit humanisiert. An diesem Punkt sind der Priester der Religion und der Wissenschaftler der Wissenschaft ein und dieselbe Person; wer Religionswissenschaft betreibt, ist Priester und Wissenschaftler in einer Person. Wenn Nietzsche zuvor gesagt hat, daß die Religion den Sinn in die Dinge hineinsteckt und die Wissenschaft ihn dort wiederfindet, würde er jetzt sagen: Die Religionswissenschaft ist das, was den Sinn sowohl hineinsteckt als auch findet. In gewisser Weise gibt es heute, in der Mitte des zwanzigsten Jahrhunderts, nur eine einzige Wissenschaft: die Religionswissenschaft. Diese wissenschaftliche Religion beziehungsweise religiöse Wissenschaft ist der Ort, an dem die Pseudonotwendigkeit sowohl konstruiert als auch entlarvt wird; philosophisch gesprochen: diese Wissenschaft ist es, die die anderen mit Ideen und Problemen beliefert. Hier wird die Pseudoananke aufgebaut, hier wird auch die Wirklichkeit aufgedeckt; hier wird überprüft, wie weit die Notwendigkeit umgedeutet werden muß, um erlösend zu wirken, doch auch die Einsicht in die wirkliche Ananke kann nur von hier ausgehen.

Die Notwendigkeit ist nicht menschlich, wie auch die Gottheit nicht menschlich ist. Dieses Wissen ist in allen Menschen vorhanden und war es schon immer. Es ist das ultimative Wissen, die »tragische Weisheit«, daß wir nicht auf Gnade, Verzeihung, Nachsicht, sanfte Behandlung hoffen dürfen. Das Sein ist vollkommen und unwiderruflich hoffnungslos. Die Notwendigkeit ist schrecklich und erbarmungslos. »Gewiß wird mich eines Tages die Gottesfurcht überraschen«, sagt T. F. Powys. »Die Gottheit ist schrecklich, unzivilisiert ... und das Böse unbesiegbar. Das Gute, das Wissen, die Wahrheit, der gute Wille sind zerbrechlich, und das Böse in der Welt zerbricht sie auch ständig.« Das Böse bleibt. »Der Tag des Herrn ist die Finsternis und nicht das Licht.« Diese schreckliche, grausame, inhumane, unmenschliche Notwendigkeit regiert die Welt ... »das hört man im Wind, das ist in den Steinen, das wächst im Garten, das hört man, wenn man das Brausen eines fernen Zuges hört, das ist im Flug des Vogels. Niemand kann sich davor retten, noch vor seiner Angst davor; wo man sich auch hinsetzt, vor der Tür wartet die Angst auf einen.« Die Ananke ist blind, ohne Weisheit, ohne Mitleid, herzlos, gefühllos, unbesiegbar, ohne Güte, ohne Gerechtigkeitsgefühl, nie ergriffen, nicht zu überzeugen, nicht intelligent, nicht zu bestechen – die Ananke ist inhuman.

Die Gottheit ist es auch. Es ist bereits ein spätes und zivilisiertes, humanisiertes Stadium der Menschheit, in dem sie die Gottheit nach ihrem eigenen Bildnis schafft und umformt, sie mit Gerechtigkeitssinn, väterlicher Güte und menschlichen Eigenschaften bekleidet. Die humane Gottheit ist die Vorstellung der ursprünglichen, uralten, schrecklichen, elementaren Wirklichkeit in menschlicher Gestalt. (»Uns ist so viel Pseudotugend nach Christi Art suspekt«, so Evola, »und auch die Schar der Anhänger, da sie allzu viel über die einfache Umkleidung der Notwendigkeit reden«.) Die Gottheit ist hart, streng, unbeugsam und unmenschlich; die Notwendigkeit, die nichts anderes als die göttliche Natur der Welt ist, ist ebenso hart, streng, unbeugsam und unmenschlich.

Zuallererst wurde die Ananke durch die Gottheit und die Religion humanisiert; das war größtenteils das Werk des Hellenismus, aber das Christentum vollendete es. Das war keine Fälschung und alles andere als bewußt. Es wurde lediglich allgemeingültig und verbindlich, was sich zuvor nur bei einigen wenigen Menschen oder Sekten (den späten Orphikern, den Mysterienreligionen) vollzogen hatte; der Mensch ertrug die wilde und elementare Erbarmungslosigkeit der Notwendigkeit nicht: er milderte und vermenschlichte sie – machte sie berechenbar, aber auch teilnahmsvoll. Die Wissenschaft übernahm die Humanisierung. Auch hierbei handelt es sich nicht um eine Fälschung oder bewußte Umdeutung. Die Humanisierung ist die Art, wie der Mensch die Notwendigkeit nach seiner Fasson, entsprechend seiner eigenen Natur und nicht der Welt, der göttlichen Natur des Kosmos gemäß auffaßt – so entkleidet er sie ihrer elementar göttlichen Natur. Aber die göttliche Natur der Welt hat sich immer und zu allen Zeiten offenbart. Jeder Versuch der Humanisierung ist gescheitert. Auch die Wissenschaft mußte scheitern. Es wurden immer neue und andere Pseudoformen der Wirklichkeit konstruiert, immer wieder neue Erlösungen erfunden. Die Gottheit der Wissenschaft der vergangenen Jahrhunderte war letztlich dieselbe humanisierte Gottheit wie die der Religion: die Gottheit der Güte, der Gerechtigkeit, der Teilnahme, des Erbarmens, der Verzeihung, also des Christentums. Auch die Notwendigkeit paßte sich dem Antlitz dieser Gottheit an: auch die Ananke mußte humanisiert werden. Aber die Pseudonotwendigkeit der Wissenschaft bricht immer wieder zusammen. Eine solche Epoche erleben wir gerade. Darin liegt der Sinn der modernen Enthumanisierung. Der Schrecken der Wirklichkeit, die strenge Härte der Ananke, die Unmenschlichkeit der Notwendigkeit sind von neuem aufgebrochen. Der Erlösungsversuch von Religion und Wissenschaft wird heute wieder in Frage gestellt, denn das inhumane Antlitz der Wirklichkeit ist erneut zum Vorschein gekommen.

Die Wirklichkeit ist aus Fels und Nacht. Große Künstler und Denker haben es immer gewußt: Heraklit, Sophokles, Tacitus, Montaigne, Shakespeare, Hölderlin, Goethe, Nietzsche – sie wußten aber auch, daß der Mensch eine außergewöhnliche Kraft benötigt, um sich diesem offenen, unverhüllten Antlitz der Welt zu stellen. Man muß seinerseits unmenschlich, inhuman sein, um die Wirklichkeit in ihrer eigenen Wirklichkeit, die Ananke in ihrer eigenen, schrecklichen Göttlichkeit ertragen zu können.

Die Zweitrangigkeit, Mittelmäßigkeit der Wissenschaft hat sich nie zu diesem Licht, zu dieser Größe emporgeschwungen. Das Wesen der Wissenschaft liegt in jener systematischen Wahrheitsvermeidung. Nun sieht man bereits, welche Wahrheit sie vermieden hat. Der Sinn von Nietzsches Satz, daß es notwendig ist, das Ungewohnte (Unmenschliche, Schreckliche) auf das Gewohnte (Milde, Verständliche, Menschliche) zurückzuführen, hat sich erschlossen. Es hat sich auch gezeigt, was die sogenannte Objektivität, also die Neutralität des Wissenschaftlers und der Wissenschaft ist: Sie vermeiden das Inhumane, das, was kein bißchen leidenschaftslos, harmlos und kein bißchen neutral ist.

In der Religionswissenschaft steht das menschliche Denken schließlich am Scheideweg, ob es über die Religion wissenschaftlich oder über die Wissenschaft religiös denken soll. Und so tauchen zwei Horizonte auf: Entweder setzt sich die Wissenschaftlichkeit und damit die Humanisierung der europäischen Jahrhunderte fort – oder aber die Notwendigkeit offenbart sich dem Menschen in ihrer ureigenen Wirklichkeit.

Velázquez

Der Mensch ist das Kind seiner eigenen Werke.
(kastilischer Spruch)

1.

Velázquez' Stil unterscheidet sich von dem jedes anderen Malers. Dieser Stil ist die malerische Prosa.

Der Gattungscharakter eines Ausdrucks ist niemals formal. Dramatik, Lyrik und Epik erscheinen überall, wo etwas erscheint. Er ist keine Begleiterscheinung, da er sich niemals ablösen läßt. Er bildet aber auch nicht die Essenz, da er nicht im Mittelpunkt steht. Die Gattung ist das Protoplasma der Erscheinung, in dem der Zellkern der immanenten Essenz sitzt.

Die griechischen und römischen Maler malten innerhalb klassischer Gattungen. Auf manchen pompejischen Wandgemälden erkennt man genau, welches von ihnen elegisch, welches episch und welches im Stil der Ode ist. Die Gattung der mittelalterlichen Bilder: die Kirchenmusik, der Psalm. Die Renaissancemaler durchbrachen die bindenden Gattungen: sie malten frei Dramen, Melodramen, Mythen, Märchen. Doch die Renaissance ist stets pathetisch. Die intime Gattung der Moderne, die lyrische Natürlichkeit, ist seit Rembrandt Pflicht. Sie sucht uns seitdem auf allen Bildern, selbst auf Landschaftsbildern heim – Corot verbirgt in der Krümmung eines Baumstamms die gleichen Züge wie Rembrandt in einem melancholischen Interieur oder einem faltigen Gesicht. Das abstrakte Pathos des 20. Jahrhunderts ist – wie der freie Vers – der lyrischste Malstil von allen.

Alle Maler haben einen erhabenen Stil. Die Zeichner ebenfalls: Callots mit feinen Strichen gezeichnete Phantastik, Goyas perverse Wut, Kubins mystische Vulgarität, George Grosz' klassenhasserische Satire sind genauso erhaben wie Daumiers widerwärtige Ironie oder Masereels verschmierte, novellistische Reportagen.

Velázquez' Stil ist die Prosa, seiner allein von allen Malern. Er ist nicht erhaben. Er weicht nicht von der Wirklichkeit ab. Er will nicht abweichen. Neunzig Prozent seiner Bilder sind Porträts. Manches malt er zehn Mal, in unterschiedlichen Einstellungen, zu unterschiedlichen Zeiten. Mit Vorliebe malt er den Kopf. Er ist nicht peinlich genau, aber auch nicht großzügig – das heißt, er übertreibt weder in die eine noch in die andere Richtung. Er versinkt vollkommen in seinem Gegenstand und erschöpft sich darin auch. Er gibt das wieder, was ist. Was er findet. Beim Betrachten seiner Porträts stellt man verwundert fest, daß die abgebildete Person – ein gewöhnlicher Mensch ist. Sein Rhythmus gleicht dem des Alltags. Dennoch ist er kein Naturalist, denn der Naturalismus ist der Rausch der Entdeckung der Natur. Die Wirklichkeit hingegen liegt jenseits des Rausches. Sie ist einfach, flach, gewöhnlich, menschlich. Prosaisch.

Vergleicht man Leonardo da Vincis Köpfe mit Velázquez' Köpfen, stellt man eine ganze Reihe schier grenzenloser Unterschiede fest. Leonardo stellt seine Köpfe stets in den Dienst der Gesamtwirkung des Bildes. Sie sind nicht theatralisch, denn ihre Theatralik ist eigentümlich malerisch. Ihre Natürlichkeit ist die spezifische Natürlichkeit der Malerei. Unerreichbare Menschen, im Vollbesitz ihrer Individualität. Sie stehen an dem Punkt, an dem der Maler alles erzählt, was er über sie weiß. Diese Menschen stehen jeweils im Mittelpunkt einer Lebensgeschichte. Die Lebensgeschichte ist nicht romantisch, nicht traurig, nicht erbaulich, nicht lehrreich. Nur eine Lebensgeschichte. Äußerlich geschieht nicht viel Ungewöhnliches mit diesem Menschen – innerlich um so mehr. Und diese innere Geschichte überstrahlt das Gesicht. Hoch über dem Alltag, jenseits von Freud und Leid, blickt dieses Gesicht in sich hinein. – Eine solche dichterische Vergeistigung fehlt auf Velázquez' Gesichtern. Hier geht es nicht um Dichtung, sondern um Psychologie. Nicht um Vergeistigung, sondern um Menschenkenntnis. Ein Querschnitt, keine Geschichte. Wesensschau. Es ist die Malerei des Zellkerns, jener Welt, in der alles genau das ist, was es ist: die Grobheit Grobheit, die Beschränktheit Beschränktheit. Keine Mythologie, nicht einmal die Mythologie seines eigenen Lebens weist hier den Menschen aus. Er ist allein und unbarmherzig der, der er ist. Der Mensch in seiner Notwendigkeit – mit allen Konsequenzen seines Schicksals, unrettbar und verhängnisvoll nur er selbst, kein anderer.

Die Prosa ist eine viel bindendere Darstellungsweise als das Gedicht: von Natur aus, da sie viel enger ist. Die Prosa verlangt mehr

Reife, Lebenserfahrung, Sicherheit und Illusionslosigkeit. Wahre, reine Prosa ist überaus selten. Die Sprache schwingt sich unbemerkt empor und schon überschreitet sie die Grenze des lyrischen Pathos, wird rhythmisch, schwingt und wogt. Oder die Sprache bekommt Risse, ringt mit sich, wird dialogartig, persönlich und zu einem Kampf, doch dann ist sie schon ein Drama. Oder sie umgibt sich mit dem Zauber des Übernatürlichen und vertieft sich ins Erzählen, doch dann ist sie schon episch. Die Prosa drückt nur eine einzige Art Gemütszustand aus: die Wirklichkeitsschau. Die Prosa ist die Gattung der Wirklichkeitsempfindung.

Daß die Prosa auch in der Malerei im Lande Don Quijotes entstanden ist, ist natürlich. Anscheinend gab es nur hier die richtigen Voraussetzungen dafür; hier gab es die gelassene Illusionslosigkeit, die unerschütterliche Klugheit und den leidenschaftlichen Haß auf jede Art Träumerei. Nur in diesem dunkeläugigen, ungeduldigen, ehrgeizigen und hochmütigen Volk gab es Menschen, die wußten, daß der größte Stolz darin bestand, alles als das zu sehen, was es war.

Bis heute stellt Don Quijote das einzige ernsthafte Symbol der Prosa dar. Nicht Swift, der Dichter des epimetheischen Lebensethos, nicht Sterne, der Tränen vergießende Hanswurst, nicht Rabelais, der Kneipenphilosoph, nicht Thackeray, der pedantische Puritaner. Don Quijote ist die Prosa: die ruhige und eintönige Ausdehnung, die mahlende, einförmige Horizontalität. Er duldet weder das aufschwingende noch das tiefschürfende Gefühl, weder die Leidenschaft noch die Inspiration – aber er greift auch nichts an. Er mahlt. Er stopft die Vertiefungen aus, verwischt die Höhen. Darin liegt seine Kraft: in der Einförmigkeit, der Teilnahmslosigkeit, der konsequenten Horizontalität. In einem Alltag, der um ein Vielfaches stärker als das Fest ist.

Velázquez' Malstil ist die Prosa: die Gattung der Wirklichkeitsempfindung. Was er malt, ist so – wie es ist. So wie das Leben wimmelt, so malt er es, aber er verleiht ihm eine Perspektive; dieser Mensch ist: der. Er schließt ihn in sich ein. Er malt die Gesichter der Könige, der Herzöge, der Infanten, die in hundertprozentiger Dummheit auf der Leinwand prangen. Er malt die Narren und Zwerge in ihrer eigenen Komik. Und er malt Äsop, den Weisen. Er malt die Prosa. Velázquez war ein Psychologe und ein Menschenkenner. Der Künstler des höchsten Ehrgeizes: der reinen, einfachen, furchtbaren, prosaischen Wirklichkeit.

2.

Es gab immer einige, wenn auch nur wenige, die die menschliche Geschichte deuten konnten und wußten, was die tiefste Bewegkraft, das größte Geheimnis war: die Dummheit. Die Dummheit ist eine Urtatsache. Eine unbezweifelbare Wirklichkeit. Sie ist überall da, hinter, vor, unter, über, zwischen allem. Sie durchtränkt und färbt das ganze Leben. Sie erscheint in Linien, Blicken, Worten, im Tonfall. Sie baut sich Füße, Hände, Nasen, Münder und bewohnt sie. Oder sie besetzt den Menschen von innen, wirkt von dort, strahlt von dort aus. Sie ist eine lebensgestalterische Tätigkeit und stets aktuell.

Die Dummheit ist stets erlebbar durch die unmittelbare innere Erfahrung. Die Dummheit ist dumm – und ist es ohne jeden Hintergedanken. Ein innerer Zwang. Schicksalhaft. Keine Beschränkung, da sie grenzenlos ist; kein Stil, da sie formlos ist; kein Rhythmus, da sie eintönig und dauerhaft ist; statt dessen hat sie etwas Schweres, Dumpfes, Dunkles, etwas Unfähiges an sich.

Die Dummheit ist degradiertes Menschsein, nichts Tierisches. Das glauben gewöhnlich die, die Dummheit für einen tierischen Atavismus halten. Die tierische Ebene liegt nicht genau unterhalb der menschlichen. Die Ebenen haben sich verschoben, zu Gunsten und zu Ungunsten beider Gruppen. Die tierische Existenz ist für den Menschen nur bis zu einem gewissen Grad nachvollziehbar so wie für das Tier die menschliche Existenz. In beiden Existenzen gibt es Nischen, in die die andere niemals wird eindringen können. – Steht der Mensch nicht auf der menschlichen Ebene, sinkt er deshalb nicht ins Tierische ab, sondern ins degradierte Menschsein, er behält auch hier seine Lebensqualität beziehungsweise das Potential jener Qualität, die er verloren hat.

Der Mensch degradiert, verliert seine Menschlichkeit. Er fällt nicht auf jenen Platz zurück, von dem er sich emporgekämpft hat, sondern auf den, von dem er zu Beginn der Geschichte seine Befreiung erlangte. Ein Rückfall: Fehler, Entgleisung, Irrtum. Schlechte Sinne, schlecht funktionierende Intelligenz, beschränktes Bewußtsein, fehlende Kenntnisse: Minderwertigkeit, Degradierung. Es gibt dumme Gesichter, dumme Beine, dumme Ohren, dumme Hände: deformierte, fehlerhafte, häßliche, unzweckgemäße, abgestumpfte. Das dumme Ohr ist noch immer da zu beiden Seiten des Kopfes, man hört damit auch, aber schlecht. Nicht nur schwach – sondern etwas anderes. Schwerhörige oder schlecht hörende Ohren, schielende, dumme Ohren. Füße, die zum Gehen, Springen, Klettern, Schwimmen geschaffen sind, verändern sich infolge der Dummheit: Plattfüße sind das erste Symptom der Dummheit. Jakobson sagt, daß es intelligente Füße gibt, die wie eine Hand sind. Andererseits gibt es dumme Hände, die wie ein Fuß sind. Es gibt degradierte Augen, die wie ein Finger sind; es gibt einen degradierten Geschmackssinn der Zunge, der dumm ist wie Haut. Es gibt einen dummen Verstand, der degradiert, abgestumpft, träge geworden ist, sich verdunkelt hat. Es gibt Menschen, die ihre Menschlichkeit verloren haben – herabgestuft worden sind.

Die Dummheit ist überall da, als bedürfte das Leben seiner eigenen Unfähigkeit, um leben zu können. Sie ist überall da und am wirkungsvollsten gerade da, wo man sie am wenigsten erwarten würde: im Geist.

Auf den ersten Blick wirkt die Degradierung des Auges wie Feigheit. Es ist mutlos. Es hat einen Defekt. Es ist auf der Hut vor etwas, was es »flieht« und durch etwas »ersetzt«. Es sieht die Situation nicht klar, einfach, unmittelbar, natürlich, »wahrheitsgemäß«, sondern mit dem Auge des Fliehenden, feige, voreingenommen, also verzerrt: mit umgekehrtem Vorzeichen. Es ist befangen. Es hat Angst vor ihr. Es flieht. Ihm fehlt die ruhige, sich vor keiner Überraschung fürchtende Überlegenheit der Orientierung. Das, was ist, sieht es nicht, und das, was es sieht, ist etwas »anderes«. Das Nicht-Vorhandene hält es für etwas Vorhandenes. Es begeht den allergrößten Fehler: die Flucht vor dem Leben wird zum Ersatz für das Leben – »escape out of life, which grows into a substitute for life«. Es flieht das Leben und setzt an dessen Stelle das, »was sein müßte« – »was es gern hätte«. Es ersetzt die Wirklichkeit durch die Illusion.

Die Degradierung des Auges zeigt sich stets in der Leugnung der Wirklichkeit beziehungsweise darin, daß an die Stelle der Wirklichkeit die imaginäre Welt tritt. Es sieht nicht die Wirklichkeit, sondern das Unwirkliche. Wenn die defekte Geistigkeit, der Geist des herabgestuften Menschen die Wirklichkeit nicht erkennt, wenn er für die Wahrnehmung der Realität abgestumpft ist, errichtet er Lügengebilde,

Phantasien, Trugbilder, Einbildungen, Idealismus, Irrealität, und in dem Maß wie er in der ideellen Welt lebt, stumpft er ab: dort, wo man der wirklichen Welt gegenüber gefühllos ist, ist die Geistigkeit degradiert.

Am größten ist die Kraft der Dummheit im Geist: nur hier kann sie sich so ausdehnen, daß sie die ganze Lebensausrichtung des Menschen verändert; hier gewinnt sie einen solchen Einfluß auf das menschliche Handeln, daß sie den Menschen dazu bringen kann, gegen sein eigenes Interesse zu handeln; nur die Wirkkraft der im Geist verankerten Dummheit war zu den unendlich vielen Fehlern fähig, die seit jeher begangen wurden; nur die durch die Dummheit im Geist hervorgerufenen Veränderungen, die Verstellung des wirklichen Lebens durch die Illusionswelt konnten im Lauf der Geschichte die geistige Abstumpfung – die Wirklichkeitsblindheit zur Pflicht machen, zur Gesetzeskraft erheben, fast schon zum Alleinherrscher küren.

Die Dummheit, die Degradierung des Menschen: das Fehlen des Wirklichkeitssinns. Das Zurückweichen vor dem Irrealen. Die Verwechslung von wahr und falsch. Die Akzeptanz der Lüge – der Glaube an die Lüge. Der entgleiste, mißglückte, deformierte Lebensstil. Ausgangspunkt alles anderen, was mit dem Fehlen des Wirklichkeitssinns zusammenhängt: der Feigheit, des Ressentiments, der Überheblichkeit, der Eitelkeit, der Rache, des Neides – der inneren Verarmung, der allmählichen Unwirklichwerdung. Das Verkennen der Wirklichkeit ist eine Flucht und ein Ersatz. Substitution. Idealismus. Die ganze Lebensordnung: die Lebensordnung des Idealismus. Die Verbindlichkeit einer irreal hohen Illusionswelt, als Folge davon Wirklichkeitsverachtung und die unausweichliche Sühne, die das nach sich zieht: ein unentwirrbarer Knoten aus Täuschung und Enttäuschung, der jeden Blutstropfen des Menschen infiziert und infolgedessen er statt des gesunden Lebensschwungs den durch die Vergiftung verursachten, morbiden Verfall lebt.

3.

Velázquez' am Hof des spanischen Königs Philipps IV. gemalten Porträts: der König selbst, die Königin, die Herzöge. Der Infant Baltasar Carlos, die Infantin Margareta, der Herzog Olivares und die anderen Bilder gehören ausnahmslos alle zur Illusionswelt, Gesichter, die in der Ideenhöhe der Ersatzwirklichkeit leben. Manche scheinen ihr eigenes Nekrolog zu sprechen. Beschränkte, enge, dumpfe Gesichter mit geistlos deformierten Zügen; es herrscht irgendeine Blindheit in ihnen – die Wirklichkeitsblindheit; dumm gewölbte Beine; das im eigenen Kleinmut selbstzufriedene Lächeln; falsche Würde; mechanisch tote Zeremonie; aufgeblasener Hochmut und tönende Eitelkeit; eine ganze Schein-Welt: Schein-Leben. Falsche Wirklichkeit – Ersatz-Leben, ideelle Erhabenheit.

Velázquez' Psychologie ist keine allmähliche Bewußtwerdung: sie kennt keine Abstufungen. Man kann nicht sagen, daß er in seinen späteren Bildern mehr sagt als in den früheren. Schon in seinem ersten Porträt, im Bildnis jenes unbekannten Mannes, das er 1619, nach dem »Wasserverkäufer« malte, macht sich seine ganze Menschenkenntnis bemerkbar. Das Gesicht strahlt die Monomanie einer für andere verbindlichen Ehrbarkeit aus; das ist ein Mensch, der sich für sein mißratenes Leben dadurch rächt, daß er alle verbessern will; jener fanatische, grausame, stets wachsame Spürhund der Sünde, jener verbitterte Moralist, jener versengte Apostel, den Proust als Dompteur, Tierbändiger bezeichnet. Ein Zahmheitspropagator – aus Ressentiment; aus Grausamkeit; ein Lebensverbieter – aus Neid. Der ganze dumme Mangel an Wirklichkeitssinn mit all seinen furchtbaren Folgen: da er sich in ideelle Höhen aufschwingt – aufschwingen muß – aus Not – aus Zwang – aus Genugtuung – aus Verzweiflung – mußte er fliehen: zum Moralisten werden – mußte er Ideen verkünden und sein Gift verspritzen: aus Erbärmlichkeit, Dumpfheit, Dummheit.

Auf Velázquez' Kinderköpfen herrscht die unschuldige, einfache, liebenswerte Dummheit: vor allem auf dem Kopf jenes Jungen, den er mehrmals in unterschiedlichen Gruppen gemalt hat. Er hat ihn von der Straße aufgelesen, und jener diente ihm jahrelang als Modell. Es ist die Dummheit eines unverdorbenen Schelms: die Welt der Straßenweisheit und des Vorstadtaberglaubens. Die »höfische«, »königliche« Dummheit der Infanten und Infantinnen ist beschränkter, hohler, eitler als diese.

Ganz gefährlich ist das Gesicht jener Frau, die gewöhnlich als Olivares' Gemahlin bekannt ist, von der aber manche annehmen, daß sie die Frau des Künstlers war. Hier handelt es sich um ernsthaftere Eigenschaften als um die »schöne Dummheit«: die geistige Stumpfheit, das Schmollen, das Gehabe und die infantile Geziertheit, die auf Frauenbildnissen gewöhnlich vorherrschen. In dieser Frau lauert ein ständiger Groll. Eine hinterlistige Bosheit, die ihre Kränkung lange in sich trägt und in einem arglosen Augenblick unerwartet, hundertfach zurückzahlt. Sie ist schadenfroh, grausam, stur – aber unwahrscheinlich beschränkt. Sie ist niederträchtig, gewissenlos, schlau. Sie ist herrschsüchtig und fühlt sich doch nur in der Knechtschaft wohl, denn ihre Mängel sind die Mängel eines Knechtes: sie zerstört bevorzugt von unten nach oben, benutzt ihre Untergebenheit, um ihr Gift zu verspritzen. Einem solchen Menschen ist keine Bosheit und keine Niedertracht fremd. Aber er wahrt den Anschein, ja er achtet sogar darauf, gerade den Anschein des Allerheiligsten zu wahren: diese Frau ist fromm, eine treue Gattin, gute Mutter, ein freundlicher Mensch und mitleidvoller Reicher. Diese Frau ist das bösartigste unter allen Ungeheuern von Velázquez.

Die Bildnisse von Olivares, Philipps IV., von Baltasar Carlos sind viel milder. Aber Velázquez verschont auch den Herzog nicht noch den Infanten noch den König. Nicht einmal sich selbst. Aber das, was auf seinen Selbstbildnissen zu sehen ist, verbindet ihn nicht eindeutig mit Philipp, Olivares, Olivares' Frau und Innozenz X. Es gibt da noch etwas anderes – etwas, was sich von den anderen Porträts unterscheidet, irgendeinen Mangel – eine Leere, etwas, was nur auf den Gesichtern von Alcade Ronquillo, Truhan und Don Juan de Austria zu finden ist.

4.

Ein Mensch, der der Wirklichkeit gegenüber abgestumpft ist, benötigt etwas, was ihn bestätigt. Seine Macht, sein Vermögen, der Gesetzescharakter seines Wortes, die »Übernatürlichkeit« seiner Person lassen ihn in einer mythologischen Atmosphäre verharren. Die Atmosphäre kennt keine Verbindungen. Der Königshof ist stets ein abstrakter Raum. Aber er muß sich bestätigen – also hält er Narren und Zwerge. Er entschädigt sich dadurch, daß er seine mythologische Atmosphäre ins Gleichgewicht bringt: durch ihr Gegenteil. Der Hofnarr ist eigentlich der König selbst, oder genauer: der verrückte König, aber ohne königliche Hemmungen. Er ist der wirkliche Mensch – ein König ohne Macht, Reichtum, Krone. Der König lebt sich im Narren aus: an ihm erkennt er zweifelsfrei, daß alle Menschen Narren und alle Menschen Zwerge sind; er bekommt den Beweis, daß alle Menschen genauso irreal sind wie er, wie der Hof, wie die Monarchie. Er umgibt sich mit einem Zirkus: weil das Leben ein Zirkus ist. Er spielt ständig mit dem Bewußtsein der Gefahr: das bin ich. Er leugnet es, aber im Innersten weiß er, daß er des Narren mehr bedarf als der Narr seiner. Der Narr überlebt auch auf dem Marktplatz, der König gibt ihm nur Kost und Logis, der Narr jedoch gibt ihm dafür: moralische Absolution. Er gibt ihm Gelegenheit, zu lachen, sich selbst auszulachen; die Macht, die Hofdamen, die Mode, die Etikette, die Unterwürfigkeit der Minister, den Reichtum, die Schlösser, die Monarchie, die »Mythologie der Übernatürlichkeit« auszulachen. Die Stimme des Narren ist die Stimme des gesunden Lebens, und wenn er dem König ins Gesicht lacht, steht die Gegenwart der Krüppel, der Krummbeinigen, der Tölpel, der Zwerge für die Gegenwart des wirklichen Lebens in einer maßlos überschätzten Illusionswelt.

Dort, wo unheilvoller Ernst vorherrscht, erscheint stets das Lachen. Zwischen den blutigsten Szenen in Macbeth betritt der Pförtner die Bühne und schimpft über die Schrecken des nächtlichen Pfortendienstes. An der Seite Don Quijotes Sancho Pansa. Demeter sucht ihre tote Tochter und bricht verzweifelt vor dem Tor von Eleusis zusammen, als Baubo, die geschwätzige, groteske, alte Frau erscheint. Die römischen Feldherren pflegt man bei ihren Triumphzügen zu verspotten und auszulachen. Im Mittelalter führt man nach der Karfreitagspassion groteske Teufelsspiele in der Kirche auf. Der Ernst bedarf der Auflösung, das spürt man gerade heute, in unserer zertrümmerten, sterbenden Zeit, in der dort, wo gelacht werden darf, der Andrang so groß ist, in der das zeitgemäßeste Bedürfnis die Komödie, die ersehnteste Lebensattitüde das Lachen ist.

Das Lachen hängt überhaupt nicht von der Sprache ab – ja, das Lachen der Sprache ist stets übersetzt wie polarisiertes Licht. Man weiß nicht, was davon verloren geht, aber scheinbar etwas, was sehr dazugehört. Sprache ist stets an eine Geschichte gebunden, und die Komik, die darin zum Ausdruck kommt, ebenfalls. Geschichtliche Komik bezieht sich auf eine Epoche, eine Zeit, ein Milieu, auf herrschende Zustände. Lauter Erinnerung und Bewußtsein. Geschichtliche Komik ist nur zu einem bestimmten, geschichtlichen Zeitpunkt vollständige Komik. Sobald die Fäden, die sie mit dem Augenblick verbinden, verblassen, verblaßt auch die Komik selbst. Diese geschichtliche Komik ist die Satire. Über Juvenal lachten die Römer – heute ist er überhaupt nicht komisch. Die Satire ist voller rationaler Bezüge: sie beruft sich auf das Wissen, auf Kenntnisse, auf die öffentliche Meinung, die Mode, die Vorurteile der Zeit, die stillschweigenden Übereinkünfte.

Die Ironie entfernt sich von der Geschichte. Sie erhebt sich über die Geschichte. Kierkegaard sagt, Ironie sei das Lachen des Menschen der kommenden, geschichtlichen Epoche über die gegenwärtige. Ein höheres Wesen lacht über die niedrigeren. In der Ironie steckt immer etwas Zeitloses. Die Ironie ist das Lachen der Vollkommenheit über die Hinfälligkeit.

Aber Satire und Ironie sind an die Sprache gebunden. Das Wesen der Komik ist es nicht. Sie erscheint in der Musik ebenso wie auf Bildern, Plastiken: in einer Bewegung, einer Situation, einer Stimme. Als lauerte die Komik ständig in den Dingen und wartete nur darauf, zum Vorschein zu kommen. Die Komik: die Lebensunfähigkeit.

Warum muß man lachen, wenn man sieht, daß jemand lebensunfähig ist? Ohne Frage, der Lachende kennt den, den er auslacht. Er weiß sehr wohl, wer er ist. Er bringt sich in Relation zum anderen, mißt den Unterschied, die Entfernung ab. Vergleicht Quantitäten und Qualitäten, addiert sie, zieht sie ab. Wäre es nicht so, wäre das Lachen ungerecht, und er selbst würde auch lächerlich werden. Der Lachende hat jedoch nichts Lächerliches an sich – oder wenn doch bezieht es sich nicht auf sein Lachen, sondern vielleicht darauf, daß er das Lachen falsch eingesetzt und den wirklichen Anlaß zum Lachen dabei versäumt hat. Die Frage ist, warum man lachen muß, wenn man Lebensunfähigkeit sieht.

Das Lachen ist ein Zwang. Ein Befehl, der an einem unbekannten Ort erteilt wurde. Solche Befehle sind stets im Interesse des Menschen, ja sie stehen stets im Dienste des Lebens. Die Frage, warum man lachen muß, läßt sich so beantworten, daß der Mensch es braucht. Er lacht in seinem eigenen Interesse. Dadurch überbrückt er Bilder, Gegensätze, Einsichten, die er sonst nicht überbrücken könnte. Er löst das Problem nicht, er umgeht es. Er weicht ihm aus. Er erledigt es provisorisch. Er überbrückt es.

Der Mensch lacht, um Situationen zu überbrücken, die er sonst nicht überbrücken könnte. Er läßt sie ungelöst, weil sie unlösbar sind. Wäre Don Quijotes Raserei eine echte Raserei, würde es kein Lachen erregen, so wie es auch Orlandos Raserei nicht tut. Die Raserei ist eine so ernste Sache, daß es Gelächter erregt, wenn sie jemand mimt.

Es geht um die Vortäuschung. Jede Vortäuschung bedeutet Unvergleichbarkeit. Sie läßt fremde Qualitäten als identische Qualitäten erscheinen. Sie läßt den rasenden Don Quijote als rasenden Orlando erscheinen. Sie läßt Calandrino als Frau erscheinen. Sie läßt den Bettler als König erscheinen. Sie läßt Sancho als Herrscher erscheinen. Tartarin als Abenteurer. Snug als Löwen. Odysseus als Leopold Bloom.

Das Leben ist eine so ernste Sache, daß jemand, der aus ihm herausgefallen ist und vortäuscht, noch in ihm zu sein, Gelächter erregt. Es ist unerträglich für das Leben, sich selbst zu verlieren. Schon die Möglichkeit dessen ist unerträglich. Man muß schon der Möglichkeit ausweichen. Ein Abgrund tut sich auf – man überspringt ihn, dieser Sprung ist das Lachen. Man muß der Situation eine Wende geben, als wäre sie gelöst, als wäre sie erledigt. In der Komik vergleicht man das Herausfallen mit dem Nicht-Herausfallen – das Leben mit dem Tod. Das Lachen ist die Überbrückung der Unvergleichbarkeit von Leben und Tod – ihre provisorische Lösung – ihre Umgehung – das Ausweichen vor der Unvergleichbarkeit, der Überbrückung, der Umgehung.

Natürlich ist dieses Herausfallen kein Herausfallen, sondern ein: Stolpern. Wenn jemand herausgefallen ist, ist seine Lage unwiderruflich klar. Die Lage hat sich gelöst. Sie ist nicht mißlich, nicht lächerlich. Lächerlich ist, wenn jemand stolpert und beinahe schon herausfällt. Die Gefahr des Herausfallens bewirkt jene Situation, die der Mensch nicht anders lösen kann als dadurch, daß er sie ungelöst läßt. Er überbrückt sie provisorisch: er lacht.

Nur wer weint lacht. Das Lachen entspringt dem Unglück. Jede Komik verbirgt eine Tragödie. Der lachende Mensch ist ein verzweifelter Mensch. Lachen ist Verzweiflung; ein Lachen ins Gesicht des Todes.

Wann hat sich der Mensch so verändert, daß für ihn die Umkehrung, das Ausweichen, die Überbrückung nötig wurde? Die Natur der Frage ist geschichtlich. Das Problem selbst ist es auch. Das erste Stolpern ereignete sich in der Geschichte. Die Geschichte erinnert uns daran. In der Erinnerung bleibt, so Nietzsche, nur das, was nicht aufhört zu schmerzen. Geschichte ist die Erinnerung an Schmerzen. Als dem Menschen das Leben zu schmerzen begann, begann er sich zu erinnern. Er witterte die Gefahr des Herausfallens. Er begann dem Herausfallen auszuweichen – er begann vorzutäuschen – zu überbrücken – er begann zu lachen.

Als in der Geschichte dem Menschen das Leben zu schmerzen begann, und er die Angst, die Verzweiflung kennenlernte, erfand er den seelischen Kniff, wie man ihnen ausweicht. Wie konnte er die Verzweiflung so überbrücken, daß die Überbrückung dem Leben diente? Wie konnte er den Kniff so anwenden, daß es ihm ermöglichte, sich vom Schmerz abzuwenden?

Das Lachen ist eine Epidemie. Jeder weiß, daß es dort, wo gelacht wird, Probleme gibt. Von Lachen wird nur das Stolpern begleitet. Dort, wo gelacht wird, wird Unvergleichliches überbrückt. Bleiben unlösbare Situationen ungelöst. Jeder tut gut daran, sich zu ermutigen: Dort handelt es sich um Verzweiflung. Niemand lacht ohne Grund. Wer lacht, weicht immer dem Tod aus. Das Lachen ist eine Seuche – die Seuche der Ermutigung angesichts der Gefahr. Das Lachen ist verlockend: jeden zieht es dahin, wo gut gelacht wird. Da läßt sich gut ausweichen.

Die Heiterkeit ist kein Lachen, kein Ausweichen, keine Verkrampfung. Die Heiterkeit ist reine Freude. Sie ist unabhängig von Freud und Leid, von Unruhe, Verkrampfung, seelischen Kniffen. Sie ist unabhängig von der Schwäche. Die Heiterkeit ist die absolute Lebenskraft. Frei von Geschichte. Stets vorhanden. Sie hat keine andere Bedeutung als sich selbst. Sie ist unwillkürlich, unbestimmbar, unbeschreiblich. Kinder, Landschaften, Farben strahlen Heiterkeit aus.

In der vorgeschichtlichen Zeit lebte der Mensch in einem Zustand der Heiterkeit. In diesem Zustand ertrug er alle Formen der Existenz heiter. An der Schwelle zur Geschichte ließ die Kraft des Menschen nach. Er brauchte Ermutigung. Sein Instinkt erfand den Kniff, Leid in Freude, Schmerzen in Fröhlichkeit zu verwandeln. Er erfand eine Art von Ermutigung, die ihm ermöglichte, allen Situationen auszuweichen, die das Leben verhinderten. Aus dem Schmerz zauberte er das Lachen. »Das leidendste Tier auf Erden erfand sich – das Lachen«, sagt Nietzsche.

5.

Zuloaga sagt, daß Velázquez' Narren Philosophen seien. Natürlich sind sie es. Sie sind Philosophen, und zwar nicht, weil sie etwas nicht wissen, sondern weil sie etwas wissen. Ihre Philosophie ist die Philosophie der Idioten. Ihr Wissen ist von irgendeiner sehr tiefen Einsicht. Lauter exklusive Wesen. Jeder von ihnen ganz individuell. Aber ihre Gesichter tragen alle einen identischen Zug: das Wissen der Idioten – das esoterische Wissen des Lachens.

Die Zwerge: El Primo, Sebastian de Morra, Don Antonio el Ingles, Nino de Vallecas; die Narren: Don Juan de Austria, der »Geograph«, »Calabazas«, Truhan, Pablo de Valladolid, El Babo de Coria; ihr Wesen ist ihre gänzliche Ungeeignetheit zum Leben. Sie stehen in Widerspruch zur ganzen menschlichen Existenz. Sie wurden von einem verqueren, ungeschickten, dilettantischen Gott erschaffen, der sich nicht im klaren war, was er tat und was die Folgen seiner Tat sein würden. Wenn man über sie lacht, lacht man nicht über diese oder jene ihrer Eigenschaften, nicht über ihre verkrüppelten Füße, ihren tölpelhaften Blick, ihren dümmlichen Gesichtsausdruck, ihre stumpfsinnige Verdrossenheit oder ihr blödes Grinsen, denn sie sind nicht im einzelnen, nicht in den Details lächerlich, sondern als Ganzes. Nicht einmal ihr Äußeres – ihr Kern. Schon der Gedanke, daß es einen solchen Menschen gibt – ist lächerlich. Denn der ganze Mensch ist mißraten. Schlecht – man muß ihn wegwerfen und einen neuen machen. Ein Fleisch gewordener Fehler, ein sinnlich wahrnehmbares Stolpern. Als wäre er dafür geboren, ausgelacht zu werden.

Und die Narren wissen das alle. Am sichersten wissen es das Kind von Vallecas und El Babo de Coria, die eindeutigsten Idioten, deren Wesen auch gar nichts anderes als Idiotie ausdrückt. Beide grinsen: schon von fern warnen sie einen, daß sie lebensunfähige Menschen sind, tödliche Idioten; sie sind der Fehler, das Stolpern, die Gefahr. In ihnen manifestiert sich der dunkle Abgrund des Lebens, wenn sie einen mit blöd verzerrtem Gesicht anstarren, bieten sie einem die Möglichkeit, ihnen auszuweichen. Sie zeigen einen Weg, wie man über den in ihnen gähnenden Abgrund hinwegschreiten kann. Sie kommen einem mit ihrem Lachen entgegen – bieten die Lösung an. Das ist das freundliche Entgegenkommen der Idioten, wenn sie sich in ihrem Grinsen auflösen, darin verschwinden können; das ist ihre Höflichkeit, durch die sie sich für ihre Gegenwart entschuldigen; das ist ihre Güte, mit der sie allen zuvorkommen wollen, damit auch sie gut zu ihnen sind; so schleichen sie sich leise und hinterlistig ins Herz der Menschen um ein bißchen Mitleid, ein bißchen guten Willen, ein bißchen – Lachen. Und wenn man über sie lacht, lachen auch sie mit ihrem bitteren, leidenden, unartikulierten Gekläffe, schaurig vermischen sich in ihrer Stimme Idiotie und Wahnsinn, Tölpelei und Todesröcheln. An diesem Lachen spürt man, welch krampfhafte Kraftanstrengung das Lachen ist, welch ohnmächtiger Taumel über dem bodenlosen Abgrund – um wie viel schmerzvoller das Lachen als das Weinen ist.

Die zweite Gruppe von Idioten sind die Hofnarren: Pablo de Valladolid, Truhan, der »Geograph«, »Calabazas« und am charakteristischsten: Don Juan de Austria. Don Juan de Austria ist ein dürrer Mann mit lattenförmigen Beinen. Ein plumpes, verkrüppeltes Gesicht. Eher traurig und deprimierend als komisch. Merklich schielend. Dumm. Ein Mensch, den jeder instinktiv meidet. Kein Wurm, etwas noch Abstoßenderes. Keine Ratte, denn er erhebt Anspruch darauf, als Mensch zu gelten. Ein Mensch! Er ist es tatsächlich – schrecklich genug –, zumindest scheint er es zu sein. Kein Schimmel, denn Schimmel hat wie jede Pflanze etwas Feines in sich. Er ist ein Mensch, ohne Zweifel. Und doch nicht.

Und dieser Idiot, dieser niedrige Klotz, dieses Wesen, bei dem man spürt, daß es während einer durchzechten Nacht in einer Spelunke von einem verkommenen Landstreicher und einer losen Magd gezeugt wurde, dieses Ungeheuer tut so, als sei es ein Mensch mit Verstand. Er zieht sich die Kleider eines Herzogs an. Ein peinlich schlechter Scherz. Ein Dandy! Herzogskleider! Seide, Samt, Leinen und Federn! Ein Schwert! Ein empörend plumper Gedanke! Ein Idiot, wenn er geistreich ist. Der Scherz eines Idioten. Wie furchtbar einsam er mit seinem Scherz, seinem Esprit ist. Welch entsetzliche, traurige, unselige Einsamkeit, wie er dort steht, auf irgendeinen Punkt starrt, nachdem bereits sein Großvater seinen Verstand weggetrunken hat. Fröhliche Trunkenbolde haben seinen Verstand, sein Blut, seine Augen, seine Bewegungen verpraßt, und nun dämmert er in seiner Idiotie vor sich hin und wartet, daß Gelächter über ihn einbricht, das einzige, was ihm noch als Entschuldigung dienen kann, die einzige Chance, daß ihn die Menschen unter sich dulden – die einzig mögliche Bestätigung, aber auch der unanzweifelbare Beweis, daß er ein lächerlicher Mensch ist, einer, den die Menschen ernst niemals unter sich dulden würden. Aber niemand lacht über ihn. Denn das, was er macht, hat mit Geist nichts zu tun. Es ist eine törichte, beleidigende Geschmacklosigkeit! Seine duckmäuserische Haltung macht die Situation noch schlimmer. Man sieht ihm an, daß er von seinem Erfolg selbst nicht ganz überzeugt ist. Das läßt die Situation endgültig kippen. Man könnte vor Wut aus der Haut fahren. Wenn sich dieses Bild nur verscheuchen ließe!

Idiotie taucht auch auf anderen Bildern von Velázquez auf. Sie ist latent vorhanden in den Zügen seiner Kinderköpfe; zum Teil auch in den Porträts der Könige und ihrer Frauen. Sie ist ganz deutlich erkennbar auf dem Bild von Luis de Gongora, wo sie mit stumpfsinnigem Hochmut, Habsucht und Prestigewahn gepaart ist; sie findet sich zwischen den Zügen grausamen, bösartigen, gebieterischen Mißtrauens im Gesicht Don Adrian Pulido Parejas; sie findet sich auch in Juan de Pareja, dem päpstlichen Sekretär, wo sie ausschließlicher ist und nur von bestialischer Sinnlichkeit, Gier und unbedarfter Geistlosigkeit durchsetzt ist.

Menippus ist das einzige Bild, auf dem außer den Gesichtszügen der Idioten und Geistesschwachen auch noch etwas anderes zu sehen ist. Menippus steht am Rand, und seine ganze Haltung spiegelt etwas Zweideutiges – man spürt, daß er etwas ahnt, sich dessen aber nicht sicher ist. Vom Funkeln seiner schelmischen Augen könnte man vielleicht auf einen Scherz schließen. Es ist aber nicht der Scherz eines Don Juan de Austria. Menippus ist kein *sabandijas palaciegas* – kein Palastwurm. Er hat Verstand, wenn auch keinen ausgeprägten. Er ist ein kluger und schlauer Kerl; gewisse Sachen sieht er so klar, daß es ihm schon das Recht verleiht zu spotten. Er ist überlegen. Obwohl seine ganze Erscheinung degradiert und sein Gesichtsausdruck deformiert wie der eines Idioten ist. So benimmt sich nur jemand, der fast schon bei etwas angekommen ist. Was dieses Etwas ist, erfährt man von Menippus nicht – davon erzählt nur Äsop.

6.

Hätte er Äsop nicht gemalt, hätte man nur erfahren, wer Velázquez nicht war; nicht jedoch, wer er war. Die Überlegenheit seiner Darstellungen von Dummheit und Lächerlichkeit hätten erahnen lassen, daß er von oben blickte: er überragte das, was er machte. Aber es wäre nie aufgefallen, daß die Natur seiner Überlegenheit so war wie das, was er im Äsop gemalt hat. Das Thema des Äsop-Bildes: die menschliche Weisheit.

Damals wie heute konnte Weisheit nichts anderes bedeuten als einen Griechen. Die Menschheit hatte zu allen Zeiten ihre Heiligen, Abenteurer, Revolutionäre, Priester, genialen Dichter, tüchtigen Erfinder, großen Könige. Weise Männer hatten nur die Griechen. Nicht zur Zeit von Sokrates – viel früher. Zur Zeit Solons, Periandros', Bias' aus Priene, Thales', als sie noch etwas wußten, was sie später vergaßen, oder wahrscheinlicher – vergessen wollten. Die Weisen schrieben nicht, denn ein Weiser schreibt nicht. Sie verkündeten die Weisheit nicht, denn Weisheit läßt sich nicht verkünden. Die Weisheit ist keine

Lehre. Für wen hätten sie es auch aufschreiben sollen? Wem verkünden sollen? Man verstand sie nicht – wollte sie nicht verstehen. Und daß sie es vergaßen? Vergessen wollten? Wahrscheinlich war es etwas, was man besser vergaß. Vielleicht mußten sie es vergessen, weil es zu schwer auf ihnen lastete: allzu verständlich war und somit allzu unerträglich.

Der Weise muß nicht alt noch weniger gebildet sein, muß kein Mann noch arm sein: der Weise muß in einer warmen, innigen Nähe zu den Göttern sein; er muß ihrer aller Macht auf sich selbst erfahren haben; er muß sie geliebt und sich freudig ihren Geboten gefügt haben; er muß zu seinem eigenen Schicksal ja gesagt haben, kein erzwungenes, sondern ein in flammendem Verlangen hingehauchtes Ja, durch das er sich den göttlichen Mächten offenbart; der Weise jedoch erkannte sie und blieb allein. Er muß angesichts der Götter und Menschen von Traurigkeit befallen worden sein – das zweite Kennzeichen jeder Weisheit: die Traurigkeit. Er muß sich einer Sache unterworfen haben, die die höchste Unterwerfung bedeutete, das dritte Kennzeichen von Weisheit: das Wissen. Es waren auch nicht die Götter, die ihn verließen, noch war er es, der sie verließ. Als hätte der Weise das Geheimnis der Götter erblickt, jenes Geheimnis, das den Nicht-Weisen vernichtet, den Weisen jedoch mit etwas auflädt, was der Mensch nur am Ziel spürt, wenn er in süßer Ruhe Rast macht und sagt: Hierher wollte ich, mehr brauche ich nicht.

Der Zauber der Götter brach an ihm. Er fühlt sich von ihnen nicht mehr angezogen. Sie wirken nicht mehr auf ihn. Nicht weil er ihrer müde ist, weil sie ihn verschlissen haben, weil ein verbrauchter Mensch den Tanz des Lebenstaumels apathisch hinter sich läßt und das, wofür er zu alt geworden ist, als Wahnsinn abstempelt. Der Zauber wirkt nicht auf den Weisen, weil er nur eines wirklich, tief, mit der ganzen Inbrunst seines Blutes, der ganzen Anspannung seines Verstandes und der Leidenschaft seiner Schwärmerei will: die Wirklichkeit. Und die Götter – das ist es, was der Weise erfahren hat – entzücken den Menschen nicht durch die Wirklichkeit.

Die Religion – das Wissen um die Gegenwart der Götter – ist stets eine »altération de la personnalité« – stets eine innere Erregung, eine »Beunruhigung der Persönlichkeit«. Es gibt Götter, die den Menschen quälen, erniedrigen, fasten lassen, Askese gebieten, Opfer verlangen; es gibt neidische, zornige und rachsüchtige Götter, die ihre Völker durch

Neid, durch Rache erregen. Es gibt blutrünstige Götter, die Menschenleben fordern; es gibt sanftmütige, geduldige, kontemplative Götter, die den Menschen den Gleichmut des Sehens beibringen; es gibt leidende, sich quälende, unterwürfige Götter, für die das irdische Leben nichts als Schmerz ist. Die griechischen Götter sind nicht so. Sie sind Götter der Oberfläche, des Scheins: der Schönheit und der Freude. Ihre Erregung dient nicht der Lebensverneinung, sondern der Lebensbejahung. Die griechischen Götter sind Verführer – sie verführen zum Leben. Ihr Zaubermittel ist der Rausch. Sie führen in Versuchung: in die Versuchung der Ekstase. Sie reißen den Menschen in den Rausch mit, in die Illusion – in den Schein. Sie schenken dem Menschen die höchste Wonne, die Wonne der Zeitoberfläche: den Augenblick. Wein, Liebe, Musik, Dichtung, Kampf, Jagd, Handel, Klugheit, Unternehmungslust, Klatsch, Müßiggang, Heldentum – nichts als Wonne. Was verbirgt sich unter der Wonne? Die Leere. Der Rausch ist der Tanz über dem Nichts. Der griechische Tanz – über den dunklen, schwindelerregenden Abgründen des Nichts. Oben funkelt, glänzt, sprüht, trällert und jubelt alles – darunter der dunkle Abgrund, das Nichts. Die Wonne ist bloße Illusion, bloßer Schein, das bloße »Nichts« der Oberfläche – wunderbar, aber sinnlos. Denn darunter und darüber ist nichts. Die Wirklichkeit liegt jenseits der Wonne. Jenseits der Götter. Die Wirklichkeit: die Sinnlosigkeit des Lebens. Die Sinnlosigkeit eines schönen, wunderschönen, herrlich schönen Lebens mit seinem sich über das sonnigblaue Meer wölbenden Himmel, seiner seelennahen, innigen Nacht, seinem duftenden Wein, seinen heißen Frauenarmen, seiner Kunst, seinen blühenden Inseln – seinen Göttern.

Die Weisheit ist das höchste Wissen, das Wissen davon, daß das Leben schön, aber ohne Ziel, ohne Bedeutung, ohne Sinn ist. Daß der Mensch ist, bedeutet nur: daß er ist. Sonst nichts. Nichts folgt daraus, es gibt keine Vorgeschichte, keine Fortsetzung. Das Ist – ein Augenblick. Wunderschön – doch schon entschwunden. Dieses Wissen besaßen die griechischen Weisen, dieses Wissen glänzt auf den Plastiken aus der Zeit der Weisen, auf den Gesichtern der griechischen Götter: in ihm liegt die Bedeutung des archaischen Lächelns, des »Lächelns über die rätselhafte, traurige, herrliche Sinnlosigkeit des Lebens«. Dessen langsames Verschwinden läßt sich in dem Maß beobachten, wie die Menschen dieses Wissen vergessen, vergessen wollen. Wie das

Wissen aus der Tiefe an die Oberfläche gelangt, wie die Schönheit, der Schein, den Platz des höchsten Wissens einnimmt, wie die Götter zu Geheimhaltern des Wissens werden: sie wollen nur seine schöne Seite sehen und so zeigen sie nur seine schöne Seite, strahlen nur seinen Zauber aus. Verlocken nur. In dem Maß, wie sich die Menschen vor der Weisheit zu fürchten begannen, wie sie die Bitterkeit dieses Wissens zu spüren und über sie zu verzweifeln begannen, begannen sie die Weisheit auf den Gesichtern der griechischen, »schönen« Plastiken zu verhüllen: das archaische Lächeln verschwindet. Als die Menschen die »Sinnlosigkeit«, »Ziellosigkeit«, »Leere« ihres Lebens als Qual zu empfinden begannen, brauchten sie irgendeine Täuschung – Linderung – einen Anschein – sie mußten die Wirklichkeit versüßen – zur Fälschung greifen – sie konnten die Wirklichkeit – in ihrer eigenen Wirklichkeit – nicht ertragen; sie begannen vor der Wirklichkeit zu fliehen, begannen die Wirklichkeit durch etwas anderes zu ersetzen; begannen die Illusion, die Oberfläche, den Schein für die Wirklichkeit zu halten, begannen dem Leben »Ziele«, »Bedeutung«, »Sinn« zuzusprechen und die Lebenswirklichkeit zu verfälschen. Das ist das Zeitalter Platons, Sokrates', der Ironie, die Spätzeit, die Zeit der Verwirrung und Kompliziertheit, der Ideenlüge, des verkommenen Dionysos: nicht des Rausches, sondern der Betrunkenheit, der Ekstase ohne Tiefe, nicht der Heiterkeit, sondern des Lachens: Aristophanes', der Abstumpfung des Wirklichkeitssinns: der Dummheit.

Aber es gab zu jeder Zeit Menschen, die an diesem höchsten Wissen teilhatten. Auch Velázquez gehörte zu ihnen. Bis heutzutage dank Nietzsche, dem tiefsten Wissenden alles menschlichen Wissens, das Wissen um die Wirklichkeit allmählich nicht mehr eine verborgene, vorsichtige, hinter Lügen versteckte »Sünde«, sondern das Wissen allen Wissens ist; heute beginnt erneut eine Epoche, in der die Belastbarkeit des Menschen danach gemessen wird, wer wie viel von diesem Wissen erträgt, wie und in welchem Maß ihre Folgen auf sich nimmt. Heute schlägt der Menschheit wieder der Hauch der Wirklichkeit ins Gesicht; der Wunsch des Menschen, daß das, was er lebt, die Wirklichkeit sei, die Sehnsucht nach dem letzten Wissen, nach Weisheit, beginnt eine allgemeine Sehnsucht zu sein, heute da sich die Menschen in dem Lächeln auf den Gesichtern der griechischen Götter wiedererkennen. »Die Wahrheit«, sagt Tolstoi, »ist, daß das Leben keinen Sinn hat.« Weder der Krieg, noch die Liebe, noch der Handel, noch das Abenteuer haben einen Sinn. Die Götter haben keinen Sinn – das Leben hat keinen Sinn. Der Mensch beginnt den Göttern dankbar zu sein, daß sie die Wirklichkeit vor ihm verhüllen, aber er ist voller trauriger Freude – der Wirklichkeit – des Wissens der Weisheit, daß er das Geheimnis der Götter erfahren hat. Weiß er dieses eine, weiß er alles. Er kann sich freuen, denn es ist nichts dahinter; er kann einem Märchen zuhören, denn es bedeutet nichts; er ergötzt sich an der Sonne, den Bäumen, dem Meer, den Vögeln: da tanzen sie mit dem Menschen über dem sinnlosen, dunklen Nichts. Die Künstler und Dichter wissen es, die Denker und Philosophen wissen es, die Psychologen, die die Weisheit, »das Wissen der Künstler, das richtige Nicht-Wissen« lehren, die Ekstase, die Freude, die Oberfläche, die Wonne, den Rausch, den Tanz des Lebens lehren – die schönste Sinnlosigkeit.

7.

Natürlich wird man darauf erwidern: Das ist wenig. Das ist es in der Tat. Aber ist der Mensch nicht gerade dieses Wenig? Macht nicht gerade diese »Geringheit« den Menschen aus? Ist es nicht dieses menschliche Wenig, was Velázquez' Äsop ausstrahlt gleich einer großen Traurigkeit, einer großen Ruhe, einer großen Einsicht? Das Menschliche ist immer gering – ja, aber das ist die Wirklichkeit. Die Wirklichkeit hingegen ist das Große. So ist die Weisheit zugleich gering und groß. Das Geringste und das Größte. Das Geringste, was Wissen, Ehrgeiz, Hochmut, Selbstbewußtsein angeht; das Größte, was Traurigkeit, Einsicht und Einsamkeit angeht.

Äsop ist nicht jung, auch nicht alt, aber eines ist gewiß: die Götter haben ihn nicht geschont, und auch er hat sich nicht geschont. Davon sprechen die Falten seines Gesichts, so wie Falten stets die Geschichte der Leidenschaften sind, die Geschichte dessen, wo der Mensch gewesen ist und wie tief er in das, was er lebte, eingetaucht ist. Seinen Mund umspielt irgendeine seltsame Zweideutigkeit, man weiß nicht, was: er will lächeln oder das Lächeln ist bereits erstorben. Die Muskeln um seinen Mund sind ein wenig angespannt, aber es bleibt ungewiß, ob es schon vorbei ist oder noch davor: wie der Mensch stets im Ungewissen ist, ob es schon vorbei ist oder noch davor. Die harte, felsenartige Gedrungenheit der Stirn, das struppige, ergrauende Haar wie Flammen und Rauch aus dem Felsen, hochschlagend und vom Wind umhergeweht. Die Stofflichkeit der breiten, flachen Nase mit den großen Nasenlöchern, ihre Liebe zur Erde und zum Blut wie die eines Tieres; in der Mitte des Gesichts schlummert ein ungeweckter Sinn. Zwischen dem kämpferischen Kinn und den kräftigen Backenknochen eine Müdigkeitsfalte: die Gereiftheit zum rückwärtsgewandten Leben, zur Umkehr, zur Kontemplation, zur Ruhe. Die Vergeistigung der Augen ist wie ein Seufzer. Was geschieht mit einem Menschen, wenn er seufzt? Er freut sich, daß er sich von etwas befreit hat, oder er ist bereit, etwas zu empfangen. Er freut sich, daß er sich von all den unwürdigen, trügerischen Lügen, dem heillosen Wahnsinn, der verrückten, niedrigen, seichten, grotesken Komödie, die so voll süßem, betörendem Zauber, voll Irrtümer und Freude, Dummheit und Entzücken ist, befreit hat – und er bereitet sich darauf vor, den Ernst, die Wahrheit, die Wirklichkeit zu empfangen, das menschlich Höchste, das tief, ewig, erhaben, das furchterregend und verhängnisvoll traurig ist. Äsops Augen sehen diese mit schrecklichem Kummer vermischte, dumme Freude, diese in süße Täuschung gehüllte Komödie, diese mit einer unwürdigen, verrückten Wonne untrennbar verbundene, erhabene Traurigkeit.

8.

Zu guter Letzt muß der Maler zeigen, welchen Standpunkt er dem Gemalten gegenüber einnimmt. Denn ein Bild ohne Standpunkt ist eine Fotografie. Ein Künstler muß irgendwie, auf irgendeine Art durch Farbgebung, Zeichnung, Verzerrung, Hervorhebung, Darstellung, »Auffassung« zum Ausdruck bringen, was er malt: ob er es liebt, verachtet, darüber lacht oder dafür schwärmt. Das ist eine für jede Kunst obligatorische Subjektivität, die die Frage beantwortet: Was ist dem Künstler sein Tun wert? Denn denselben Wert hat es auch für den Betrachter.

Dieser Standpunkt ist bei allen Malern unzweifelhaft klar. Tizian verrät sich sofort durch sein wollüstiges Entzücken. Hodler durch sein mythisches Pathos, Hogarth durch seine rabelaissche Derbheit, Bruegel durch das diabolisch Groteske. Verglichen mit diesen Malern ist Velázquez prosaisch. Als sagte er nur: Diese sind die Wirklichkeit. Sonst nichts. Sich selbst erwähnt er nicht. Man weiß nicht, was er denkt – was seine Meinung ist – was er liebt – was er für wichtig hält – was ihm das Bild wert ist.

Eine endgültige Bewertung bleibt so lange zweifelhaft, so lange in bezug auf die wahren Möglichkeiten der Prosa Ungewißheit herrscht. Die Prosa ist die Gattung des Wirklichkeitssinns. Doch im Gegensatz zum Gedicht, zum Drama und zum Epos ist die Prosa unernst. Gemessen am Gedicht hat die Prosa etwas Lächerliches. Die Liedhaftigkeit, die Musikalität, der Rhythmus, der Reim, die Erhabenheit, die Verspieltheit des Gedichts sind alle Ausdruck und Nahrung eines sehr tiefen Lebensinstinkts. Der Zauber des Gedichts – der Zauber der Dichtung. Es wiegt, erfrischt, schläfert ein, betört, entzückt. Die Unmittelbarkeit des Gedichts ist natürlich – die Unmittelbarkeit des Blutes. Das Gedicht ist immer ernst, weil es immer in die tiefsten Schichten hinabreicht und immer Wesentliches berührt – es befreit und bindet zugleich: das ist die ewige Religiosität des Gedichts. Verglichen mit dem Gedicht ist die Prosa unernst. Sie ist zweideutig, tödlich oder was dasselbe ist: lächerlich. Mit ihrer Plumpheit, Unaufhörlichkeit, Ungeschicktheit, Seichtheit. Sie ist profan. Sie kennt nicht die Freiheit, das Lied, die Leichtigkeit, das Spiel.

Was Velázquez malt, sind die ernsthaftesten Dinge: die Dummheit, die Komik und die Weisheit. Aber die ernsthaften Dinge lassen sich nur durch das Mittel des Unernsts ausdrücken: in der Gattung des Unernsts. Dieses zwanghafte Paradox beweist nicht nur Cervantes, sondern jeder Künstler, der jemals den menschlichen Ernst zum Ausdruck gebracht hat. Apuleius ebenso wie Boccaccio, Chaucer, Pope, die Volksbücher: Till Eulenspiegel und Lazarillo de Tormes; die Werke: Gargantua, Candide; Mark Twain, Dostojewski, France, Huxley,

Joyce. Erst die prosaische Distanz – die Distanz des Unernstes – hebt den Ernst der Sache vollständig hervor. Nur der profane Mensch weiß, daß das Leben heilig ist.

Das ist der Grund, warum man in Velázquez' Werken etwas »Endgültiges« spürt, etwas, »worüber man nicht hinausgehen kann«.

Anatomie der Melancholie

1.

Die erste vollständige Ausgabe von Robert Burtons *Anatomie der Melancholie* erschien vor etwa dreihundert Jahren, und wenn man sich ein paar Wochen Zeit nimmt, die wichtigsten Teile dieser drei gewaltigen Bände zu lesen, wird man sie in der Überzeugung aus der Hand legen, eines der sogenannten großen Bücher der Welt kennengelernt zu haben.

Burton war Bibliothekar in Oxford. Dieser biographische Vermerk ist nicht so unwesentlich, wie er zu sein scheint. Zuweilen gelingt es, das Wichtigste in einem einzigen Wort auszudrücken. Burton war Bibliothekar, der Bibliothekar jedoch ist ein Mensch, für den das Buch ebenso Nahrung, Leidenschaft, Schicksal, Liebe, Wonne, Rausch, Abenteuer und Verhängnis ist wie für den Seemann das Meer, den Bauern der Boden, den Gärtner die Pflanze. Für einen Wissenschaftler ist das Buch nur Materie: er sieht es an, liest es, zitiert es und legt es zur Seite; für einen Dichter ist das Buch nur ein Werk: er schafft es und vergißt es; für einen Lehrer ist es nur ein Instrument: er schöpft daraus und gibt es weiter; für einen gewöhnlichen Menschen ist es nur ein Industrieartikel: er liest es und genießt es. Niemand faßt ein Buch so an wie ein Bibliothekar, so leise und langsam, wie man nur die ewigen Dinge anfaßt: das Meer, die Frau, die Erde. Keiner weiß, was es bedeutet, sich zu einem guten Autor zu setzen, ihn nach Belieben aufzuschlagen und in ihn einzutauchen. Randnotizen zu machen, zu exzerpieren, ein Exemplar einzustecken, auf einen Berghang hinauszugehen, sich hinzusetzen, laut daraus vorzulesen und die wichtigen Worte zu unterstreichen.

Große Werke von Bibliothekaren gibt es in der ganzen Weltliteratur eigentlich nur zwei: das eine ist Laotses *Tao te king*, das andere Burtons *Anatomie*. Laotse war siebzig Jahre lang Bibliothekar, siebzig Jahre lang las, filterte, sammelte, reinigte, destillierte er, und am Ende bekam er einen Tropfen Tau. Dieser Tropfen Tau ist das Tao te king. Eine vollkommenere Philosophie als dieses Buch gibt es nicht. Und das Seltsame daran ist, daß die Essenz der vollkommenen Philosophie, wenn man so sagen darf, gerade die Bibliothekarsmentalität ist, jener süße, beschauliche Friede, den man nur unter Büchern und von Büchern lernen kann, nirgends sonst. Das Buch ist die schweigsamste, einsamste, friedlichste Wirklichkeit der Welt – und der Bibliothekar, der mit dem Buch lebt, wird genauso wie es, schweigsam, einsam und friedlich:

> Nicht schnell, sondern langsam.
> Nicht viel, sondern wenig.
> Nicht das Schwere, sondern das Leichte.

Burtons Buch ist anders. Es lohnte sich nachzuzählen, wie viele Tausend Bücher er zitiert. Er filtert nicht, reinigt nicht, destilliert nicht: er trägt zusammen, baut, systematisiert, katalogisiert. Burton möchte, wenn möglich, lieber Bibliothekar sein. Es gibt kein stilleres, langsameres, ruhigeres, ungestörteres Buch. »I am not poor, I am not rich, I have little, I want nothing« – ich bin nicht arm, ich bin nicht reich, ich habe wenig, es fehlt mir an nichts. Er hat keine Frau, kein Kind, keinen Freund, kein Publikum, keinen Bewunderer. Ipse mihi theatrum. Sein Ideal ist Demokrit, und wie jener lebt auch er das klösterliche Leben, monastic life, ohne Eitelkeit. »Thou canst not think worse of me than I do of myself« – du kannst nicht schlechter von mir denken, als ich es selbst tue. Er hat keinen Ehrgeiz: »my leisure would not permit« – mein Müßiggang erlaubt es nicht.

Ein Bibliothekar ist wie eine Grille, schreibt er in einem seiner schönsten Kapitel, während er Platon zitiert und schildert, wie Sokrates sich an einem heißen Sommernachmittag am Ufer des Illissos im Schatten einer Platane mit Phaidros unterhält. Bibliothekare seien die Nachfahren jener Wesen, die vor langem, noch vor der Geburt der Musen gelebt hätten. Und als die Musen zu singen begannen, seien sie in eine solche Ekstase geraten, daß sie nur noch zugehört und zugehört und Essen, Trinken, Speis und Trank vergessen hätten. Zeus habe diese Wesen daraufhin in Grillen verwandelt und ihnen allein erlaubt, ihre Nahrung nicht im Schweiße ihres Angesichts zu gewinnen, sondern ihr ganzes Leben auf musische Art, bewundernd, genießend, lesend, betrachtend, in aller Stille abzuleben. Die Armen? »Die Armut ist die Gabe der Musen.« Sie kümmern sich nicht um Besitz, Macht, Ruhm, Genüsse. Sie sind Grillen – sie überleben auch ohne Speis und Trank und sind glücklich in jener göttlichen Ruhe, die eine Form der Unsterblichkeit ist.

Die Engländer haben ein Verb, Burton gebraucht es in der ersten Zeile seines Gedichtes am Anfang des Werkes. »I am musing«. Ein unübersetzbares Wort. Es bedeutet, daß ich mich in einem Zustand der Muße befinde und nichts tue, außer mich an meiner Umgebung zu ergötzen und kontemplativ in die Welt zu schauen, während mein Leben zu einem Lied oder einem Gedicht wird. Ein solches *musing*-Wesen ist der Bibliothekar, der wie eine Grille, in behäbig staunender, stiller, einsam heiterer Wunschlosigkeit lebt, im Zustand der Muße, aber nicht als Dichter mit einem Gedicht im Herzen, sondern als selbst Fleisch gewordenes Gedicht.

2.

Beim Anblick eines solchen Lebens ist jeder entzückt. Was für ein Mensch! Was für ein Schicksal! Er scheint so geboren zu sein, gleich den Grillen. Mitnichten. Dieses Grillenleben muß man erst erringen, sich erkämpfen. Und es ist nicht billig zu haben.

Der Ausgangspunkt des Weges wird sofort verständlich, wenn man bedenkt, was man wahrnimmt, wenn man eine Bibliothek betritt. Der erste Eindruck ist der von Dämmerung. Dem sollten moderne Gebäude dadurch abhelfen, daß Bibliotheken fast ausschließlich aus Glas erbaut wurden. Aber die Bibliothek ist von Natur aus dunkel. Und die Dämmerung zerstreut sich nicht, noch der Staub, noch die abgestandene Luft. Das alles ist unvermeidliche Begleiterscheinung von Papier und Buchstaben. Und in dieser staubigen Dämmerung, diesem durch noch soviel Lüften nicht zu behebenden, abgestandenen Geruch leben seltsame Wesen: die Bibliothekare. Es gibt kaum einen unter ihnen, der nicht schon auf den ersten Blick auffällige Gebrechen aufwiese. Manche sind bucklig, manche lahm, manche einäugig, manche dickbäuchig, manche kahl, manche verkümmert und dürr. Ihre Gesichter sind grau, ihre Augen ohne Schimmer, sie sind kurzsichtig, ihre Bewegungen grotesk.

Geht man eine schmutzige und übelriechende Vorstadtstraße entlang, fragt man sich oft unwillkürlich: Was für Menschen wohnen hier bloß? Die Antwort ist kurz und einfach: solche, die herkommen. Sie haben das Recht, woandershin zu gehen. Warum gehen sie nicht? In Wirklichkeit sind sie aus freiem Willen hier, ja aus einem noch tieferen Grund: weil sie hierher gehören. Nun: Wer wird Bibliothekar? Der, der es werden möchte. Der, der sich in der staubigen, abgestandenen Dämmerung, zwischen dunklen Nischen und labyrinthartigen Bücherregalen zu Hause fühlt. Der, der dahin gehört.

Den Büchermenschen erkennt man sofort. Der Bibliothekar ist nur der Prototyp und das lebendige Ideal dieses Menschen. Man erkennt ihn auch unter den Schülern, wenn er ein sogenannter guter Schüler ist. Man erkennt ihn besonders unter den Lehrern, besonders den Philologen, vor allem aber unter den Buchhändlern und am allermeisten unter den Antiquaren. Und betrachtet man diese eigenartige Buchhaftigkeit genauer, bemerkt man ganz seltsame Dinge. Behinderte Menschen? Kurzsichtig? Grotesk? Warum? Sie sind kleinlich und haarspalterisch, leben in der Dämmerung und sind grau wie Kellerasseln. Es besteht eine tiefe Verwandtschaft zwischen dem guten Schüler, dem Lehrer, dem Philologen und dem Antiquar, zwischen allen Buchmenschen also und dem Teufel. Der Teufel ist das Urbild aller diabolischen Wesen, ein merkwürdiger und bösartiger Insektensammler, der das Licht scheut und sich in staubigen, dämmerigen und alten Nischen versteckt. Allgemein gesprochen: Die Philologeneigenschaft ist das Festhalten an Worten, tendenziös und aus Lebensneid. Er versteckt sich vor dem Leben. Wo? In den Buchstaben. Jeder Mensch, sei er Lehrer, Schüler, Richter, Anwalt, Wissenschaftler, Arzt oder Priester, ist diabolisch, wenn er sich an Buchstaben, Paragraphen, das geschriebene Wort, das Buch klammert, wenn er das Wort über das lebendige Leben stellt. Die Buchhaftigkeit ist eine Sünde wider das Leben; der Name dieser Sünde: Bibliolatrie – Götzendienst am Buch. Der Büchermensch will mit dem Buchstaben das Leben regeln. Regeln ist jedoch nur ein anderer Ausdruck für: Herrschaft. Und Herrschaft ist nur ein sanfterer Ausdruck für: Mord. Diabolisch ist, wer das Leben haßt und ausmerzen will, vielleicht weil er sich davor fürchtet, vielleicht aus anderen Gründen. Das ist hier nebensächlich. Der Teufel ist der Erzfeind des Lebens und bringt den Tod, mag man diesen Tod nennen, wie man will: Licht, Geist, Wissen, Gesetz. Leidenschaftlich merzt er alles aus, was launenhaft, funkelnd, unregelmäßig, abwechslungsreich, bunt ist – den Jahrmarkt, das Theater, die Liebe, den Krieg – und will die Welt mit dem Wort, dem Buchstaben, dem Paragraphen regieren. Das ist der diabolische Philister, sei er Philologe, Lehrer, Schüler, Richter, Wissenschaftler oder Priester. Und die Vervollkommnung dieses diabolischen Philisters ist: der Bibliothekar.

Der Ausgangspunkt ist also: Jeder Bibliothekar hat eine starke und tiefe Bindung zur Unterwelt. Ein Mensch, der sich in der Nähe von Büchern aufhält, fällt notwendigerweise der Bibliolatrie anheim und verwandelt sich in einen dämonischen Philister. Diese dämonische Philisterhaftigkeit und die daraus resultierende, starke Bindung zur Unterwelt sind der erste Schritt zum Verständnis Robert Burtons.

3.

Anatomie der Melancholie ist eigentlich eine *Katabasis,* also ein Abstieg in die Unterwelt ähnlich gewaltigen Ausmaßes, wie ihn Dante oder Odysseus oder Vergil unternommen haben.

Der Abstieg, mit anderen Worten der Übergang ins Reich der Toten oder wieder anders: der *descensus* beziehungsweise Übertritt in die Unterwelt, ereignet sich in den entscheidenden und bestimmenden Krisen des menschlichen Lebens stets ungewollt, sehr häufig auch unbewußt. Burton weiß nichts davon, daß er in der Unterwelt gewesen ist und seine Reise durch die Unterwelt in seinem Buch beschrieben hat. So wie sich auch Dostojewski, der in *Aufzeichnungen aus dem Totenhaus* und *Weiße Nächte* und *Schuld und Sühne* eine solche Katabasis beschreibt, dessen nur halb bewußt wird, so wie es der Maler

Bosch und der Zeichner Kubin überhaupt nicht zur Kenntnis nehmen, so wie Blake und Swedenborg hingegen sehr wohl erkennen, wohin sie geraten sind. Wer einen Bezug zur Unterwelt hat, steht immer nur einen Schritt vor dem Abstieg. Einen Bezug zur Unterwelt haben jedoch alle. Aber das Merkwürdigste kommt erst: Große Kunst, große Philosophie, großes Schicksal sind ohne einen starken Bezug zur Unterwelt gar nicht vorstellbar. Die Tiefe eines Werkes wie auch eines Schicksals ergibt sich aus seiner Beziehung zur Unterwelt. Man muß nicht wie Äneas oder Dante oder Burton die Katabasis zu Ende gegangen sein, aber jemand, der nicht wenigstens einmal die Unterwelt betreten und sich dort wenigstens einmal umgesehen und sie erlebt hat, hat für andere etwas Wesentliches eigentlich nicht zu sagen.

Warum? Einfach deshalb, weil ein Mensch, der die tiefsten Sphären des Seins nicht kennt, in allen dunklen und ungewissen Fragen des Schicksals unwissend sein muß. Das gilt gleichermaßen für die Literatur, die Malerei, die Philosophie, die Musik und jede geistige Schöpfung. Der Abstieg in die Unterwelt muß kein derart bestimmendes Erlebnis sein wie bei Strindberg, der in *Inferno* den descensus des modernen Menschen beschrieben hat. Zuweilen ist er auch sanft wie in Mozarts *Don Giovanni* oder zeigt sich als Dauerattitüde wie bei Schumann oder bei Baudelaire, E. T. A. Hoffmann. Tatsache ist, daß jemand, dessen Verbindung zur Unterwelt schwach oder überhaupt nicht vorhanden oder verkümmert ist, die großen und wesentlichen Fragen seines Schicksals gar nicht versteht. Ja, wer nicht weiß, was die Unterwelt ist, hat überhaupt keine Ahnung und keinen Begriff vom Menschenschicksal, er versteht auch die Welt selbst nicht. Und wer die Unterwelt entweder absichtlich vergißt oder verschleiert, muß unweigerlich verdörren, verflachen und unbedeutend werden.

Das Höllentor öffnet sich dem Menschen in den größten und entscheidendsten Krisen seines Lebens. »Auf halbem Weg unseres Lebens«, wie Dante sagt, also an den Grenzen, den Trennlinien von Leben und Tod. Vielleicht als Folge einer schweren Krankheit, durch eine ungewöhnliche Reise oder einen Ortswechsel. Oder als Folge einer Freundschaft, Liebe, Ehe, einer seltsamen Beziehung oder Bindung. Vielleicht auch dadurch, daß all das auf einmal und gehäuft geschieht.

Burton als Bibliothekar und diabolischer Philister bedurfte keines besonderen Anlasses. Der diabolische Philister steht ständig am Höllentor. Vielleicht hat er deshalb nicht bemerkt, daß er eingetreten war und sich drinnen befand. Das Bibliothekarsfach gilt in der Astrologie als eine merkurische Tätigkeit. Und Merkur hat die Verstorbenen ins Jenseits hinübergeführt. Er steht unter der Herrschaft von Hermes. Hermes wiederum ist der *psychopompos* – der Seelenführer, der die Abstiege leitet.

Die Mythologie ist voller Beschreibungen eigenartiger Katabasen. Die Orientalen wußten, daß Manda d'Haye, Nergal, Gilgamesch, Marduk in der Unterwelt gewesen sind. Ischtar stieg hinab, um ihren Geliebten Tammuz zurückzubringen. Sie wurde durch sieben Tore geführt und mußte an jedem etwas ablegen, was zu ihrem Leben gehörte. Ereskigal, die Herrin der Unterwelt, hetzte sechzig Dämonen der Krankheit auf sie, und Ischtar hätte den Tod gefunden, hätte ihr die höchste Göttin Ea nicht geholfen.

Bei den Griechen sind neben Odysseus auch Orpheus, Herakles, Theseus, Peirithoos in der Unterwelt gewesen. Es ist aufgezeichnet, daß es einen Philosophen namens Menedemus Lampsacus gegeben hat, der »wie ein Verrückter unter den Menschen wandelte und behauptete, er käme aus der Hölle, sei ein Spion der Dämonen und gekommen, den Unterweltlern zu erzählen, wer was für ein Leben führte«.

Nach manchen Theologen stellt der descensus jenen eschatologischen Schritt dar, der zeigt, daß einzelne, herausragende Menschen die Macht des Todes brechen, lebend ins Reich des Todes hinübertreten und von dort vielleicht sogar zurückkehren können. Andere lehren, daß der Mensch wegen seiner Sünden absteigt, dort die Gelegenheit zur Buße erhält und gereinigt und wiedergeboren zurückkehrt. Das ist der Fall bei Strindberg. Und das gilt allgemein als Sinn und Bedeutung der Abstiege, die mit Krankheiten im Zusammenhang stehen. Unter anderem darauf zielen, wenn auch kläglich und ungeschickt, die moderne, analytische Psychologie, die Charakterologie und die Existenzphilosophie ab. All diese Lehren verkünden die Erneuerung durch den descensus, die Reinigung durch den Abstieg.

Robert Burtons Lage ist die gleiche. Er steigt hinab, um von einem schrecklichen, quälenden Übel befreit zu werden, das sein Schicksal zerrüttet und sein Leben zerstört. Deshalb verbindet Burtons Buch eine tiefe Verwandtschaft zur heutigen Psychoanalyse, vor allem aber zur Existenzphilosophie, mit dem Unterschied, daß Burton unvergleichlich klarer ist, als es die modernen Philosophen sind, und unendlich mehr weiß. *Anatomy* ist die Beschreibung einer Katabasis – Burton steigt in die Unterwelt hinab, um von einer schrecklichen Krankheit gereinigt, gerettet, geheilt zu werden – der Name dieser schrecklichen Krankheit lautet Melancholie.

4.

»I turn my inside outward«, schreibt er an einer wichtigen Stelle seines Werkes: Ich kehre mein Inneres nach außen. Damit sagt Burton eigentlich nichts anderes als das, was auch die moderne Psychologie und Existenzphilosophie sagen. Auch heute macht man dasselbe: man kehrt das Innere nach außen. Mit anderen Worten: man macht das Unbewußte bewußt, rationalisiert das Irrationale, holt die Existenz aus ihrer Verborgenheit ans Tageslicht. Und das bedeutet nichts anderes, als daß man aus der Welt der sichtbaren Gesichter in die der immateriellen Wesen hinabsteigt. Nur daß Burton den Ort des Abstiegs nicht als das Unbewußte oder die Existenz bezeichnet. Wohin steigt er also ab? Burtons Tiefe ist wunderbar, seine Intelligenz beispiellos. Er sagt: in Psyches Schloß. Und hat man begriffen, was das ist, stellt man sofort fest, daß auch die Heutigen nichts anderes tun, als in Psyches Schloß abzusteigen, nur wissen sie es nicht, so wie sie auch nicht wissen, daß Psyches Schloß die Unterwelt ist.

In Wirklichkeit hängt die Verwirrung über diesen Punkt nicht nur mit Worten, und zwar mißverstandenen Worten zusammen. Die Verwirrung ist darauf zurückzuführen, daß weder Burton noch die heutigen Psychoanalytiker, Charakterologen und Existenzphilosophen sich darüber im klaren sind, daß erstens: die Erforschung der Abgründe der Seele und der Existenz eine Art von Katabasis ist, und zweitens daß diese Seele, dieser Charakter, diese Existenz eigentlich Psyches Schloß ist und dieses Schloß Psyches die Unterwelt ist.

Die Schwierigkeit des Verstehens erlischt sofort, wenn man bedenkt, daß das Reich der Seele, das Land Psyches nichts anderes als das hinter und unter den sichtbaren Formen, der Gesichtswelt der Wesen liegende Territorium ist: die Welt des Unsichtbaren, der gesichtslosen Wesen. Hier leben nicht Pflanzen, Tiere, Menschen, Götter. Die Wirklichkeiten, die es hier gibt, leben gar nicht. Sie sind. Und diese Wirklichkeiten sind: die Bilder, Begriffe und Ideen der Phantasie, der Erinnerung, des Denkens. Die seelenartigen Wirklichkeiten: Träume, Halbträume, Einbildungen, Bilder, Phantasmagorien. Sie gehören zu einer ganz anderen Seinssphäre, sind ganz anders als die sichtbaren Gesichter. Gesichter sind sichtbar wie Gegenstände objektiv. Unsichtbare und gesichtslose Wesen sind jedoch subjektiv. Seelisch, also in Psyches Schloß, im Bewußtsein oder im Unterbewußten oder in der Phantasie oder im Traum oder in der Begierde oder in der Erinnerung, egal. Aber stets unter und hinter der sichtbaren Welt. Nicht in dieser Welt, sondern unter dieser Welt – in der Unterwelt – im Land der Seele – in Psyches Schloß.

Anatomie der Melancholie ist grandiose Psychologie und Existenzphilosophie in einem, mit dem entschiedenen Unterschied, daß hier der Sinn des Aufenthalts in den verborgenen Essenzen der Seele und der Existenz sofort offenkundig wird. Vor allem wird offenkundig, daß die Reise in der Seele nichts anderes als eine Katabasis ist, also eine Reise in der Unterwelt.

5.

Der Schlüssel zum vollständigen Verständnis war von Anfang an ein Wort, und dieses eine Wort lautet: Melancholie. Bei der Bestimmung, Beschreibung, Erhellung, Deutung des Wortes erweist sich Burton als schier unerschöpflich. Er zitiert Farnelius, für den Melancholie »die Infizierung des Körpers gegen die Natur« ist. Galenus: »der defekte Körper, der in Opposition zur Natur steht und sich ihrer nicht frei bedienen kann«. Er zitiert eine ganze Reihe von Autoren, um nachzuweisen, daß die Melancholie eine »Mißbeschaffenheit« sei. Für Gellius: »eine Erkrankung der zentralen Gehirnzelle«. Für Aratäus: »die ständige Angst der Seele«. Und wieder andere: »Das Grauen vor dem Geist«. Oder: »unbegründete und unmotivierte Angst und Furcht«.

Diese Bestimmungen sind für Burton nur der Ausgangspunkt. Zum einen befriedigt er damit gründlich seine Leidenschaft fürs Zitieren, die bei einem Bibliothekar wie ihm gewürdigt werden muß. Zum anderen versieht er sein Werk mit einem soliden Fundament und schafft eine Atmosphäre, in der seine eigenen Aussagen silberhell klingen. Burtons Definition der Melancholie ergibt sich unmittelbar daraus, daß *Anatomie* in Wirklichkeit eine Katabasis in Psyches Schloß ist. Diese Definition lautet: Die Melancholie wurde in der Finsternis der Hölle geboren (born in hellish darkness) – von den Furien aufgezogen, von Megaira getragen, von Alecto mit ihrer bitteren Milch genährt. Ihre Verwandten sind: Gorgo, Styx und die Erinnyen. Die Melancholie ist die Krankheit des prometheischen Schicksals und unheilbar. »A melancholy man is that a true Prometheus which is bound to Caucasus« – der Melancholiker ist ein echter Prometheus, gefesselt an den kaukasischen Felsen. Er zitiert Chrysostomus: »kein körperliches Leid, keine Kasteiung, keine Qual, kein Elend, keine Peitsche, keine Wunde, keine Strafe ist vergleichbar mit ihr«. Dieses schreckliche und scheußliche Wesen, dieses Traurige Ungeheuer (sad monster) thront – »wie in der Mitte jedes Gelächters das Leiden sitzt« – in der Mitte von Psyches Schloß, im tiefsten Abgrund der infernalischen Gruben.

Wer daran gezweifelt hat, daß die Anatomie eine Katabasis ist, ein Abstieg in Psyches Schloß, findet hier eine Antwort auf alle seine Zweifel. Danach kann es bezüglich der Quintessenz der Sache keinen Zweifel und keinen Irrtum mehr geben. Burton wirft nicht mit wirkungsvollen Bildern um sich, er übertreibt nicht, läßt sich nicht hinreißen, schießt nicht über das Ziel hinaus. Nein, nie gab es einen ruhigeren, gemäßigteren und intelligenteren Autor. Daß die Melancholie inmitten der Hölle thront, ist für ihn keine farbige Metapher, kein Bild. Und wenn er sagt, daß die Melancholie inmitten der Hölle sitzt, so bedeutet das, daß Psyches Schloß eigentlich die Unterwelt ist, also die Hölle. Und wenn es die Unterwelt ist, bedeutet das natürlich, daß *Anatomy* als Abstieg in diese Welt nichts anderes als eine Reise in der Unterwelt ist.

6.

Hat man diesen Gedanken zu Ende gedacht, muß man sich vor Augen halten, daß die hier gebotene Erklärung zum Verständnis bis jetzt in allen Punkten mit Burtons Text Schritt hält, ihn jedoch auf eine Welt projiziert, in der es eine Dimension mehr als in Burtons Welt gibt. Auch Burton wußte und erkannte das alles. Aber eines wußte er nicht, und darum war seine Welt um eine Dimension ärmer. Er wußte nicht, warum die Melancholie inmitten von Psyches Schloß saß. Das wußte übrigens auch Dürer nicht, dessen Konzept der Melancholie mit dem Burtons fast identisch ist. Ein paar verstreute, im Fluß des Textes fast verschwindende Sätze scheinen darauf hinzudeuten. Aber Burton nennt es nirgends beim Namen. Und er ist nicht jemand, der etwas, was er weiß, nicht offen, knapp und allgemeinverständlich ausspricht. Die wichtigste Stelle, die am unmittelbarsten auf den wahren Charakter der Melancholie verweist, lautet: »melancholy ... is the character of mortality« – die Melancholie hat den Charakter der Vergänglichkeit.

Knapp, klar und mit einfachen Worten müßte man sagen: Robert Burton, ein Oxforder Bibliothekar, der im 17. Jahrhundert lebte, litt in außergewöhnlichem Ausmaß an Melancholie. Um von seiner Krankheit geheilt zu werden, begann er die Ursache und Natur der Melancholie zu erforschen. Er stieg in die Welt der Seele hinab und kam zum Schluß, daß diese Krankheit mitten in dieser Welt saß. Und er entdeckte auch, daß diese Melancholie den Charakter der Vergänglichkeit hatte.

Warum? Die Sache ist deshalb so außergewöhnlich schwer, weil sie so unendlich einfach ist. Worum es eigentlich geht, ist, daß Burton in die Mitte von Psyches Schloß eingedrungen ist und dort jenes Etwas fand, das die Vergänglichkeit und Sterblichkeit der Seele, des Lebens, des Schicksals, des Menschen, der Welt ist. Es ist klar: Steigt man in die Seele hinab, wird man sich unweigerlich ihrer Vergänglichkeit bewußt. In der Mitte der Seele, tief drinnen, verborgen, sitzt die Vergänglichkeit der Seele. Da sitzt diese unendliche Flüchtigkeit, dieser schmerzhafte Verfall, da sitzt dieses Etwas, daß der Mensch, das Schicksal, das Leben, die Schönheit, die Liebe, die Leidenschaft, das Wissen, die Größe vergehen werden – die Welt selbst vergehen wird.

Wer dieses Unwiderrufliche und Unabänderliche erlebt, den überwältigt, vernichtet dieses Bewußtsein nicht, nein, es tut viel mehr: es erfüllt ihn mit einer Art dichtem, schwerem, sanftem, trübem Etwas. Dieses dichte, schwere, sanfte, trübe Etwas ist die Melancholie. Die Melancholie ist die Krankheit, die jeden befällt, der in der Mitte von Psyches Schloß erfährt, daß er sterben wird. Melancholisch wird jeder, der erkennt, daß er nicht unsterblich ist. Die Melancholie ist die Krankheit der Unsterblichkeit – oder wenn man so will: der Zustand, in den jedes Leben gerät, wenn es sich bewußt wird, daß es nicht unsterblich ist, sondern zugrunde gehen und vernichtet werden wird.

7.

Burtons unerreichtes Wissen besteht nicht nur darin, daß er das Bewußtsein des Verfalls (das ja die Melancholie ist) dort entdeckt, wo man es am wenigsten erwarten und vermuten würde: inmitten des Reiches der Seele, eben jener Seele, die für unsterblich gehalten wird; vielmehr besteht Burtons einzigartiger Tiefsinn darin, daß er in der Melancholie eine schreckliche Ambivalenz entdeckt: den Prometheischen Wunsch nach Unsterblichkeit, die Sehnsucht der Seele danach, Gott zu sein, ewig zu dauern, nicht zu vergehen; diese Ewigkeitsleidenschaft ist für ihn untrennbar verwachsen mit dem Bewußtsein des Verfalls, des Vergehens, der Vernichtung. Burton sagt nicht, daß die Seele unsterblich ist noch daß die Seele sterblich ist. Er sagt nur, daß die Melancholie die ultimative Doppeldeutigkeit ist, ein nicht entwirrbares und nicht auflösbares Ja und Nein.

Gerade deshalb hat bei Burton auch Psyches Schloß ein doppeltes Gesicht: es ist die Unterwelt, die Welt der Schrecken, der Gespenster, der Krankheiten, der bösen Träume, der Alpe, der Verwünschungen, des Leidens und der Qual, es ist die Unterwelt, die Hölle, zugleich aber auch der Ort hinreißend inniger Anmut, eine Welt lieblicher Schönheit, berückender Wunder, der Betörung, des Glanzes und des unsagbaren Glückes. Die Seele ist die Welt des tiefsten Leides und der höchsten Freude. Und so verschmelzen in Psyches Schloß Verzückung und Leid, liebliche Wunder und düstere Verwünschungen, Herrlichkeit und Alpdruck, Verklärung und erschütternder Zusammenbruch miteinander, so fließen darin Hoffnung und Freude und Trauer und Qual und ewig erstrahlende Schönheit mit herzzerreißendem Verfall, Todesangst, anmutigem Glück und bodenlosem Leid zusammen.

8.

Ein Leben wie das Robert Burtons bezeichnet man gern als ereignislos. Wie seltsam. Um wie viel ereignisreicher war wohl das Leben Alexanders oder Cäsars oder Napoleons? Und um wie viel wichtiger war wohl das Leben eines Kolumbus oder eines Pizarro als das eines Burton? Kolumbus war in Amerika, Pizarro eroberte Peru. Burton war in der Unterwelt und blickte der Melancholie ins Auge. Und betrachtet man die Schicksalslinien, so haben manche Menschen ihre Geburtsstädte nie verlassen und dennoch größere Siege als Oktavian errungen; haben manche ihr ganzes Leben in einer Bibliothek verbracht, scheinbar einsam, still, ereignislos, und doch sind die wilden Abenteuer, schwindelerregenden Gefahren, bitteren Versuchungen und bodenlosen Abgründe ihres Schicksals größer als die eines Eroberers, der drei Erdteile bereist und an dreihundert Schlachten teilgenommen hat.

Die still und einsam anmutenden Schicksale sind häufig viel bewegter, reicher an Abgründen und Strudeln als jene, die sich fast Stunde für Stunde vor aller Augen abspielen. Ein ereignislos erscheinendes Leben ist oft interessanter als das von hundert Abenteurern oder Landstreichern. Das Geheimnis der einsamen Schicksale ist zuweilen größer als das der Cäsaren.

Vielleicht hängt alles davon ab, wer was erreicht hat. Burton war in der Unterwelt gewesen, hatte das Traurige Ungeheuer gesehen und kehrte auf die Erde zurück. Wer von dort zurückzukehren vermag, kann auch nur ein sehr stiller Mensch sein. Man biete ihm Reichtum, Geld, Macht, Vergnügen – er bedankt sich, will nichts davon. Was können sie ihm noch geben, was er nicht schon vom Schicksal bekommen hat? Hat überhaupt etwas anderes einen Wert als das, was man erlebt hat? Als sie die sieben Tore der Unterwelt passierte, mußte Ischtar alles ablegen, was sie von der Erde mitgenommen hatte: Gold, Macht, Schönheit, Wissen, Erinnerung. Man kann nichts anderes behalten als sich selbst, bis man zuletzt auch das verliert – vielleicht. Wer weiß? Gerade dieser Zweifel ist: die Melancholie. Aber wenn man schon aus der Unterwelt zurückgekehrt ist und alles, was es dort gibt, erlebt hat, ist man nicht mehr melancholisch. Dann wird man auf einmal sehr langsam, sehr ruhig, sehr friedlich. Man beginnt die Philosophie des Taus zu leben: den klaren, kristallenen, funkelnden Augenblick. Braucht man Vergnügen, Schönheit, Vermögen, Ruhm? »My leisure would not permit« – mein Müßiggang erlaubt es nicht. Er singt nur, gleich einer Grille. Diese Art der Unsterblichkeit ist gewiß und herrlich. I am musing – ich sinniere im Zustand der Muse, mein Leben ist ruhig und endgültig wie ein Gedicht.

Fest und Gemeinschaft

1.

Vor etwa hundert Jahren begannen einige Dichter und Denker zu verkünden, das Sein sei Leiden. Die Lehre war alt und überraschend. Die ersten, die davon sprachen: Byron, Leconte de Lisle, Schopenhauer, Poe, Kierkegaard, Baudelaire, sagten dasselbe wie die alten Chinesen, Hindus, Ägypter, Griechen, Urchristen. Die Lehre verbreitete sich schnell und zerfetzte die Lebensfreude-Auffassung. Heute weiß so gut wie jeder, daß wir keinen Grund haben, an die wahre, schöne, gute, edle, freudige und frohe Natur des Lebens zu glauben.

Das liegt nicht daran, daß unser Gesicht Falten bekommt wie das der Chinesen vor fünftausend Jahren; nicht daran, daß uns das Glück verbraucht hätte; unser Auge bricht, unser Verstand ermüdet, unser Rückgrat krümmt sich, wir beginnen uns zu langweilen, bleiben allein und sterben wie die Griechen, Hindus, Urchristen.

Die knochige, knorrige, dürre, trockene, zitterige Hand einer alten Frau ist nicht deshalb so, weil sie viel gearbeitet hat. Die Hand hat nach der Freude gegriffen. Ein Gesicht kann nie so rührend und verheerend aufrichtig sein. Angesichts dieser Hand wird auch das optimistischste Wesen der Welt kleinlaut. Am Ende werden unser aller Hände so sein, solch traurige, müde, ratlose, verlassene, arme, alte Hände. Dem ist nicht abzuhelfen, daran ist nichts zu ändern. Das einzige, was man tun kann, ist, davor auf die Knie zu fallen und zu ächzen, wie es Dostojewski getan hat: nicht vor dir, sondern vor dem Leid der ganzen Menschheit!

Als man vor etwa hundert Jahren wieder bemerkte, daß das Leben Leiden ist, bemerkte man nichts anderes als die Hände der alten Frau. Und die Situation hat sich seitdem nur insofern geändert, als daß ein Teil der Menschheit beim Optimismus verharrt. Er hält vor allem an dem Anschein fest, das Leben sei Freude. Der andere, wesentlich kleinere Teil hat, nachdem er die alte Hand gesehen hat, die Wahrheit der Urahnen, den Geist der hinduistischen Philosophie, der griechischen Tragödie, der ägyptischen Religion, des Christentums begriffen. Das Schicksal des Menschen hängt an einem Faden über einem furchterregenden und rätselhaften, finsteren Abgrund, und das Sein ist ein Grauen.

2.

Wer mit Worten leugnet, daß das Sein Leiden sei, beweist es dennoch durch seine Taten. Und zwar dadurch, daß er seine ganze Kraft aufwenden muß, um das Leiden zu besiegen. Der Mensch als einzelner kann sich befreien. Man muß hier gar nicht an die vielen Gegenmittel denken, die man im Lauf der Zeit gegen das Leiden gefunden hat, oder daran, wie man sich abgesichert hat, um doch noch etwas Freude zusammenzukratzen. Ein solches Gegenmittel ist in erster Linie der Reichtum. Es gibt aber auch die zahllosen Arten und Typen von Genuß. Es gibt die verschiedenen Weltanschauungen, die dazu dienen, den Menschen in eine angenehme Illusion zu wiegen. Das sind lauter niedrige, allgemeine und gemeine Dinge.

Es gibt aber auch hohe und schwierige Verfahren, mit deren Hilfe sich der Mensch dem Leiden entzieht und sich dagegen absichert. Dazu gehören zweifellos viele Zweige des orientalischen Yoga. Wenn jemand Reichtümer anhäuft, sich in Genüsse stürzt oder sich ein weltanschauliches Versteck baut, versucht er dem Leiden unbewußt und indirekt auszuweichen. Viele Arten von Yoga tun das bewußt und direkt. Mit systematischer Disziplin reißt man alles von sich herunter, was Schmerzen verursachen könnte. Aber sei die Methode niedrig und unbewußt oder hoch und bewußt, das Ergebnis ist stets dasselbe: der Mensch entzieht sich dem leidenden Sein und erringt das Glück. Man weiß, daß das nicht unmöglich ist. Man weiß auch, daß es erlaubt ist. Aber das ist noch lange nicht das Ende der Sache, es ist vielmehr ihre Mitte und der gefährlichste aller Orte.

Die Legende besagt, daß die vier Weisen so lange beteten, bis sie erreicht hatten, was sie wollten: sie durften zu den Seligen ins Himmelreich. Sie durften dort einen ganzen Tag unter den Glücklichen verbringen, von Sonnenaufgang bis zum Sonnenuntergang das elysische Leben führen. Der erste Weise ertrug das Erlebnis nicht und starb; der zweite verlor den Verstand; der dritte schloß das Erlebnis in sich ein, hütete es bis an sein Lebensende und behielt das errungene Glück für sich. Nur der vierte Weise kehrte heil und gesund zurück, weil er das Erlebte dazu nutzte, denen zu helfen, die sich an ihn wandten.

Jeder ist frei, aus dem Kreis des Leidens herauszutreten, wie er eben kann, und das Glück zu erringen. Aber von denen, die die Welt der Seligen kennenlernen, erträgt ein Viertel das große Erlebnis nicht und geht daran zugrunde. Jeden Tag sieht man Menschen, die am Himmelstor zusammengebrochen und gestorben sind. Das zweite Viertel wird wirr im Kopf. Auch solche fanatische Narren sieht man genug. Das dritte Viertel schließt das Glück in sich ein, behält es für sich und gibt keinem etwas davon.

3.

Es wird erzählt, daß ein König einen Boten nach Delphi schickte, um den Gott zu befragen. Er erhielt die Antwort, aber er war nicht zufrieden. Er war mißtrauisch und glaubte nicht. Er wollte Gewißheit. Er beschloß, das Wissen des Gottes auf die Probe zu stellen, schickte erneut einen Boten zum Ort des Orakels und fragte: Was mache ich gerade in dem Augenblick, als mein Bote diese Frage stellt? Die Antwort lautete: Der König ist allein in seinem Zimmer und ißt. Jetzt glaubte auch der König. Denn es war tatsächlich so.

Es war nicht schwer, darauf zu antworten. Wer mißtrauisch ist und an der Prophezeiung des Gottes zweifelt, wer eine über jeden Zweifel erhabene Gewißheit haben will, der sitzt allein in seinem Zimmer und ißt. Er ist der dritte von den vier Weisen, die das Himmelreich erlebt haben. Er behält alles für sich, für sich allein, schließt sich in sein Zimmer ein und ißt dort für sich und für sich allein und läßt nicht einmal zu, daß ihn jemand beim Essen sieht.

Manu sagt: Wer für sich selbst kocht, begeht etwas Verbotenes.

4.

Nur der vierte Weise ertrug das Glück. Denn Reichtum, Freude, Wissen, Talent darf man erringen, aber wehe dem, der dafür nicht stark genug ist. Ein Teil von ihnen stirbt daran, ein Teil verliert den Verstand, ein Teil vergräbt den Schatz in sich und teilt ihn mit niemandem. In diesen verwandelt sich das Licht der elysischen Felder in Finsternis. Das Glück erträgt nur der, der es verteilt. Das Licht wird nur für den zum Segen, der es mit anderen teilt.

Denn als wir ausgesandt wurden, sprach die Macht, die uns losschickte: Ich vertraue dir jeden einzelnen Menschen an, jeden ohne Ausnahme, hilf, spende Nahrung, spende Kleidung, gib auf jeden einzelnen acht wie auf dich selbst und lasse ihn nicht in der Finsternis versinken. Teile alles, was du erwirbst, was du erreichst, was du weißt, was du erlebst mit anderen. Die ganze Welt gehört dir. Du bist frei, von den Steinen bis zum Äther. Lerne es kennen, erobere es, niemand verbietet es dir, aber wehe dir, wenn du es für dich selbst behältst. Alles, was du nicht mit anderen teilst, wird sich verwandeln, das Gold in Schlamm, das heilige Licht in einen Fluch, das Entzücken in den Tod. Ich schicke dich los wie alle anderen: du bist für jeden Menschen, der mit dir lebt, verantwortlich, du mußt bis zum letzten Heller alles verrechnen, was du für dich selbst ausgibst, jede Freude, die du in dich eingeschlossen, jeden Glücksmoment, den du für dich behalten hast, gehe jetzt hin und lebe, denn die Welt gehört dir.

5.

Der vierte Weise erkannte das Gebot des sacra dies. Es ist der Heilige Alltag, wenn die Dinge frei von allem Staunen kommen und gehen, eines nach dem anderen, jedes so einfach und prosaisch wie ein Schluck Wasser. Die Welt der Freiheit von heiligen Ideen als Gegensatz zur Welt der heiligen Ideen. Unerschütterlich, ruhig, ohne Romantik.

Sie liebt weder die Leidenschaft noch den Helden. Sie hat kein Ideal. Sie ist profan auf sakrale Weise.

Es gab in der ganzen Welt nur ganz wenige, die die kleine und gewöhnliche Mythologie des Alltags begriffen haben und gewußt haben, was es bedeutet, am Morgen aufzustehen, sich zu waschen, das Frühstück zu bereiten, zu arbeiten, sich zu beeilen, sich zu ärgern, beleidigt zu sein – grau, mechanisch, durchschnittlich, erstaunlich nüchtern, frei von Lüge und ohne jedes Pathos. Nur ganz wenige haben gewußt, daß das, was an einem solchen Tag auf der Straße, zu Hause, im Laden, in der Werkstatt geschieht, nichts anderes ist als das, was seit Jahrhunderten im ganzen Kosmos geschieht. Um die göttliche Gewöhnlichkeit und nüchterne Mythologie des Alltags zu bemerken, muß man unermüdlich sein, darf weder ermatten noch sich auch nur eine Sekunde langweilen; darf die Zeit nicht aus der Hand geben. Es gibt immer einen Anlaß zur Teilnahme, zur Bewunderung, zur Hilfe, zum Lachen. Die Tugend der Mythologie des Alltags ist die Wachsamkeit.

6.

Nach Ansicht John Cowper Powys', des Großmeisters der Kunst der Einsamkeit, ist es ratsam, das Leben so einzurichten, daß man dem Kaiser gibt, was des Kaisers ist, der Gemeinschaft, was der Gemeinschaft ist, aber nur um sich dadurch das Recht auf Einsamkeit zu erwerben. Man arbeite die Anzahl Stunden, die einem auferlegt sind, ab, gleichgültig, denn es muß sein, aus Anstand, denn es ziemt sich nicht, etwas umsonst anzunehmen. Diese Zeit ist verloren, denn das wahre Leben beginnt erst danach. Glück ist eine individuelle Sache. Gehe ans Meeresufer, mache einen Spaziergang, setze dich auf einen Felsen und beobachte die Möwe.

Hier der Gegensatz: Es scheint zwei extreme Möglichkeiten des menschlichen Schicksals zu geben: den Einsamen, der nur für sich ist und außer sich nichts begehrt, für sich lebt und für sich kocht; und den, der für die Gemeinschaft da ist, der das Kreuz des Kollektivs schultert und nur für andere lebt. Der Einsame verachtet den, der in der Gemeinschaft lebt, der, der in der Gemeinschaft lebt, hält den Einsamen für sündhaft.

Wenn überhaupt irgendwo, so lernt man hier, in diesem Gegensatz den auf sakrale Weise profanen Alltag von Angesicht zu Angesicht kennen. Der Alltag lehrt, daß dieser Gegensatz nicht existiert. Der Mensch quält sich vergeblich damit ab. Nur ganz wenigen wird die Ehre zuteil, daß die Mächte ihren gänzlichen Selbstverzicht akzeptieren. Derjenige, der erkennt, daß keine edle Selbstverleugnung von ihm gefordert wird und niemand von ihm verlangt, das Kreuz des Schicksals der ganzen Menschheit auf sich zu nehmen und ausschließlich für andere zu leben, erspart sich damit viele überflüssige Probleme und Komplikationen. Niemand soll glauben, daß unter allen Menschen nur er sich aufopfern müsse. Dieses Schicksal ist den Göttern vorbehalten.

Aber jeder sollte zur Kenntnis nehmen, daß er, auch wenn kein Verzicht von ihm verlangt wird, sich keiner Selbstverleugnung entziehen darf, für jeden zeitgleich mit ihm lebenden Menschen verantwortlich ist und über das Schicksal seines Nächsten genauso Rechenschaft ablegen muß wie über sein eigenes.

Die sakrale Nüchternheit des Alltags lehrt den Menschen die winzige, graue Wahrheit, daß es eine Sünde ist, die Existenz nur einsam zu genießen, zu glauben jedoch, daß man auf das Ganze verzichten muß, eine Übertreibung ist.

Die Sache ist viel einfacher, farbloser und nüchterner. Das Maß. Es ist festgesetzt, wer wie viel vom Wissen, vom Talent, vom Glück, von der Freude behalten darf. Es gibt eine Grenze, bis dahin ist es erlaubt. Bis dahin kann wirklich alles mir gehören, ich darf nach Lust und Laune am Meeresufer spazierengehen. Bis zu einer bestimmten Grenze darf man allein bleiben; über diese Grenze hinaus ist es verboten, allein zu bleiben. Das, was das Maß überschreitet, muß ich verteilen.

Nicht das Ganze, ich muß nicht alles aufgeben, ich muß nicht ganz auf mich selbst verzichten. Das verlangt, das fordert niemand. Aber wenn der Reichtum, das Wissen, das Talent, der Genuß das Maß überschreitet und ich es für mich behalte, werde ich so sein wie der König, der in seinem Zimmer allein sitzt und ißt. Der für sich selbst kocht.

Das Gold wird sich in mir zu Schlamm, das heilige Licht in einen Fluch, das Entzücken in den Tod verwandeln.

Über das Maß weiß man übrigens sehr wohl Bescheid. Man sucht es auch. Ganz kläglich. Man bemißt, wie viele Morgen Land, wie viel Geld ein Mensch haben darf. Man maximiert die Grenze der sichtbaren Güter. Es ist wie gewöhnlich ein unbeholfener Versuch zu glauben, die Betonung läge auf den materiellen Gütern. Es geht hier um mehr. Wer kann schon überprüfen, wer wie viel von dem in sich verborgen hat, was nicht ihm gehört? Das ist Sache der menschlichen Verantwortung. Das Maß: bis hierher ist es erlaubt. Was darüber hinausgeht, ist verboten. Die sakrale Nüchternheit führt Buch über die Verletzungen des Maßes, und es hat noch nie jemanden gegeben, der für eine Verletzung nicht hätte zahlen müssen.

Im Ethos des Alltags droht die Gefahr des Autismus. Die Freuden und Güter sind allen zugänglich; aber wenn ich es wage, mehr einzustecken, als was mir wirklich zusteht, verwandeln namenlose Kräfte die verborgenen Güter in giftige Schlangen und vernichten sogar das, was mein freier Anteil ist und mir gehört.

Es gibt niemanden, der darüber nicht Bescheid wüßte.

7.

Alle, die über die große Tatsache und verbindliche Wirklichkeit der Gemeinschaft Bescheid wußten und reif genug waren, am Wissen des vierten Weisen teilzuhaben, König Chamuraga ebenso wie Laotse, Zarathustra, Lykurgos, Platon, Dante, sprechen der Macht eine ganz außergewöhnliche Bedeutung zu. Die Macht scheint jener Punkt zu sein, um den sich alles dreht. An diesem Punkt muß die Gemeinschaft aufblühen oder untergehen. Wie ist sie zu erringen? Wer darf es? Wer bedarf ihrer? Wie soll man von ihr Gebrauch machen? Sie ausüben? Sie erhalten? Sich ihr unterordnen? Mit ihr leben?

Aber die Macht ist noch keine Frage der Gemeinschaft. Wer glaubt, daß das Wohl oder Verderben der Gemeinschaft von der Macht abhängt, irrt sich. Bezeichnenderweise gehört die Macht noch in den Bereich des dritten Weisen, und wenn jemand nach ihrer Definition fragte, müßte man erwidern: Die Macht ist die letzte Versuchung des individuellen Lebens.

Das Evangelium weiß das und spricht es offen aus. Als Satan Jesus in der Wüste aufsuchte, schlug er ihm zuerst vor, Steine in Brot zu verwandeln. Nach heutigem Sprachgebrauch würde man sagen, daß er zur Erlösung ein Wirtschaftsprogramm vorschlug, fast schon das Prinzip des historischen Materialismus, ein endgültiges System zur Lösung der Brotfrage, den Sozialismus, die Anhebung des Wohlstandes und die Beseitigung des Elends, des Hungers.

Jesus lehnte ab. Das zweite Angebot war gefährlicher: Gehe auf den Turm hinauf und fliege unverletzt von dort wieder herunter. Hier lautet die Versuchung nach heutigem Sprachgebrauch: Beweise deine uneingeschränkten Fähigkeiten, blende sie, denn so gewinnst du die größte Menge für dich.

Jesus wollte weder wirtschaftlichen Wohlstand noch eine Menschheit, die von großen Fähigkeiten geblendet wurde. Er wollte etwas ganz anderes: etwas jenseits von Magen, Wohlstand, Anhängerschaft, Menge, Leistung, etwas Größeres als den Glanz und das Glänzen göttlicher Talente, und wäre Satan damals nicht zu ihm gekommen, hätte er sich selbst vielleicht nicht so klar, so schnell, so endgültig begriffen.

Dann kam die dritte Versuchung: Sie bestiegen den Berg, und Satan sprach: Hier sind alle Völker und Länder der Erde, wenn du dich vor mir verneigst, schenke ich sie dir. Die letzte Versuchung ist die gefährlichste und entsetzlichste: die Macht.

8.

Zur Charakterisierung der Macht genügt es vollkommen festzustellen: die Richtung der Macht zeigt stets nach unten. Sie ist eine Lage, von der man nur nach unten, nicht nach oben blicken kann. Alles, was dem Menschen Sorge bereitet, was ihm wichtig ist, was er will und begehrt, befindet sich unter ihm. Aber das ist noch nicht alles. Denn wie alle provisorischen Seinslagen ist auch die Macht paradox. Die Paradoxie zeigt sich darin, daß man die Macht gar nicht endgültig erringen kann. Vor allem nicht der, der sie begehrt. Die Macht erringt gerade der, der ihrer nicht bedarf. Der, für den sie nicht Ziel, für den sie eine Last und überflüssig ist, für den das Ganze ein nebensächliches Hindernis ist. Über Macht verfügt in Wirklichkeit nur der, der nur widerwillig nach ihr greift, zögernd von ihr Gebrauch macht, sie nur mißmutig akzeptiert und sich von ihr zu befreien sucht. Und selbst wenn man sie erlangt, darf man sich ihrer nicht bedienen. Wer sich der Macht bedient, verliert sie sofort. Die Macht ist paradox in jedem Aspekt. Was wäre, wenn sich Gott seiner Macht bediente? Nur Dämonen sind mächtig. Gott: ist.

9.

Die Macht ist eine persönliche Frage des Menschen. Die ultimative Frage zwar, aber eine, die noch zum menschlichen Ich gehört. Sie gehört noch nicht zum Leben der Gemeinschaft. Sie ist eine Angelegenheit des persönlichen Lebens, seiner Geltung, seiner Freuden, seiner Genüsse, der Leidenschaft des titanischen Ichs. Das ist das Hindernis, das die dämonischen Mächte dem Menschen an der Schwelle zum letzten Schritt in den Weg legen. Wer darüber stolpert, ist am Ende. Er erhält alle Länder und Völker der Erde, aber er muß der Finsternis dienen. Das ist die Macht. Die Macht ist böse, sagt Burckhardt. Und das stimmt.

10.

Gemeinschaft entsteht nicht dadurch, daß eine Herde Affenmenschen einen Bund schließen; nicht dadurch, daß Mann und Frau eine Familie gründen; nicht dadurch, daß sich ein paar Räuber zu einer Bande zusammenfinden; nicht dadurch, daß das schwache Tier sich in die Höhle des Starken verzieht. Der Ursprung der Gemeinschaft liegt nicht in der Natur, nicht in der Familie, im Stamm, im Interesse. Die Dinge beginnen nicht draußen, sondern drinnen, nicht unten, sondern oben, nicht im Sichtbaren, sondern im Unsichtbaren.

11.

Als der vierte Weise von den elysischen Feldern zurückkam, kehrte er wieder zu seiner Frau, seinen Kindern und seiner Arbeit nach Hause zurück und begab sich in die prosaische Welt des Alltags, als wäre nichts geschehen, nur betrachtete er das, was um ihn herum geschah, mit gereinigtem Herzen und erleuchtetem Verstand. Dem einen schenkte er ein Wort, dem anderen einen Pfennig, diesem einen Rat, jenem ein Stück Brot und überallhin nahm er die reine Wärme seines Wissens mit sich. Der vierte Weise ist der Ursprung der Gemeinschaft: der Mensch der kollektiven Verantwortung. Der einzige von den vieren, der sich an das Wort der Macht, die ihn bei der Geburt losschickte, erinnerte: Gib acht, ich vertraue dir alle Menschen an, du bist verantwortlich für sie wie für dich selbst, lasse niemanden in der Finsternis versinken.

Die Frage des vierten Weisen ist nicht die Macht, sondern etwas unendlich Furchtbareres: die Gewalt.

Die Frage der Gewalt lautet, ob derjenige, der seinem Wissen, seinen Fähigkeiten, seiner Kraft, seiner Erleuchtung nach über den anderen steht, der die elysischen Felder erlebt, den Frieden, die Freude kennengelernt hat, danach zu den Menschen zurückgekehrt ist, um das, was er weiß, wozu er fähig ist, unter ihnen zu verteilen: ob er die Menschen gegen ihren Willen zwingen darf oder nicht.

12.

Der vierte Weise hatte drei Jünger. Der erste richtete für in Not geratene Mitmenschen ein Zimmer ein, empfing sie dort den ganzen Tag, heilte, lehrte, verteilte Almosen; der zweite stand frühmorgens auf, sah sich in allen Höfen, Wohnungen um, suchte nach Kranken, Armen, Schwachen, Verlassenen. Der dritte wurde Minister und erließ strenge Gesetze, was zu tun sei, damit niemand in Not gerate, verarme, Unrecht erleide, doch denjenigen, der das Gesetz brach, warf er ins Gefängnis, und es gab auch Fälle, daß er sie zu Tode verurteilte.

Gewalt ist immer und jedem und unter allen Umständen verboten. Sie ist auch dann verboten, wenn man daraus keinen Vorteil schlägt, wenn man arm bleibt, auch dann, wenn man nicht anders kann, als Gewalt anzuwenden. Auch dann, wenn man aus Zwang zur Gewalt greift, wenn es keine andere Wahl gibt, wenn es nötig und notwendig ist. Auch dann, wenn man dafür Macht, Ruhm, Ruf, Reichtum ablegen muß, wenn man sie so anwendet, daß man gebrochen jener übermenschlichen Kraft gehorcht, die einen zwingt, sie einzusetzen. Selbst dann, wenn man die Verantwortung dafür bewußt übernimmt, ja die ganze Schwere der Strafe, die der Einsatz von Gewalt nach sich zieht, auf sich nimmt. Selbst dann, wenn man bei klarem Verstand alle dämonischen, die Gewalt rächenden Kräfte auf sich lenkt, sich ihnen ausliefert, mit seinem Körper das ganze Volk schützt, damit die Strafe ihn allein ereile.

Gewalt ist verboten. Jeder, der sie je angewandt hat, wußte, wußte wohl, daß er etwas Verbotenes tat. Das Beste, was man noch tun kann, lautet so: Ich mache bewußt das, was verboten ist. Ich entschuldige mich nicht und schiebe es nicht auf andere. Ich rechtfertige mich nicht dadurch, daß ich aus Zwang handele. Ich weiß, daß auch das mich nicht retten wird. Und auch nicht, daß ich die ganze Last der Verantwortung auf mich nehme, denn Gewalt wird durch nichts entschuldigt. Dennoch handele ich so, denn auf diese Weise nutze ich der größten Anzahl Menschen. Auf diese Weise rette ich so viele, wie ich ohne Gewalt nicht retten könnte. Und darauf kommt es an. Ich rette sie, sie werden leben. Daß ich dafür büße? So sei es! Ich nehme es auf mich.

Der Anfang der Gemeinschaft ist, daß mir die ganze Menschheit anvertraut wurde und ich für sie verantwortlich bin. Das ist das Bewußtsein der kollektiven Verantwortung, auf dem die menschliche Gemeinschaft so ruht wie die Erde auf der kosmischen Masse des Urgneises. Und die allererste Äußerung der kollektiven Verantwortung scheint zu lautet: Die Gewalt zwingt die ganze Menschheit, mich in den Garten der Seligen zu begleiten. Gewalt ist verboten. Und an dieser Sünde der Gewalt tragen alle Könige, Häuptlinge, Führer, Minister, Denker, die der Menschheit Gesetze gegeben haben, vom Fürsten der Stadt Ur bis Platon und bis zum heutigen Tag, Schuld. Wegen dieser verbotenen Tätigkeit ist jedes Gesetz, jeder Befehl, jede Verfügung finster, deshalb ist es so entsetzlich, den Zwang des Gesetzes zu ertragen, und deshalb gibt es nur eines, was noch verbotener als die Gewalt ist: der Gewalt zu widerstehen.

Gewalt entsteht dadurch, daß der Mensch seine kollektive Verantwortung mißversteht. Weil ihm alle anvertraut wurden und er für alle verantwortlich ist, glaubt er für die Menschheit ein titanisches Unterfangen auf sich nehmen zu müssen, sie, ob sie will oder nicht, retten, ins Elysium schleppen zu müssen, wenn es sein muß in Fesseln, mit der Peitsche oder tot.

13.

Es gibt eine Gewalt, die trüb, unreif und unwissend ist. Sie handelt blind, sie erkennt nicht, daß das, was sie tut, verboten ist, und schrickt zurück, wenn es zu den Folgen kommt. Sie strandet, entgleist und scheitert. Aber es gibt auch eine Gewalt, die konsequent, klar und bewußt ist. Sie weiß, daß sie etwas Verbotenes tut, aber sie hört nicht auf, sondern führt es zu Ende.

Gewalt ist immer negativ. Aber in der bewußt und bis zur letzten Konsequenz gesteigerten Gewalt kommt das Positivum zum Vorschein. Wenn das Negativum abzusterben beginnt, beginnt es sich selbst auszulösen und sein eigenes Gegenteil hervorzubringen. Und das Gegenteil wächst immer mehr an. Und als das Negativum seinen Höhepunkt erreicht, kehrt und stülpt es sich auf einmal um. Das Positivum springt in ihm auf.

Das ist die Phönixeigenschaft des Seins. Die Gewalt muß zugrunde gehen. Das Feuer verzehrt sie. Aber aus ihrer Asche entsteht es von neuem. Aber nun ist es nicht mehr das, was es gewesen ist, nicht mehr das Erste Wesen, das verfehlte, verbotene. Es ist das Letzte. Aus der Asche der Gewalt ersteht es auf: das Opfer.

14.

Das Opfer, sagt Baader, erneuert für den Menschen die Fühlung, den Zugang und die Gemeinschaft und öffnet und schafft die Verbindung zu jener Welt, die dem Menschen vor der Öffnung und ohne sie verschlossen wäre.

Das Opfer hebt den Menschen über die Grenze der höheren Welt hinüber. Gewalt ist der negative Versuch, das vom Menschen erkannte Höhere: Wissen, Glück, Freude für jedermann zu öffnen; das Opfer ist die positive Tat, durch die man die Gemeinschaft in die elysischen Felder hinüberhebt und mitnimmt. Gerade weil sie negativ ist, kann die Gewalt dem Menschen höchstens Wissen, Glück bescheren; gerade weil es positiv ist, öffnet und beschert das Opfer kein Wissen, kein Glück, sondern: das höhere Sein selbst. Es macht den Weg frei zu jenem Sein, das das Glück in sich einschließt. Das Opfer ist die Tat, die eine Gemeinschaft mit einem höheren Sein als dem menschlichen schafft, und diese universelle Verschmelzung mit dem höheren Sein ist: der Augenblick der Vollendung der menschlichen Gemeinschaft.

Die Gewalt wendet Zwang an, um den Menschen zu beglücken. Um ihn dem Leiden der Existenz zu entheben. Die Gewalt erzwingt die Befreiung vom Leid. Im Grunde will sie *nicht* etwas. Deshalb ist sie negativ. Negativ ist das, was ausschließlich ein Nein ist, ohne daß es ein Ja wäre. Und weil die Gewalt negativ ist, erringt sie nicht nur nicht das Glück, öffnet nicht nur nicht den Weg zu ihm, sondern verschließt ihn noch mehr.

Das Opfer will den Menschen nicht dem Leiden der Existenz entheben, sondern will in ein höheres Sein eintreten, das über und jenseits des menschlichen Seins ist. Deshalb ist es positiv. Positiv ist das, was ausschließlich ein Ja ist, ohne daß es ein Nein wäre. Es peilt also nicht das Glück, sondern das übermenschliche Sein an. Und während die Gewalt das Glück auf Kosten der Befreiung vom Leid will, schafft das Opfer eine Gemeinschaft mit jenem Sein, das kein Leid kennt beziehungsweise macht den Weg frei zu einem Sein, das nicht selbst Glück, Freude, Wissen ist, sondern das das Glück und die Freude beinhaltet und in sich einschließt. Das Opfer ist die Schaffung einer Gemeinschaft mit einem übermenschlichen Sein. Jede weitere Erklärung dazu erübrigt sich.

15.

Es wurden viele Theorien erfunden, worin der Ursprung der Gemeinschaft läge und was wahre Gemeinschaft sei. Manche sagen, Gemeinschaft sei etwas Wirtschaftliches, Materielles, dessen Zellen aus dem gemeinsamen wirtschaftlich-materiellen Fundament entstünden. Manche sagen, Gemeinschaft sei etwas Moralisches, für andere ist sie etwas Politisches oder Sprachliches oder Rassisches oder Völkisches oder Geistiges. Das sind lauter Faktoren, die eine Gemeinschaft viel eher gefährden als erschaffen. Sie eignen sich höchstens dazu, Unterschiede zu schaffen, nicht eine Gemeinschaft. Wirtschaft, Politik, Sprache, Rasse, Geist sind Versuche des titanischen Ichs, die Gemeinschaft aufzulösen und zu zerschlagen.

Gemeinschaft gibt es ausschließlich in jenem Sein, das sich durch das Opfer dem Menschen öffnet: im Übermenschlichen. Das gemeinschaftliche Sein aller Menschen ist nicht in der Materie, im Geist, in der Religion, in der Moral, sondern in: Gott. Begegnen sich die Menschen in der Materie, der Moral, der Rasse, dem Geist, so löst sich die Gemeinschaft auf, sobald die Sprache, die Materie, der Staat, der Geist erlöschen. Eine endgültige Verschmelzung ist nur im göttlichen Sein möglich. Diese Gemeinschaft ist nicht die wahre. Diese Gemeinschaft ist die einzige. Sie ist: die Gemeinschaft.

Alle anderen Gemeinschaften sind nur Schein und schlecht. Nur ein Ausschnitt, eine Gruppe, ein Fragment, so wie die Gemeinschaften der Rasse, der Nation, der Sprache, des Staates nur Fetzen und unvollkommen sind. Eine Gemeinschaft von unten gibt es nicht, nur eine von oben. Jede außerhalb Gottes gegründete Gemeinschaft kämpft nur dagegen, daß sich die Menschheit in Gott begegnet. Die Gefahr droht nicht von außen. Rasse und Nation, Geist und Sprache sind keine äußeren Faktoren. Es ist das dem Menschen innewohnende titanische Ich, das jede Gelegenheit ergreift, um die Gemeinschaft aufzulösen.

16.

Jetzt sind alle Elemente beisammen, die nötig sind, um das Fest zu verstehen. Das Fest ist der Tag des Opfers. Die Gemeinschaft nimmt ihren Anfang, als im Menschen das Bewußtsein erwacht: Ich bin nicht allein, und daß er über das Schicksal aller Menschen Rechenschaft ablegen muß. Die Vollendung der Gemeinschaft ist, wenn das Opfer den Weg ins göttliche Sein frei gemacht hat. Das Fest ist der Tag des Opfers, die Begegnung der Menschheit im göttlichen Sein. Ein nationales, rassisches, historisches, geistiges Fest gibt es nicht, so wie es keine nationale, rassische, geistige Gemeinschaft gibt. Diese Einschränkungen gefährden nur das Fest. Das Wesen des Festes ist das Opfer. Und das, was geopfert wird, ist eben der Unterschied: die Rasse, die Nation, der Geist, die Sprache – das titanische Ich. In der einfachen und stillen, profanen Nüchternheit des Alltags kann das Ich, das nur sich selbst will, allein sein will und jedes Wissen, jede Freude für sich behalten will, leben und gedeihen. Beim Fest hingegen muß es sterben.

17.

Im Zusammenhang mit dem Fest hebt man gewöhnlich zwei Momente hervor: daß sich darin der Sinn des Alltags enthüllt und daß sich die Atmosphäre mit göttlicher Gegenwart auflädt. Aber der Sinn des Alltags erschließt sich nur deshalb, die Atmosphäre lädt sich nur deshalb mit göttlicher Gegenwart auf, weil sich darin die Gemeinschaft mit dem göttlichen Sein vollendet. Diese Vollendung wird durch das Opfer ermöglicht. Gäbe es kein Opfer, bliebe das göttliche Sein dem Menschen verschlossen. Und das Opfer ist nichts anderes als das Abstreifen des eigenen, individuellen, einsamen, menschlichen Ichs. Als das individuelle Ich des Menschen im Augenblick des Opfers erlischt, wird der Weg frei zum göttlichen Sein. Und als der Mensch im höheren Sein den anderen Menschen begegnet, wird er dem Leid enthoben. Dieses Fest ist die Gemeinschaft. Das Fest ist die Gemeinschaft aller Menschen in jenem göttlichen Sein, in das der Mensch nur durch die Opferung seines Ichs gelangt. Deshalb ist das Fest die Verwirklichung des kollektiven Seins. Jede Gemeinschaft ist festlich. Deshalb spricht Hölderlin von »festlicher Gemeinschaft«. Es gibt kein anderes Fest als das der Gemeinschaft. Der Alltag ist das Gewimmel der vielen Ichs. Beim Fest lebt nur die ins göttliche Sein emporgehobene Menschheit gemeinsam miteinander.

18.

Philosophie, Wissenschaft, Dichtung sprechen von der Gemeinschaft, als gäbe es sie. Aber der Mensch ist noch nicht reif für die Gemeinschaft. Die Gemeinschaft wird erst durch die Letzte Seele erschaffen, deshalb kann sich die Gemeinschaft erst in der Letzten Zeit vollenden. Das große, menschliche Kollektiv, die Begegnung aller Menschen und ihre Einheit im göttlichen Sein, ist ein apokalyptisches Ereignis, eines der letzten und größten Ereignisse der Weltgeschichte. Bis dahin gibt es nur die vielen Ichs, Rassen, Nationen, Sprachen, Religionen, Interessen, Leidenschaften, nur Geist, Natur, Idee, Wahrheit. Kein Fest. Das kann es auch nicht geben. Es gibt nur den Alltag, mal heller, mal dunkler. Denn das Fest ist von apokalyptischer Natur: es ruht in der Letzten Zeit. In der der Mensch sein Ich abschält, sein wahres Wesen offenbart und in der Gemeinschaft mit allen Menschen eins wird.

Kierkegaard in Sizilien

Das erste Erlebnis einer Reise ist die rätselhafte Ausdehnung der Möglichkeiten nicht nur in die Richtung, in die man reist, sondern in alle Richtungen, und es bedarf besonderer Geistesgegenwart, um in der plötzlich um ein Vielfaches angewachsenen Welt nicht seine Sicherheit zu verlieren.

Der Entschluß, sich nach Sizilien zu begeben, ist ärmlich gemessen am geradezu kolossalen Ausmaß der Möglichkeiten, und ist von fast komischer Willkür. Warum gerade Sizilien? Nur dieses eine? Als suchte jemand aus einer Obstschüssel, auf der der Schatz eines ganzen Gartens auslag, eine einzige Kirsche aus statt alles aufzuessen. Eigentlich müßte man in jedem einzelnen Bahnhof aussteigen; beim Verlassen des Gebäudes müßte man in alle Richtungen zugleich aufbrechen.

Es ist wichtiger, zu Hause zu bleiben und nicht einmal aus dem Fenster zu blicken; das Universum zu umschiffen, ist ein kurzer und sicherer Weg. Aber sobald man die Schwelle überschritten hat, steht man schon zwischen Spiegeln und amüsiert sich darüber, daß man ständig vergißt: aus allem, was einem begegnet, blickt einen in rätselhafter Verzerrung das eigene Antlitz an.

Zu Hause lernst du die Welt kennen, auf Reisen dich selbst; denn zu Hause lastet das Gewicht auf dir, unterwegs auf der Welt, und stets bleibt das unbekannt, was du gerade betrachtest. Man müßte so reisen, wie das Feuer sich ausbreitet, von einem Mittelpunkt aus in alle Richtungen, und wie das Feuer alles verzehren, was man durchreist hat, damit man am Ende des Weges nichts als Asche und Ruinen zurückläßt. Statt dessen verglüht man selbst, und die Welt blüht weiter.

Gleich in einer der ersten Stunden machte er eine Notiz über die magische Reise. Was hat es zu bedeuten, daß ich reise? Es realisiert sich. Aber indem ich nach Sizilien reise, realisiere ich nur ein verschwindend kleines Bruchstück der sich öffnenden Welt, nur dieses eine von den grenzenlos vielen, alle anderen bleiben unverwirklicht, ganz sicher, unumkehrbar und für immer. Würde ich jetzt in Venedig aussteigen, nach Ravenna fahren, von dort nach Padua, würde ich von allen Möglichkeiten wieder nur jeweils eine einzige verwirklichen.

Warum lebe ich von den vielen Leben gerade dieses eine? Warum bin ich von den vielen Ichs gerade dieses eine? Ich will etwas von ihm, aber es ist albern zu erwarten, daß dieses eine mir all das gibt, was mir durch das Versäumnis aller anderen entgangen ist. Armer Reisende, armer Lebende, armes Ich.

Indem du den Ozean durchschwommen hast, hast du ihn noch nicht bezwungen, sondern dich nur kurz entlang einer einzigen Linie an seiner Oberfläche bewegt. Und selbst wenn du fähig wärst, in einer Tiefe und Breite von hundert Meilen zu schwimmen, würdest du nur gerade jetzt schwimmen – doch wo sind die Jahrtausende, in denen du noch nicht geschwommen bist und nicht mehr schwimmen wirst! Wenn schon nicht alles auf einmal, dann wenigstens soviel wie möglich? Mich realisieren, wo es eben geht. Am besten indem ich mich aus dem Fenster stürze, mich auf diese magische Bewegung lege, die das Reisen ist, und ihr überlasse, mich zu führen, wohin sie will, zu tun, was ihr gefällt. Möge mich der Weg mit sich reißen und mit mir davonfliegen.

Da kam der verdorbene Magen dazwischen. Was hatte er gegessen? Schon das Frühstück hatte ihm nicht geschmeckt, aber er hatte es ausgetrunken. War das das Übel? Vielleicht. Er versuchte es mit etwas Magenbitter, aber leider war es eine Fälschung, und er bekam nur Kopfschmerzen davon. Er dachte, er legt sich schlafen, erwachte jedoch voller Melancholie. Obwohl er abends keinen Hunger hatte, trank er dennoch einen Kaffee. Am nächsten Morgen wieder einen. Das führte dazu, daß sein Magen vor Hunger schmerzte, er jedoch keinen Appetit hatte. Zu allem Überfluß aß er dennoch etwas zu Mittag. Bis zum Abend war ihm schon übel und schwindelig. So vergingen die ersten beiden Tage der Reise.

Viel hängt von der genauen Bewußtmachung der Situation ab, daher muß geklärt werden: Was ist ein verdorbener Magen? Der Abbruch der Ernährung infolge dessen, daß man keine Lust zu essen hat. Im wesentlichen also: die Unterbrechung der Verbindung zur Wirklichkeit. Wie jede Krankheit. »Essen ist soviel wie lernen«, sagt ein Dichter. Und indem ich das Essen verweigere, verweigere ich das Lernen. Ich will nicht lernen. Ein verdorbener Magen ist also nichts anderes als das Übergewicht jener Faktoren, die der Realisierung im Wege stehen.

Indessen saß er am Meeresufer und blickte lustlos ins algengrüne Wasser. Ein leichter Wind trieb feuchte Wärme heran. Seine ganze Umgebung fiel ihm zur Last. Am nächsten Tag würde er in Sizilien ankommen.

* * *

Wie man heute über Napoleon, den Artillerieleutnant der Geschichte, der Kaiser von Frankreich wurde und Europa eroberte, auch denken mag, es steht außer Frage, daß die Menschen seiner Zeit keine geschichtliche Gestalt in ihm sahen, sondern etwas ganz anderes. Ein solches Beispiel der unbegrenzten Möglichkeiten des Menschenlebens berauschte die Schwachen. Und noch mehr die Starken. Doch schon für seine Zeitgenossen spielte der Mann selbst nur eine untergeordnete Rolle. Wichtig war nicht Napoleon, sondern das napoleonische Schicksal. Und auch wenn es nicht möglich war, ihn nachzuahmen, wurde das Schicksal, das er vorlebte, zu einem Ideal, das es zu befolgen galt, ja zu einem Gesetz. In den Schwachen wie in den Starken erwachte das napoleonische Bewußtsein der unbegrenzten Möglichkeiten des Lebens: es stellte sich heraus, daß wir alles schaffen konnten, weil das, was in uns lebte, grenzenlos war.

Das Wunder der darauffolgenden Generation war Lord Byron. Wie Kassner sagt: »der zweite Traum derer, deren erster Napoleon war«. Byron war kein Napoleon, aber hätte es diesen vor ihm nicht gegeben, verstünde niemand die Leidenschaft, die alle Grenzen um sich herum sinnlos verwüstete. Literaten sind törichte Menschen. Sie glauben, das alles sei Literatur. Sie glauben, es sei Romantik. Die Romantik hat ihren Ursprung darin, daß die Menschen infolge der napoleonischen Existenz die Unendlichkeit in sich entdeckten. Byron war ein Romantiker, das heißt, er entfesselte die elementare Feuersbrunst, die der Mensch in sich trägt und deren Name Leben ist.

Byron war der zweite Traum, die zweite Manifestation einer alle traditionellen Grenzen durchbrechenden, alle Fesseln abschüttelnden, alle Gewohnheiten zerrüttenden Lebensleidenschaft, die zweite Manifestation der Unerschöpflichkeit des Lebens, der zweite Befreier des Dämons des Lebens. Und er war nicht der einzige. Nehmen wir, um nicht weit ausholen zu müssen, Stendhal, der im Ozean seines Ehrgeizes ertrank. Denn seit Napoleon besaß der Ehrgeiz eine ganz andere Bedeutung, als er zuvor besessen hatte. Früher schämte sich jeder ein wenig, wenn er übermäßig viel davon in sich hatte.

Stendhal brachte seine Meinung zum Ausdruck, als er Julien Sorel, den Helden von *Rot und Schwarz*, schuf. Herrschen, seufzte er morgens und abends, im Wachzustand und im Traum, nüchtern und betrunken; herrschen, hauchte er in sinnlosem Wahn, starrsinnig wie ein Idiot. Armer Irrer, indem er das Herz eines lieblichen Mädchens zertrat, wollte er den Thron der Welt besteigen. Aber was heißt schon Mädchen! Was Grausamkeit! Was Wahn! Was Idiotie! Herrschen, herrschen!

So stand es um die Menschen des zweiten Traums. Herrschen! Byron und Stendhal, die Apostel Napoleons und Evangelisten der Grenzenlosigkeit des napoleonischen Lebens, machten die Unendlichkeitsleidenschaft, die Herrschsucht, den Machtinstinkt, den schamlosen Ehrgeiz obligatorisch. Man glaube nicht, daß es zu jener Zeit möglich war, diese Romantik nüchtern zu beurteilen. Noch heute vermag es kaum jemand nüchtern zu bewerten, denn für sich lebt jeder so: Herrschen, herrschen! Worüber? Wozu? Das spielt keine Rolle. Herrschen. Es war unmöglich zu widerstehen, nicht dem Helden, sondern der heldischen Lebensweise. Diesbezüglich bildete Shelley genauso wenig eine Ausnahme wie Keats, Victor Hugo, Leconte de Lisle und alle anderen. Worum es hier ging: Die neue Form des heroischen Lebens – jeder erblickte darin das Unendliche und Grenzenlose, Vollkommene und Göttliche. Heute läßt sich leicht erkennen, daß es nichts von alledem war! Aber damals – was hätte man sein müssen, um die Wirklichkeit zu durchschauen? Byron, Shelley, Stendhal, Keats, Hugo waren schließlich die hervorragendsten Männer ihrer Zeit. Und wenn sie sich berauschen ließen, wie sollte man von Humboldt, Hegel oder Fichte größere Nüchternheit verlangen?

Es schien, als sei das nicht mehr zu überbieten. Alle großen Gefühle waren entfesselt, alle großen Worte gesprochen. Im Gefolge

Byrons und Stendhals begann sich ein Mensch herauszubilden, der nur noch bei den besonderen Kraftanstrengungen außerordentlicher Augenblicke begriff, um was es ging. Die aufgeputschte, menschliche Leidenschaft schuf eine allgemeine Stimmung, die große Worte für ein Leben erfand, das es gar nicht mehr gab. Es war auf St. Helena geblieben. So verwandelte sich der ganze Schwung in Literatur und in Unterhaltung für die Bürger. Denn dem nächsten Schritt konnte keiner mehr folgen. Die Napoleons überfluteten die Biedermeiersalons, Heldentaten ereigneten sich an der Börse, in politischen Versammlungen und in den Schlafzimmern. Byron wandte sich der Ökonomie zu, und Stendhal begann Näherinnen zu verführen. Der Gipfel des Epigonentums ist der Held, der Zeitungsartikel verfaßt. Das geschah in den vierziger Jahren, als man das heroische Leben propagierte, ein Heros jedoch nirgends mehr existierte.

Das ist nicht wahr. Er war da, aber er war abgefallen von der Welt und wohnte in einer Dachkammer. Der Mansardennapoleon der vierziger Jahre, dieser einsame, verbitterte, dieser armselige Welteroberer, dieser Bettlerkönig der Unendlichkeit, dieser zerlumpte Evangelist des schamlosen Ehrgeizes lebte zwar in den Vorstädten von Paris und Kopenhagen, aber er gab nichts auf.

Einer von ihnen war Baudelaire. Être un saint et un héros pour soi-même – ich bin ein Heiliger und ein Held, aber nur für mich. Für seine Zeit: eine Witzblattfigur und ein Skandal. Die Zeit für ihn: etwas Schändliches und Abscheuliches. Während alle große Worte für die kleine Existenz suchen, findet er kleine für die große. Ein Eroberer, der diesen geschwätzigen Lärm nicht einmal mehr verachtet, nur noch als eine sinnlose Zwangslage erträgt und als Last empfindet.

Schon bei Stendhal hatte sich der Eroberer nach innen gewandt, denn die Welt draußen war von Napoleon niedergebrannt worden. Aus dem napoleonischen Ehrgeiz war Psychologie geworden. Die Aufgabe bestand nun nicht mehr darin, Rußland zu besiegen, sondern jene Reiche im Inneren, die weder Grenzen noch Namen hatten. In der Psychologie ein Held zu sein, war etwas ganz anderes als auf dem Schlachtfeld. Etwas Gefährlicheres. Das heroische Leben verlagerte sich auf eine ganz andere Ebene. Den unbegrenzten Möglichkeiten eröffnete sich hier eine ganz neue Welt, nachdem jene, die Napoleon erobert hatte, zu einem verfaulenden Misthaufen geworden war und jeder, der etwas auf sich hielt, nur noch mit zugehaltener Nase durch die Straßen ging. Der Dämon des Lebens kehrte sich um und suchte und fand ein würdigeres Feld der Eroberung: eines, von dem diese großmäuligen Hochstapler nicht einmal eine Ahnung hatten. Gemessen an ihm war Napoleon ein Hochstapler. Der einsame Held, der die unbegrenzten Möglichkeiten des Lebens psychologisch durchschaute und die elementare Feuersbrunst auch nach innen entfesselte, war der neue Übermensch.

Doch der wahre Sieger, genauer gesagt der wahre Besiegte war nicht Baudelaire, sondern Sören Aabye Kierkegaard. Denn man kann gar nicht genug betonen, daß der Preis dieses neuartigen, inneren Sieges die äußere Niederlage war. Diese Welt kann nur jemand erobern, der gescheitert ist; hier vermag nur ein gebrochener Mensch zu triumphieren. Kierkegaard ist der dritte Traum – der dritte Traum derer, deren erster Napoleon und zweiter Byron war. Die Eroberung hat vollständig aufgehört, eine weltliche Tätigkeit zu sein. Für diese Tätigkeit eignet sich wirklich eine Dachkammer am besten.

Kierkegaard machte eine unerhörte Entdeckung, so gewaltig, daß die Tragweite der Schlacht bei Wagram im Vergleich dazu wie die eines Fußballspiels anmutet. Im Leben, sagt er, kommt es nicht auf die Erscheinungen, auf die sichtbaren und sinnlich erfahrbaren Bilder, Vorstellungen, Gestalten an; keineswegs. Nicht durch das, was den Menschen von außen berührt, wird das Leben entschieden. Im Leben kommt es auf die Entscheidung an: auf die innere Aktivität, die psychologische Tätigkeit, die von der äußeren Welt völlig unabhängig ist. Die menschliche Existenz besteht nicht aus Erscheinungen, sondern aus Entscheidungen. Allein in ihnen lebt das menschliche Wesen unmittelbar. Den Mittelpunkt der Existenz bildet nicht die Erscheinung, sondern die Entscheidung.

Noch heute glauben viele, daß es bei einem Helden auf die Schau, die bühnenwirksam rührende und hinreißende Rolle ankommt. Nein. Bei einem Helden kommt es allein auf den sich verwirklichenden Traum, das sich verwirklichende Ideal an. Denn nicht vom Ruhm, sondern vom Traum nährt sich das Leben. Seit Napoleon hat sich der Bedarf allerdings verändert. Der neue Menschentyp wird durch einen Kaiser nicht befriedigt. Er hat dem Bewohner der Dachkammer den

Vorzug gegeben, der zwar beim Gemüsehändler Schulden hat, aber die Lyrik der psychologischen Heldentat verwirklichen konnte.

* * *

Als ihn das Schiff in einem Hafen Siziliens aussetzte, suchte er eine Unterkunft, zog sich um und ging aus. Er hatte einen verdorbenen Magen und mied den Geruch seines eigenen Atems. Zuallererst badete er im Meer, danach wollte er sich irgendwo setzen, um sich auszuruhen. Unter den Häusern schlief ein heißer Gestank wie ein fettes, großbäuchiges Ungeheuer. Er suchte Bäume, um sich im Schatten abzukühlen, aber er fand nur Büsche. Die hitzegequälten Äste fingen die Sonnenstrahlen nicht auf. Dennoch setzte er sich und betrachtete das Wasser. Unappetitliche, grüne Algen schwammen darin, und zwischen den Steinen am Grund lagen die Scherben verbrauchter Töpfe.

Er ging weiter, um einen geeigneteren Platz zu suchen. Wankend schritt er am Ufer entlang. Der träge Wind führte einen drückenden, ekelerregenden Geruch aus den Bergen mit sich, der seine Glieder erschlaffen ließ. Alsbald setzte er sich wieder. Er war nur so da ohne alles – ohne Buch, ohne Gedanken, ohne Wünsche, ohne Lust, ohne Freude.

Er hatte gedacht, er könnte dort am Ufer lange, freundliche Spaziergänge machen. Aber es gab nirgends einen Weg, nur einen von Mauleseln ausgetretenen Pfad zwischen dornigen Büschen auf wackeligen Steinen. Das Meer mit dem struppigen Seegras und den schleimigen, grünen Algen war kein bisschen freundlich. Und die Sonne war so sengend heiß, daß seine Haut zu brennen begann, sobald er einen Augenblick stehen blieb.

Auf dem Rückweg hörte er ein Geräusch zwischen den Steinen. Zwei Schritte von ihm entfernt glitt eine Schlange vorbei, ohne Eile, sie drehte sich sogar um und zischte. Der Spaziergang muß also auch aufgegeben werden, dachte er. Schade. Aber unter solchen Umständen wäre es Selbstmord. In jedem Busch könnte eine Giftschlange liegen.

Er könnte darauf treten oder sich darauf setzen und gebissen werden. Er stand da wie erstarrt. Die Schlange war längst verschwunden, er wagte nicht, sich zu rühren. Später bückte er sich vorsichtig, hob einen Stein auf und warf ihn dorthin, wohin die Schlange entschwunden war. Und noch einen Stein. Nichts. Er brach auf, blickte zitternd unter die Steine, ob die Viper nicht zwischen ihnen lag. Jetzt schwitzte er nicht nur wegen der Hitze. Von diesem Tag an wagte er nur noch in unmittelbarer Nähe der Häuser spazierenzugehen.

Sein Magenleiden hatte sich noch immer nicht gebessert. Die Hitze dauerte an, der träge Wind brachte einen würzigen Duft aus den Bergen, und es war so feucht, daß selbst im Zimmer alles vor Dampf pappte. Manchmal blickte er zu den umliegenden Felsen hinauf und glaubte einen schattigeren, einen freieren Platz zu entdecken. Aber als er aufbrechen wollte, fiel ihm die Schlange ein. Lieber saß er am Fuß der heißen Wand und betrachtete die Scherben im Wasser.

Eigenartig: Schon seit über einer Woche, seitdem er aufgebrochen war, hielt diese dichte Melancholie nun an, er schlief schlecht, schwitzte, erwachte müde, das Frühstück schmeckte ihm nicht, es erfüllte ihn mit Schaudern, an der Sonne baden zu gehen, und doch ging er, weil der Gestank dampfenden Öls und verwesenden Abfalls zwischen den Häusern nicht zu ertragen war.

Er pflegte unweit des letzten Hauses zu baden. Er ging am Ufer entlang, am liebsten im Wasser, er dachte, die Schlange würde sich nicht in die Nähe des Meeres trauen. Es waren vielleicht hundert Schritte, höchstens hundertfünfzig. Hier quälten ihn die Fliegen nicht mehr so sehr. Er watete ins Wasser, schritt über die hellen Steine, blickte immer vorsichtig, wohin er trat. Er schwamm ein paar Meter hinaus, dann kehrte er jäh um, weil er dachte, irgendeine Bestie könnte über ihn herfallen.

Am sechsten Tag nach seiner Ankunft, gerade am Mittag und zur Badezeit bemerkte er draußen am offenen Meer, weit vom Ufer entfernt, es mochten an die drei Meilen sein, einen großen, aus dem Wasser schnellenden Fisch. Der Fisch schwamm schnell, stieß seine Schwanzflosse immer wieder aus dem Wasser und tollte herum. Ein Hai, dachte er, denn nur Haie pflegten allein zu jagen. Er bekam Herzklopfen, so wie damals, als er der Schlange begegnete. Jetzt also auch das. Er mußte eine andere Badestelle suchen. Diese hier war nicht geschützt genug. Der Hai konnte sich leicht nähern und ihn angreifen. Ein paar Meter weiter stieß er auf seichtes Wasser, wo die Badestelle beckenartig von Felsen umringt war. Wenn er hier hineinging, war er wirklich geschützt. Baden konnte er zwar nicht, weil das Wasser seicht war, warm, abgestanden und nicht ausreichend. Wo ist schließlich der Unterschied, dachte er, ob er sich in seiner Waschschüssel zu Hause wusch oder hier in dieser? Denn das Ganze war wirklich kaum größer als eine Waschschüssel. Der Unterschied war, daß hier die Sonne wie verrückt brannte und er von Fliegen gebissen wurde.

Am zehnten Tag beschloß er, erst dann baden zu gehen, wenn die Sonne untergegangen war. Morgens und vormittags saß er auf der Kirchentreppe, dem einzigen schattigen und verhältnismäßig kühlen Ort im Dorf, und verscheuchte die Fliegen. Wehte der Nord- oder Ostwind, verging die Zeit noch ganz erträglich; der Südwind jedoch trieb den ganzen Gestank der Häuser heran. Gegen Mittag dachte er ängstlich ans Mittagessen. Er war nicht hungrig, in seinem Magen hatte die Realisierung schon vor zwei Wochen aufgehört. Als machte sich in seinem Inneren eine unverdauliche Masse aus Schwamm oder Löschpapier breit. Er aß schlecht gelaunt. Der Wein schmeckte nicht, aber er trank ihn, weil er davon wenigstens schläfrig wurde. Am Nachmittag ging er wieder zur Kirche, sich an die Mauern schmiegend, damit ihn die Sonnenstrahlen nicht trafen. Hier saß er bis halb sieben. Bis dahin war der Tag schon so weit zur Neige gegangen, daß er bis zur Waschschüssel gehen konnte. Er wusch sich und beobachtete nervös das offene Wasser, ob sich nicht der Hai näherte.

Die Reise war wirklich nicht geglückt. Er war aufgebrochen, damit sich die Möglichkeiten vor ihm nach allen Richtungen weiteten, doch siehe da, nun schienen sich dieselben Möglichkeiten zu schließen, und er war gefangen wie noch nie zuvor. Statt langer, ausgedehnter Spaziergänge fünfzig Schritte entlang der Mauer vom Haus bis zur Kirche und zurück; statt vieler neuer Geschmäcke das dauernde Magenleiden; statt strahlenden Sonnenscheins der Zwang, im Schatten zu sitzen; statt fröhlichen und erfrischenden Badens die kleine Waschschüssel. Ist die sich weitende Welt so eng geworden? Und wenn er versehentlich daran denkt, daß er an den schwülen Gerüchen beinahe erstickt, daß ihn Fliegen beißen, und sein Hals, seine Arme, Schultern schon voller Wunden und Blasen sind, daß der feuchte

Wind auf seinen Verstand drückt, muß er einsehen, daß er all das, was er erwartet hat, negativ durchlebt, also genau das Gegenteil dessen erlebt, was er sich erhofft hat.

* * *

Der Grund, warum er sich zu der Reise entschlossen hatte und sich in diesen Entschluß stürzte, war folgende: er wollte sich auf die Probe stellen, ob all die Schönheit, die er in der schillernden Welt vermutete, ihn aus seinem Kloster herauslocken könnte – ob er stark genug war, den Versuchungen der funkelnden Natur zu widerstehen. Nun ja. Er war stark genug. Das Ich ließ sich durch nichts herauslocken. Es verkroch sich nur noch mehr. Es durchlitt nur alles.

Die Erfahrung, die er machte: es war sein eigenes Antlitz, das auf ihn zurückblickte. Das Ich war drinnen, aber auch draußen sah er nichts anderes: als er ins Meer ging, schmierige Algen sich an ihn hefteten, ekelhafte Fliegen ihn ärgerten, sein Magen sich ihm umdrehte, er im heißen Dunst zu ersticken drohte, sich nachts verschwitzt und traumlos wie zwischen den glühenden Steinwänden eines Ofens hin und her wälzte. Auf Reisen erkennst du dich selbst. »Das soll Ich sein?« Das soll der dritte Traum sein? Dieser armselige Wurm? Er hat wirklich keine Ähnlichkeit mit dem ersten oder dem zweiten.

Er bevorzugte Situationen, in denen ihm unbehaglich war, und hütete sich mit asketischer Strenge davor, mit der Welt Frieden zu schließen. Nein! Nicht die Welt! Das Ich! Was will es? Besiegt zu werden? Jetzt ist es aber besiegt. Vollständiger kann es gar nicht besiegt werden.

Bin ich so? Ist mir so bang um meinen Appetit, graut es mich so davor, im freien Wasser zu schwimmen, flüchte ich vor einem kleinen Reptil, das vielleicht gar nicht giftig ist? Fürchte ich mich so vor der Stärke der Sonnenstrahlen und den parasitären Fliegen? Das soll Ich sein?

Er ist verreist? Nein. Er hat sich keinen Schritt von zu Hause fortbewegt, denn er konnte nicht aus seinem Ich heraustreten. Die magische Bewegung, die das Reisen ist, konnte ihn nicht herauslocken aus seinem inneren Kloster, wo er zitternd, mit klappernden Zähnen sich vor etwas fürchtet. Krampf. Magen. Bad. Sonne. Alles, was an ihn herantrat: Speisen, Wein, Früchte, Spaziergänge, Wasser, Steine, Blumen, Düfte hat er mißmutig und niedergeschlagen verschmäht, weil er keinen Bezug zu ihnen fand und nichts von der Welt lieb gewinnen konnte. Statt daß auch sein Ich so weit, frei und luftig wie die Welt geworden wäre, wurde auch die Welt so eng, dunkel und erbärmlich klein wie das Ich. Die Symbolik des Badens: Ist es nicht ungeheuerlich, daß er statt im Ozean in dieser häßlichen Pfütze badet? Doch, das ist es. Er wäscht sich in einer Waschschüssel am Ufer des Meeres. Warum? Weil er sich vor dem Polyp, dem Hai, dem Krebs fürchtet. Er fürchtet sich? Das Ich. Worum fürchtet es? Um sein Selbst. Daß es ja dasselbe bleibt, ihm niemand etwas tut, es niemand beleidigt, oh, daß er es nur nicht verliert. Und wohin hat das geführt? Zu einem verdorbenen Magen, quälenden Schweißausbrüchen, zum Ducken am Fuß der Mauer, zu Langeweile, Fliegenbissen.

Statt dessen hantiert er in seinem eigenen Inneren, mit übertriebenen, verbotenen und unsauberen Operationen, stochert in jedem Schmutz herum. Ist das der psychologische Held? Erkennen, gestehen, leiden, sich erniedrigen, bekennen. Das asketische Pathos der Psychoanalyse. Er reist nach innen und entdeckt sich selbst. Pfui! Genug davon.

Es ist nicht genug. Wenn du schon hier bist, im Rausch der psychologischen Lyrik, gestehe, daß die ganze Theorie des Entlockens eine schäbige und niederträchtige Selbsttäuschung ist. Du tust so, als wollte diese Welt hier: daß du ißt, badest, spazierengehst, das Risiko, die Freiheit, die Gefahr, die Sonne liebst – daß du endlich auch etwas anderes als nur dich selbst liebst, du alledem jedoch beharrlich widerstündest, weil du standhalten wolltest. Und daß diese Übung ruhmreich sei. Ja, glaubst du, du könntest dich selbst lieben, wenn du nichts anderes liebtest? Der Weg zu dir selbst führt nur über die Welt, liebst du nichts anderes, kannst du dich selbst auch nicht lieben. Daß du dich vor ihr versteckst, zeigt das nicht, daß du dich vor dir selbst versteckst? Daß du die Sonne nicht brauchst, besagt das nicht, daß du dich selbst nicht brauchst? Was ist das? Du fürchtest dich vor allem? Warum? Dir ist alles zuwider? Fisch? Wein? Schlange, Sonne? Duft? Wind? Das alles quält dich, du Elender? Quält dich nicht vielmehr das Ich? Du Narr!

Die Wirklichkeit ist niederschmetternder, als du dachtest. Die Situation ist sehr einfach: Du kannst nicht aus dir heraus. Und dieses Ich ist kein Kloster. Lassen wir die religiösen Illusionen. Hierbei handelt es sich nicht um irgendeine Religion. Niemand hier will dich in Versuchung führen. Du hast dich selbst auf die Probe gestellt, ob du der egoistischen Ohnmacht einer verzehrenden Selbstanalyse entwischen kannst, die nichts anderes vermag, als selbstquälerische Anklagen zu erheben und sich an die Mauer zu schmiegen, wenn die Sonne hervorkommt.

Du bist gescheitert, du Unglückseliger. Das wolltest du ja. Jetzt hast du es erreicht. Du taugst nicht dazu, die Welt zu lieben. Du ironischer Sentimentalist. Du unerlöster Heiliger. Er kann sich nicht vergessen. Er ist eingeschlossen in seinem Ich. Er wendet ständig asketische Regeln an, und wenn er genießen müßte, versteckt er sich vor seiner eigenen Freude, weil er glaubt, es sei Sünde. Die Sünde, mein Freund, ist, daß du drinnen bleibst. Daß du dein Ich bleibst und unfähig bist, durch die magische Metamorphose der Reise dich in das Meer, die Sonne, den Wein, den Wind zu verwandeln. Deshalb kannst du nicht ordentlich essen, deshalb macht dich der Duft der Orangenhaine krank. Versuche, nicht die Welt in deinem Namen zu leben, sondern dich im Namen der Welt zu leben! Versuche, wie eine Laute zu leben, auf der die Elemente spielen. Wer verlangt von dir, daß du dich erst bespuckst, wenn du etwas Schönes erblickst? Ist das für dich eine Religion? Ist das deine Religion? Die Welt zu besudeln, damit das Ich ja heil bleibt? Das ist keine Religion, mein Freund, das ist Mißmut.

Du mußt aufgeben, was du retten wolltest. Du hast ein Heldenleben geerbt, aber der erste Traum schwand dahin und dann schwand der zweite dahin. Du mußt auf das Heldenpathos verzichten. Was von dir verlangt wird, ist nicht die nuancierte Deklamation einer gelernten Rolle. Sei kein Held mehr. Lerne so zu leben, als wärst du allein. Als schaute dir niemand zu. Als wärst du zu Hause. Was willst du? Du spielst die Rolle nach innen, die du von deinen Vorfahren gelernt hast, sie jedoch spielten es nach außen. Glaube mir, nach innen gibt es keine Heldenrolle und auch keinen Helden. Ein guter Mensch sein. Versuche, aufrichtig zu sein ohne Psychologie. Zu lieben ohne Ich, Gott zu schauen ohne Religion. Nur so wie es wirklich ist. Irgendwie von Herzen und freudig. Der Wurm ist nicht echt; er ist die Kehrseite des

Helden. Der Held ist nicht echt, er ist die Kehrseite des Wurms. Sie gehören zusammen. Es gibt kein Ich; das ist die Kehrseite der Welt. Es gibt nur Gott, er strahlt hier am Meer und zwischen den Orangenhainen, und er ist dieser magische Duft und er ist auch der Wind, die Schlange, der Hai, der Wein. Zähle nicht, der wievielte Traum du bist. Träume lieber selbst.

Die Entdeckung Amerikas machte Spanien zu einer Weltmacht. Die Macht brachte in diesem Fall auch Reichtum mit sich; der Reichtum Bildung. An den Universitäten wurden die aus allen Teilen Europas Versammelten, vierzehntausend Studenten, arabische, griechische, lateinische, deutsche Philosophie und Wissen gelehrt. In dieser Macht, diesem Reichtum und dieser Bildung entfaltete sich der Spanier und seine Philosophie. Und die Philosophie Spaniens ist die Mystik. »Mysticisme est la philosophie de l'Espagne«, schreibt Rousselot.

Parallelen zwischen Spanien und Japan bestehen zwar nicht in den Einzelheiten, um so mehr jedoch im Großen. Beide sind durch und durch gemischte Rassen und vereinigen Extreme in sich; so wie der Japaner eine Mischung aus nordischen Ureinwohnern, Mongolen und einem Südseevolk ist, so ist der Spanier eine Mischung aus hispanischen, römischen, westgotischen und maurischen Völkern. Eine eigenständige Kultur besitzen beide nicht: der Japaner hat fast alles aus China übernommen, der Spanier alles aus Afrika und Italien. Nach langen, inneren Wirren wurden beide Völker dank ihrer Tugenden unabhängig, ja mächtig. So zerstreut sie zuvor waren, so einheitlich wurden sie jetzt. Japan wie auch Spanien standen nicht im Zeichen des kulturellen, sondern des moralischen Genius. Nicht die schöpferische Kunst und Architektur, das schöpferische Denken war ihre Stärke, sondern der moralische Mensch. Der japanische Samurai und der spanische Edelmann.

Ihre Macht verdanken beide Völker ihren an ritterlichen Tugenden reichen, tätigen, tapferen, kriegerischen Edelleuten; doch die Wurzel der Heldenmoral beider Adelsstände ist die Religion. Man hat sich angewöhnt, die Konquistadoren Mexikos und Perus für Bestien zu halten, die die unglücklichen Indianer massenweise niedermetzelten. Cortes und Pizarro waren in erster Linie spanische Katholiken so wie der genauso grausame Toyotomi Hideyoshi ein japanischer Buddhist war. Das adelige Rittertum ist hier wie dort Metaphysik. Der Eroberer ist eigentlich ein Asket – ein Rittermönch –, der Kampf eine religiöse Aufgabe: Pflicht und unmittelbar von Gott erhaltener Befehl. Die unbekümmerte Kühnheit, mit der sie ihr Leben aufs Spiel setzten oder auch wegwarfen, ist nur in der metaphysischen Gewißheit der Religion möglich. Ihre Stärke war, daß sie die Religion hinter sich hatten. Sie konnten ihr Leben souverän wegwerfen, das taten sie auch, in ihrem Sein wankten sie nie.

Die Lage des japanischen Samurai war zweifellos die günstigere. Asket und Eroberer, Mönch und Soldat, Abenteurer und Metaphysikschwärmer in einer Person zu sein ist für ihn eine bewußte Entscheidung und Erziehung. Diesen Gegensatz verstand der Spanier nicht; er war dafür nicht reif genug, vielleicht auch nicht geeignet. Aktivität und Kontemplation bilden in Europa einen unversöhnlichen Gegensatz; niemand vermochte ihn zu überbrücken. Dieses Entweder-Oder kannte man in Japan nicht. Zur Erziehung eines Samurai gehörte das Fechten ebenso wie die Meditation. Abenteuer und Einsamkeit ergänzten einander. Im Westen hatte sich vielleicht infolge des Platonismus, vielleicht durch etwas anderes eine Kluft zwischen der aktiven und der kontemplativen Lebensweise gebildet, die noch niemand überwinden konnte. Im Orient wußte man, daß die Kontemplation eine Anschwellung und Stauung der Kräfte bedeutet und die Kräfte ebenso zur Kunst wie zum Denken oder Kämpfen verwendet werden können. Kontemplation ist kein Gegensatz zum Handeln, sondern dessen notwendige Voraussetzung und Ergänzung.

Francisco de Aldana bereiste im militärischen und diplomatischen Dienst das ganze spanische Reich. Auf den Schlachtfeldern war er ebenso zu Hause wie in Verhandlungssälen. Als der portugiesische Herrscher für seine afrikanische Unternehmung um jemanden bat, der sowohl etwas von Heeresführung als auch von Organisation und Wirtschaft verstand und in dem die Tugend des Stabsoffiziers ebenso groß wie die des Truppenoffiziers war, schickte man Aldana zu ihm. Er rüstete das portugiesische Heer auf, organisierte es neu, bildete es aus, führte es an – aber er selbst fiel in der Schlacht gegen die Araber. Erst nach seinem Tod stellte sich heraus, daß er ein ganzes Bündel Gedichte über die Einsamkeit geschrieben hatte.

Eine ähnliche Erscheinung gab es auch in Japan. Der eben erwähnte Toyotomi Hideyoshi war der erste, der das zersplitterte Land vereinte. Er bemühte sich, die lokalen Könige und Fürsten mit Worten, Versprechen, Titeln, Verträgen zusammenzuführen; gelang es nicht, zog er in den Krieg und besiegte seinen Gegner. Er war ein Anhänger des Zen. Das Zen ist ein historischer Abkömmling des Buddhismus. Seine Anhänger können Dichter, Soldaten, Mönche, Maler, Bauer, Eremiten, Könige sein; die Aktivität gehört ebenso zu ihm wie die einsame Kontemplation. Wichtig ist nur eines: Wenn man handelt, soll man sich mit seinem ganzen Wesen dem Handeln widmen, wenn man sich der Kontemplation hingibt, soll man mit ganzer Leidenschaft der Kontemplation leben. Im Zen entflammt ungehemmt das spontane Wesen des Menschen; jenes spontane Wesen, das sowohl das menschliche Ich als auch das über-menschliche Ich ist. Toyotomi Hideyoshi schrieb mehrere glänzende Gedichte über die Zeit der Kirschblüte, den Frühling, die Wolken, die Schönheit und die Ruhe. Japanische Könige, Führer, Minister sind oft Dichter oder auch Maler. Die Gedichte blieben jedoch nicht geheim wie ein verborgener Teil, ja fast wie eine Sünde des Menschen. Der japanische Soldat beklagt sich nicht wie Aldana, daß er ein aktives Leben führen muß, obwohl ihn sein Herz in die Einsamkeit zöge: der Anhänger des Zen kann ein Dasein in ruhiger Meditation genauso verwirklichen wie eines mit dem nackten Schwert im Kampf auf Leben und Tod. Man ist nicht entweder Soldat oder Dichter, entweder Eremit oder Herrscher. Man ist sowohl Soldat als auch Dichter als auch Eremit als auch Herrscher als auch Bauer als auch Seemann. Weil man in erster Linie ein Mensch ist und alles andere erst danach folgt.

Der Spanier und der Japaner sind sich verwandt. Beide haben entdeckt, daß es nicht genügt, das Leben in den großen Dingen abzusichern. Festigt man nur sein Vermögen, seine Zivilisation, seinen Wohnsitz, seine Bequemlichkeit, seinen gesellschaftlichen Stand, wird man nur die Sicherheit des Lebens finden. Wer nur sein Leben gefestigt hat, hat keine endgültige Sicherheit. Im Gegenteil: er wird mehr und mehr Angst haben; denn jetzt fürchtet er nicht nur um sich selbst, um sein Leben, sondern auch um sein Vermögen, seinen Stand, seinen Rang, seine Sicherheit. Die Absicherung des Lebens führt zu dem Paradox, daß je sicherer es erscheint, um so unsicherer es ist. Je mehr es gibt, worum man fürchten muß: Wohnung, Kleidung, Geld, Schmuck, Genüsse, Stand – um so unruhiger wird man. Die Angst steigert sich noch, wenn man den äußeren Absicherungen auch noch innere anfügt: die Philosophie und die Weltanschauung. Und sie wird vollends zur Hysterie, wenn man sich auch noch durch die Wissenschaft absichert. In diesem Augenblick bricht gerade das Gegenteil der Sicherheit hervor: der Mensch muß das ganze Ausmaß seiner Unbedecktheit und Nacktheit und Verlassenheit und Schutzlosigkeit erkennen.

Der Mensch ist nur dann stark, wenn nicht sein Leben, sondern seine Existenz abgesichert ist. Die Sicherheit der Existenz hängt jedoch weder vom Vermögen noch von dicken Mauern ab, nicht von der Machtstellung, nicht von der Weltanschauung, nicht von der Wissenschaft. Die Sicherheit der Existenz ist eine metaphysische Frage.

Die Analogie zwischen dem Glauben und dem Felsen ist allen Religionen vertraut; der, dessen Glaube stark ist, steht auf einem Felsen: er ist vollkommen und unerschütterlich sicher. Auf dem Glauben muß man stehen, auf dieser Ungewißheit, auf diesem steinernen Felsen. Tu es, Petrus. Wer die Sicherheit der Existenz erlangt hat, verachtet bereits die Sicherheit des Lebens und wirft sie weg; er stirbt ruhig. Das ist die einzige Voraussetzung einer großen Tat.

Der spanische Edelmann und der japanische Samurai waren sich darin verwandt, daß sie eine viel höherwertigere Sicherheit besaßen als die Sicherheit des Lebens: den metaphysischen Hintergrund des Mutes und der todesverachtenden Eroberungszüge. Die Heldenmoral entspringt mystischen Quellen. An der Wurzel großer Taten liegt das Mysterium des Glaubens: inmortal seguro, die unsterbliche Sicherheit.

Der spanische Edelmann und der japanische Samurai unterscheiden sich darin, daß der Spanier seinen Glauben nicht in vollem Bewußtsein fundiert hat. Um sich – fest entschlossen und dennoch durch eine Entscheidung, konsequent und dennoch mit Inbrunst und asketischer Selbstverleugnung – in die mystische Tiefe des übermenschlichen Ichs hinunterzulassen oder, was dasselbe ist, sich in dessen Höhe emporzuheben, dazu war der Spanier nicht reif und bewußt genug. Er begriff nicht, daß Handeln und Kontemplation keine Gegensätze sind: Aktion und Kontemplation ergänzen einander, und hinter einer großen Tat muß stets der Geist der Meditation schlummern. Der Spanier ist gespalten: auf der einen Seite Eroberer und tätiger Konquistador, kühner Abenteurer, Seefahrer und Soldat, König und Heeresführer; auf der anderen Seite der weltabgewandte Eremit, der in der santa soledad, der heiligen Einsamkeit lebt.

Die spanische Mystik wird nach Don Luis de Góngoras Gedichtband »Las Soledades« Einsamkeitsmystik genannt. Soledad bedeutet nicht nur Einsamkeit und Alleinsein. In seiner Bedeutung verbergen sich auch Verlorenheit, Verwaisung, Verlangen, eine namenlose und gegenstandslose Sehnsucht, Verfehltheit. Ein schweres, schattenreiches, melancholisches Wort. Aber neben dem überladenen Ernst steckt in ihm auch jene pompöse Trauer und feierliche Düsternis, die alles Spanische atmet. Die Soledad hat die Neigung, sich in ein Massenphänomen zu verwandeln, und die leidenschaftliche Sehnsucht nach Zurückgezogenheit kann leicht zur kollektiven Besessenheit werden. Das ist sie auch geworden. Inmitten Spaniens Blütezeit als Weltmacht, des unvorstellbaren Reichtums und der Aktivität war die Soledad-Stimmung derart verbreitet, daß die Inquisition sich dagegen zu Wort melden mußte. Die Weltabgewandten und Einsamen beschworen durch Fasten und Selbstkasteiung einen Zustand der Erleuchtung in sich herauf. Das Land war voll solcher Erleuchteten (alumbrados), die in fast jeder Stadt und jedem Dorf beichtartige Reden über ihre ekstatischen Visionen und Erlebnisse hielten.

Das wirkungsvollste Werk der Einsamkeitsmystik ist »Guía espiritual« des Mönchs Miguel de Molinos. Der vollständige Titel lautet: »Geistlicher Führer, der die Seele frei macht und sie auf dem innerlichen Wege führt, daß sie der vollkommenen Betrachtung fähig werde und den reichen Schatz des inneren Friedens erlange.« Molinos sieht in der »quietud de espiritu« (Seelenruhe) die einzige Möglichkeit der menschlichen Seele, unmittelbar vor Gottes Antlitz zu kommen. »Nur in dieser paradiesischen Wüste kann man mit Gott sprechen« (en este desierto y paraiso ...).

Die Inquisition beobachtete die Ausbreitung der mystischen Bewegung mit Besorgnis. Anfangs versuchte sie der Strömung, die als Quietismus bezeichnet wurde, mit sanften Mitteln Einhalt zu gebieten. Später griff sie zur Gewalt. Molinos wurde festgenommen, der größte Teil seines Buches mit dem Bann belegt, er selbst lebenslang eingesperrt. Zur gleichen Zeit wurden die Einsamen zu Hunderten angeklagt. Der Lehrer Luis de León wurde für ein paar harmlose Worte verhaftet und fünf Jahre gefangengehalten.

Die quietistische Stimmung war jedoch so stark, daß sie nicht ausgerottet werden konnte. Immer mehr verbreitete sie sich auch in den Reihen der Orden, aber auch des Adels und des Volkes. Die Verbindung des heiligen Johannes vom Kreuz zur Soledad ist bekannt; auch der heilige Ignatius von Loyola war lange Zeit nahe daran, sich in die Einsamkeit des Eremitendaseins zurückzuziehen.

Vielleicht ist die Soledad als Eigenschaft untrennbar mit dem Spanier verbunden. Moderne Autoren (Unamuno) sind der Ansicht, daß der Spanier stets bereit war, jeden Ruhm und jedes große Heldenschicksal der Ruhe zu opfern. Diese tradición eterno – paradiesische Tradition – ist der Sinn der Soledad: Man braucht keine Weltmacht, keinen Reichtum, keine Heldentaten und Abenteuer, nicht einmal Wissen, Zivilisation, Bequemlichkeit, Wissenschaft. Der paradiesische Friede ist mehr als alles andere: Laßt mich in Ruhe in meine Einsamkeit eintauchen, denn dort bin ich allein mit meinem Gott.

Möglicherweise wurde die Soledad auch durch die plötzliche Ausdehnung des spanischen Raumes ausgelöst. Ende des 15. Jahrhunderts bestand Spanien noch aus vier, fünf Provinzen, jetzt fielen ihm plötzlich fast ganz Amerika, ein Großteil Afrikas, der östliche Archipel und das ganze Weltmeer in den Schoß. Die plötzliche Ausdehnung des Lebens bedurfte eines Gegengewichts, und diese Gegenbewegung war das Einschrumpfen in der Einsamkeit.

Wie auch immer, die Besorgnis der Inquisition, daß eine Ausbreitung des Quietismus nicht wünschenswert sei, war einigermaßen begründet. Jene paradiesische Wüste, in der es nach Molinos allein möglich ist, mit Gott zu sprechen, ist ein kritischer Ort des inneren Lebens. Underhill nennt ihn die Gefahrenzone der Seele. Denn es handelt sich wirklich um eine Wüste. Und: »die Wüste wächst ... weh dem der Wüsten birgt« – sagt Nietzsche. Ruysbroek schreibt: »Im Geistesleben gilt es, den Quietismus zu verurteilen und zu vernichten. Der Quietist verharrt in der Passivität, damit er in seiner Ruhe nicht gestört werde und den Frieden genießen könne, er lehnt jede Form inneren und äußeren Handelns ab ... Eine solche Ruhe ist Verrat an Gott ... Majestätsbeleidigung ... sie blendet den Menschen und läßt ihn in Unwissenheit versinken ... Ein solcher Friede ist nichts als Faulheit ... die Vergessenheit Gottes, des Menschen und des Ichs ... ein verlogener Friede.«

Um die göttliche Macht begreifen zu können, muß man unterscheiden zwischen der versöhnten Ruhe, die eigentlich eine »Aktivität der Hingabe und eine stets erneuerte Selbstaufgabe« ist, und jener Ruhe, in der man sich vormacht, ganz sich selbst zu genügen. Diese egoistische und gleichgültige Ruhe ist das, was man mystische Sünde nennt – wenn jemand den Frieden der Offenheit zu Gott hin zur Sicherung seiner eigenen Ruhe benutzt.*

* »Wer in fatalistischem Quietismus die Hände müßig in den Schoß legt ... vergißt, daß eben die aktive menschliche Stellungnahme zum Weltgeschehen, daß die lebendige Entfaltung und Pflege eines bewußten Willens selbst auch mit zu den – und zwar für uns keineswegs nebensächlichen – Faktoren des Gesamtgeschehens zählt« (J. M. Verweyen, *Heimkehr. Eine religiöse Entwicklung*, Breslau, 1941, S. 127). Der Quietismus bedeutet eine notwendige Station in der Entwicklung der mystischen Seele, jeder erreicht sie, aber wer darin verharrt, begeht die »mystische Sünde«. Er bleibt in der Introversion stecken. Die Sünde der Welt: sich niemals nach innen wenden, in den Instinkten und in der Aktivität Zerstreuung finden. Auch an dieser Stelle gibt es einen Unterschied zwischen dem Orient und dem Christentum der Evangelien. Das Christentum Christi deckt sich nicht immer mit dem historischen Christentum, was natürlich ist, denn im Lauf der Zeit, der Geschichte, des menschlichen Lebens verzerrt sich das Evangelium genauso, wie Geist und Seele sich beim Eintritt in die Natur verzerren. Für den Menschen des Orients kann die Ruhe Ziel, Sinn, wahr und erhaben sein. Der Christ darf nicht einmal seine Ruhe für sich behalten. Selbst die muß er mit anderen teilen. Weder seine Ruhe noch seinen Frieden noch seine Tiefe noch seine Anschauung noch sein Wissen. Er ist nicht um sein Selbst, sondern um der anderen willen da, wie Aristoteles sagt. Nichts von dem, was er lebt, denkt, weiß, sieht, gehört ihm. Am wenigsten sein eigenes Wesen. Wir sind für einander da, und durch dieses Opfer, indem wir uns dem anderen hingeben, werden wir Gottes Kinder – christusgleich, so wie sein Opfer gottesgleich ist. Das ist eines der tiefsten Mysterien des Kreuzes. Die Sache ist damit noch keinesfalls ausgeschöpft. Es ist erst die Schwelle des Mysteriums. Meister Eckhart sagt: »Fragte man mich, ich sollte erschöpfend Auskunft darüber geben, worauf der Schöpfer abgezielt habe damit, daß er alle Kreaturen erschuf, so würde ich sagen: auf Ruhe. Fragte man mich zum zweiten, was die Heilige Dreifaltigkeit in allen ihren Werken insgesamt suche, ich würde antworten: Ruhe. Fragte man mich zum Dritten, was die Seele in allen ihren Bewegungen suche, ich würde antworten: Ruhe. Fragte man mich zum Vierten, was alle Kreaturen in allen ihren natürlichen Strebungen und Bewegungen suchen, ich würde antworten: Ruhe.« »Gott bedarf nichts, als daß man ihm ein ruhig Herz gebe.« Die Sehnsucht nach Ruhe ist eine ebenso große Macht wie der Zwang zum Handeln; und der Mensch muß nicht in der einen oder der anderen Lösung leben, sondern im Gegensatz der beiden. Nicht passiv und nicht aktiv, sondern sowohl passiv als auch aktiv; und nicht in der Gemeinschaft, sondern sowohl in der Einsamkeit als auch in der Gemeinschaft. Jedesmal gilt es, das zu wählen, was Gott näher ist.

Desierto y paraiso oder quietud de espiritu oder immortal seguro – wie auch immer der Spanier die heilige Einsamkeit nennt, für den Orient stellt nur das eine Station der Versunkenheit dar, was durch das sanskritische Wort sattva bezeichnet wird. Das Sattva ist die Seligkeit der Versöhnung, die die menschliche Seele dann erreicht, wenn sie sich der Wirrnis der Instinktwelt (tamas) und der selbstbezogenen, geschäftigen Aktivität (rajas) entzogen hat. Das Verharren an diesem angenehmen Punkt stellt auch für den Orient einen verlogenen Frieden dar. Der Spanier glaubte, der selige Schwebezustand des Sattva sei das Ziel aller Ziele. Er konnte der Versuchung der verklärten Seligkeit nicht widerstehen. Er wußte nicht, daß es nicht möglich ist, auf der Via Sacra zu verweilen, weder hier noch anderswo. Wer stehen bleibt, ist verloren. Aber von einem Spanier kann man nicht erwarten, daß er diesen Zustand bewußt überwindet. Und zwar deshalb nicht, weil ihm das nötige, psychologische Wissen dazu völlig gefehlt hat. Der Europäer verfügt noch heute nicht darüber. Er weiß nicht, daß die Seligkeit kein höherer und endgültigerer Zustand als das Leiden ist. Stets ergänzen und bedingen beide einander. Der himmlische Zustand ist nicht unbedingt Seligkeit, so wie der irdische nicht unweigerlich Leiden ist. Die orientalische Psychologie war sich über den Durchgangscharakter der Seligkeit im klaren und unterstreicht das auch dadurch, daß sie das Sattva in den Kreis der Prakriti verweist, also die Natur des weiblichen Prinzips darin erkennt. Die Seligkeit ist kein endgültiger Zustand und das Leiden kein Weg, so wie auch die Passivität nichts Endgültiges und die Aktivität kein Weg ist, und die Vollkommenheit sowohl jenseits des Passiven als auch des Aktiven, jenseits der Seligkeit und des Leidens ist.

Miguel de Molinos' »Führer« ist eines der Meisterwerke der christlichen Mystik. Nicht nur weil man in der Einfachheit seines Tons sofort sein in das übermenschliche Geheimnis eingeweihtes, mystisch unverwechselbares Wissen spürt. Das Büchlein ist voller Details, deren Wahrheit nie ins Wanken gerät und auch neben dem viele Jahrtausende umfassenden Erfahrungsschatz der orientalischen Meister bestehen kann. Seine Verwandtschaft mit dem Orient ist übrigens auffällig, zahlreiche Interpreten sind überzeugt, daß Molinos in Rom einem aus Indien heimgekehrten Missionar begegnet sein muß, der ihm von den

Yoga-Systemen berichtet hat. Das ist möglich. Aber nicht zwingend notwendig. Die Ähnlichkeit, fast schon Übereinstimmung in der Methode, im Ton, in der Form und in den Ergebnissen springt schon beim ersten Blick ins Auge.

Vor allem die Methode. Die Grundlage des Yoga ist die Meditation (Dhyana, Chan, Zen). Das ist das erste Kapitel der religiösen Versenkung. Wer nicht meditieren kann, kann seine inneren Energien nicht an einem Punkt versammeln, hat die Introversion, die Voraussetzung jeder Versenkung, nicht vollzogen und kann sich gar nicht auf den Weg des höheren Wissens machen. Die Introversion des Menschen beginnt in dem Augenblick, in dem er sich gewollt und bewußt nach außen verschließen und von der äußeren Welt loslösen kann. Das ist der negative Weg Dionysios Areopagitas, mit anderen Worten: die Metanoia.

Der Ton des Buches besitzt die seltene Fähigkeit, einen zu lehren, wie die Richtung der Aufmerksamkeit nach innen gewendet werden kann. Es ist selbst so tief im Geist der Meditation verankert, daß es ihn auch in anderen beschwören kann. Wahrscheinlich liegt darin das Geheimnis seiner unermeßlichen Wirkung. Und das ist das Seltsamste an ihm. Auch wenn Molinos ein paar Worte über den Yoga zu Ohren gekommen sind, hat er gewiß nie ein sanskritisches Buch gelesen. Dieser leise, warme, klare, tief flüsternde Ton der meditativen Versunkenheit, der den Worten die Fähigkeit der Auflösung zu verleihen vermag, findet sich in der christlichen Mystik weder vor ihm noch nach ihm, nirgends und bei niemandem.

Orientalisch ist auch die Form. Die These ist knapp, einfach, fast schon wie ein Gemeinplatz. Danach folgen der Kommentar und die Ausführung. Es ist sehr verständlich und leicht zu merken, doch daß es »verstandesmäßig« ist, beschreibt es nicht einmal zu einem Viertel. Eine außergewöhnliche Rolle spielt darin die Unterscheidung (Viveka). Das Ziel ist die Beschwörung der inneren Leere. Es wendet die Kräfte systematisch und konsequent nach innen und sammelt sie; wenn die Kräfte versammelt sind, öffnet es das innere Auge; das ist der Anfang der inneren Betrachtung; sobald man auch nach innen sehen kann, macht er sich auf den Weg; schließlich gelangt er zum Nichts. Hier wohnt der Herr. Während er den inneren Weg weist, spricht er gelegentlich Gebete wie Thomas a Kempis. Etwa: »Bleib standhaft, gesegnete Seele, denn dir wird nicht geschehen, wie du denkst. Nie bist du Gott so nah wie in den Tagen der Verlassenheit ... der Herr erduldet, daß du dich in deiner Seele verloren wähnst, denn auf diese Weise reinigt er dich von deinem menschlichen Ich, kannst du ganz ihm gehören.«

Gleich die erste These: »Damit Gott in der Seele zur Ruhe kommen kann, muß das Gemüt des Menschen in einem von jeder Verwirrung, Versuchung und Leidenschaft freien Zustand der Ruhe gehalten werden.« Die erste Voraussetzung und das Endziel: der Frieden. Has de procurar tenerla limpia, quieta, vacia y pacifica – sorge dafür, daß du ruhig bist. Nur so kannst du erreichen, was du willst: acto puro y continuando de contemplación y amor – die klare und ungestörte Verwirklichung der inneren Betrachtung und der Liebe.

Die Ruhe beziehungsweise der Frieden beziehungsweise das Schweigen, also die Versenkung, die Einsamkeit, die Meditation sind eigentlich ein Gebet. Eine flammende, wortlose Sehnsucht nach Gott. Diese lautlose Sehnsucht hat drei Stufen: die Stille der Worte, der Begierden und der Gedanken (de palabras, de deseos, de pensamientos). Erst wenn sich die Worte und die Begierden und die Gedanken in der vollkommenen, mystischen Stille gelegt haben, kann der Mensch die drei Stufen der Einweihung ersteigen. Als erstes lädt sich die Seele für Gott auf und schüttelt die irdischen Dinge von sich ab; die zweite Stufe ist die Erhöhung des Menschen (excessus mentis); die dritte ist die vollkommene Gewißheit – »schickt sie Gott, wird die Seele sogar in die Hölle hinunterfahren«. Denn »wisse, je mehr dein Ich in dir stirbt, um so mehr erkennst du Gott«.

Es ist purer Zufall, daß die Gedichte Luis de Leóns erhalten geblieben sind. Denn noch nie hat jemand, der je ein Wort geschrieben hat, sich weniger darum gekümmert, daß sein Werk auch andere erreicht. Was ich schrieb, war nie für die Öffentlichkeit gedacht, sprach er. Er schrieb auch nicht viel. Und schließlich verstummte er ganz, in einem Alter, in dem er noch etwas zu sagen gehabt hätte. Im Alleinsein mit Gott wird er still – sagt ein Deutscher über ihn.

Es ist keine Seltenheit, daß nachdem ein Volk das große Thema des Lebens entdeckt hat und ganze Generationen darüber gesprochen, reflektiert, Philosophien geschrieben haben, darum gestritten und gelitten wurde, das Thema ein letztes Mal und abschließend wieder-auftaucht, doch diesmal nicht mehr als Wissen, sondern als Gemälde, Musik oder Dichtung – und nicht als Frage, sondern als die einzig mögliche Lösung. So tauchte die Soledad in Luis de Leóns Dichtung auf, gereinigt, wie das eine große, ewige Thema des ewigen Menschen, in endgültiger Form, aufgelöst, fast schon verklärt.

Viele haben versucht, die Gedichte Luis de Leóns zu übersetzen, doch worin die Schönheit und Größe dieser Gedichte liegt, weiß nur der, der sie auf spanisch liest und die prunkvolle und feierliche Trauer der Soledad aus ihnen heraushört, die heiße Melancholie, den kaum vernehmbaren, düsteren, überladenen Ernst, in dem seine Stimme zu Musik, ja: zum reinen Sein wurde. Es geht bei ihm nicht mehr um Disziplin, Anstrengung, asketische Übung, es gibt keine These, Regel, Absicht, Richtung. Würde der Engel der Einsamkeit einmal seinen Mund öffnen, spräche er mit einer Stimme wie Luis de León. Und daß er wenig gesagt hat und am Ende schnell verstummt ist in seinem Alleinsein mit Gott, bedeutet, daß er dem Engel nahe stand.

Das Geheimnis jeder großen Dichtung ist ein Wunder, und dieses besteht darin, daß sie auf einmal erklingt. Aber kein Wunder ist größer, als wenn auf einmal nicht die Einsamkeit, sondern die Einsamkeit in Form der Soledad erklingt. Die Soledad ist hier keine Seligkeit mehr, kein Leiden, keine Handlung, keine Ruhe. Die Einsamkeit ist hier das Leben, das Sein selbst. Manche behaupten, er sei Platoniker gewesen und habe in den Ideen gelebt. Wie nichtig ihm jenes Nicht-Existente, das allgemein für die Wirklichkeit gehalten wird, war, belegt eine Anekdote. Er wurde für ein paar Worte eingekerkert und fünf Jahre gefangengehalten. Nach seiner Befreiung kehrte er in seine Schule zurück und fuhr mit seiner Vorlesung so fort: Gestern sagten wir ... (deciamos ayer ...). Luis de León kennt keinen Platonismus, sagt Vossler; es handelt sich um einen persönlichen Glauben, sowohl christlich als auch griechisch, mystisch und philosophisch zugleich.

Der portugiesische Mönch Agostinho Pimenta ist mit Luis de León überhaupt nicht zu vergleichen. Seine Gedichte sind ziemlich dürftig und wären, bärgen sie nicht die große, kollektive Stimmung der Soledad in sich, nur leere und plumpe Worte. In diesem Fall kommt es auch nicht auf die Dichtung an. Pimenta lebte lange in verschiedenen

Klöstern Spaniens und sein einziger Wunsch war, sich in die Einsamkeit zurückzuziehen. Schließlich erfüllte der Orden seinen Wunsch, er durfte ins Arrabida Gebirge ziehen, in die portugiesische Küstengegend. In einer kleinen Hütte an einer steilen Felswand über dem Meer lebte er dreißig Jahre allein, begab sich nur selten zu dem eine halbe Tagesreise entfernten Kloster. Was er aß, besorgte er sich mit den eigenen Händen zwischen den heißen Steinen. Die Tiere kamen zu ihm und aßen ihm aus der Hand. Hier schrieb er bis zum Ende seines hohen Alters seine Soledad-Gedichte.

Pimentas Einsamkeit ist Dichtung und Religion; nicht wie der selbstquälerische Auszug der Frühchristen in die Wüste oder der düstere Bruch mit der Welt der mittelalterlichen Eremiten. Hat sie dennoch eine Ähnlichkeit mit etwas, so mit der Einsamkeit der japanischen und chinesischen Künstler, bei denen es nicht auf die Ferne von den Menschen, sondern auf die Nähe zu den Göttern ankommt. Von Askese ist nicht die Rede. Auch nicht von Seligkeit. Es handelt sich um Kunst, aber der Künstler schafft nicht eine Form, sondern ein Schicksal. Hier müssen sich Dichtung und Religion stets begegnen. Denn wenn dem Instinkt des Künstlers die Welt des Klanges, der Farbe, der Zeichnung, ja selbst des Wortes nicht mehr genügt, wenn seine Leidenschaft darüber hinausgewachsen ist, die göttliche Schönheit in den Dingen verwirklichen zu wollen, muß sich ihm die Aufgabe stellen, sie in der Person zu verwirklichen – nicht außen, sondern innen, nicht in einem Gegenstand, sondern in der Seele, nicht in der objektiven, sondern in der subjektiven Sphäre, nicht in der Welt, sondern im menschlichen Wesen – in einem solchen Moment werden sich Kunst und Religion stets begegnen: ein künstlerisches Leben ist ohne Religion nicht zu verwirklichen – das Geheimnis des schönen Lebens heißt in Gott sein.

In diesem kleinen, alten, portugiesischen Eremiten erreichte die Soledad die Höhe, auf der sie gereinigt zur Schönheit werden und sich im menschlichen Schicksal verwirklichen konnte. Sie kennt keine Last, keine Düsternis, kein Leiden, keine Trauer mehr; sie sind verglüht auf sonnigen Felsen; sie kennt keine Gewalt, um ihr Ich aus der Menschheit herauszureißen – es ist gereift und hat sich von selbst abgelöst. Die Anmut der süßen und ruhigen Reife ist wie die des heiligen Franziskus. Die Möwen flogen auf seine Schulter und pickten das

Brot aus seinem Mundwinkel; die Hasen und Eidechsen saßen im Morgengrauen auf seiner Schwelle, warteten, daß er herauskommt und ihnen auf seinem Teller die Reste seines Abendessens vorsetzt. Er saß auf den weißen Steinen, blickte von der Höhe in die kosmische Weite des blauen Meeres und betete nicht mehr mit Worten. Molinos' Sehnsucht – die quietud de espiritu, das Verstummen der Seele – ist in Erfüllung gegangen. Er glühte stumm, ohne Worte, ohne Begierden, ohne Gedanken: Wer zu Füßen Gottes sitzt, betet nicht mehr mit Worten.

Der letzte große Vertreter der Soledad, San Juan de la Cruz, ist der Einsamkeitsleidenschaft nicht mehr wehrlos ausgeliefert. Teresa von Avila sagt: Verbirg dich in der Einsamkeit, verbirg aber auch die Einsamkeit selbst. Der heilige Johannes vom Kreuz steht an der Schwelle, wo die Soledad ihren Höhepunkt erreicht, aber auch schon in der Lage ist, sich zu verbergen und zu überwinden. San Juan zu verstehen, heißt, das Geheimnis der größten Gestalten des Katholizismus kennenzulernen. Die Religion hätte ihn zu einem einsamen Asketen und Visionären machen können, doch die mystische Flamme wurde nicht zum Selbstzweck, sie überwand sich und nährte von innen das Handeln. Sie konnte aus dem einsamen Mystiker einen tätigen Menschen machen; aber in der Tätigkeit brannte die Glut der Einsamkeitsmystik. Noch etwas mehr Selbstüberwindung läßt schon nicht mehr erkennen, woraus sich die Tätigkeit nährt; das ist der Fall beim heiligen Ignatius von Loyola. Bei ihm ist von dem, was er lebte, nichts mehr zu sehen, das Motiv blieb verborgen, nur das Ergebnis steht vor uns.

San Juans Werk ist das furchterregendste Buch der ganzen christlichen Mystik. Als hätte er die Oberfläche der Welt aufgerissen und nachgesehen, was darunter ist. Dunkelheit. Furchtbare, dichte, schwarze Nacht. Das ist der Gott des neuen San Juan. »In diesem Leben gleicht Gott der Nacht«, sagt er. Wir wissen, daß es umgekehrt ist, daß wir in der Nacht leben und Gott das Licht ist – und dennoch sehen wir ihn als Dunkelheit. Wir sehen in ihm unsere eigene Dunkelheit. Die »noche« ist der bodenlose Abgrund. San Juans Mystik ist die Mystik der Nacht. Und all dessen, was nachtartig ist, des Leidens, des Schmerzes. »Viel mehr als die Süße müssen wir in Gott die Bitternis suchen«.

Noch nie hat jemand das Leiden bewußter und mit tieferer Demut auf sich genommen – und mit weniger Heiterkeit und weniger Licht.*

Die Nacht hat drei Stufen, diese muß die Seele ersteigen, wenn sie zum Berg Karmel aufbricht (La Subida de Monte Carmelo). Die erste Stufe: die Nacht der Sinne; die zweite: die Mitternacht – der Glaube; die dritte: die Nacht des Willens und der Erinnerung. Wie man sieht, lehrt San Juan nicht mehr den Einsamkeits-Yoga, sondern den Nacht-Yoga. Daß es sich auch hierbei darum handelt, steht außer Frage: jeder

* Die Finsternis in der Weltliteratur ... *Noche serena*, eines der großen Gedichte Luis de Leóns:

> die Seele – Oh! Was bannt
> hienieden sie in dunkle Haft und Schand?

Aber schon hier steht die Dunkelheit, die Nacht, die Dämmerung für etwas ganz anderes. Aischylos' Nyx, Sophokles' Skotos, Böhmes Ungrund, Byrons darkness, Vaughans und Jeffers' night sind nur einige der Ausdrücke dafür. Einmal müßte eine große Studie mit dem Titel geschrieben werden: »Die Dunkelheit in der Weltliteratur«. Nietzsche spricht über einige Worte von Aischylos: über »en aoronykti« habe er geschrieben, daß die Stille zwischen ein und drei Uhr nachts am größten sei, dann würden die Kühe der Nacht gemolken. Sophokles' Aias ruft aus: »ói skotos, emon phaos!« – die Nacht wurde ihm zum Licht. Übrigens ist die Zeit zwischen ein und drei Uhr nachts die Krise der Dunkelheit. Napoleon hat gesagt, um drei Uhr früh sei der Mensch am mutigsten. Auch die Engländer kennen den Ausdruck »Three o`clock-in-the-morning-courage«. Was sich eigentümlicherweise mit dem deckt, was die Chinesen über diese Zeit denken; sie haben sie die Stunde des Tigers getauft. Vermutlich nicht nur, weil der Tiger gerne im Morgengrauen angreift. Wer im Krieg gewesen ist, kennt den Sinn eines Angriffs im Morgengrauen. Es ist die Stunde des Tigers. – In der Wissenschaft spielt es keinerlei Rolle, wie die Dinge genannt werden. Die Kopulation kann Aluminium genannt werden und umgekehrt. In der Mystik wie in der Dichtung kommt alles auf die Worte an. Gerade deshalb darf man die noche in San Juans »Noche Escura del Alma« nicht mit Luis de Leóns noche verwechseln. Sie ist nicht einmal Parmenides' »dunkeläugigem Rätsel« verwandt, ähnelt nicht Böhmes Ungrund, Hiltons »Cloud of Unknowing«. In einer seiner Predigten zitiert Meister Eckhart: »die Verborgenheit der Dunkelheit der ewigen Gottheit ... ist unbekannt und ward nie erkannt und wird niemals erkannt ... das Licht des ewigen Vaters hat ewiglich darin geschienen, und die Dunkelheit begreift das Licht nicht«. Und noch ein letztes Beispiel: Robinson Jeffers. Die Nacht: »splendor without rays, shining shadow«:

> peace bringer, the matrix of all shining and quieter of shining.
> The calm mother, the quietness of the womb, and the egg,
> The primal and latter silences ... the charm of the dark.

Man müßte auch noch Boethius, Novalis, Wordsworth erwähnen. Und das Motto der Studie: Die Geheimnislosigkeit des Tages ist tiefer als das Geheimnis der Nacht.

Yoga beginnt mit der Wendung nach innen, also dem Verschließen der Sinne. Nach dem Übertreten der Schwelle der Introversion beschreitet man den inneren Weg (interior paz). San Juan nennt ihn den Pfad zum Berg Karmel. Die Seele erreicht den dunkelsten Ort. Es ist Mitternacht. Das ist der Glaube. Denn für den menschlichen Verstand ist der Glaube der dunkelste Ort der Welt. In der dritten Nacht fällt die Seele der heiligen Passivität und dem Vergessen (santa ociosidad y olvido) anheim. Zeit und Raum sind verschwunden. Die Welt ist vernichtet. Nur Gott lebt. Ist das noch die Soledad?

Jeder Grad des aus drei Stufen bestehenden, großen Weges hat mehrere Stationen. An einer Station des dritten Grades muß man zehn Stufen hinaufsteigen. Das sind die zehn Stufen der Liebe. Auf der ersten fällt die Seele vor Sehnsucht einer schweren Krankheit anheim; auf der zweiten wird eine Unruhe Herr über ihn, und er beginnt zu suchen; auf der dritten stürzt er sich leidenschaftlich in die Arbeit, arbeitet, arbeitet, er weiß selbst nicht, wozu, er ahnt nur, daß ihn die Arbeit Gott näher bringt; auf der vierten Stufe muß er leiden, mehr als er sich bis dahin hätte vorstellen können; auf der fünften packt ihn das Verlangen; auf der sechsten beginnt er auf Gott zuzulaufen; auf der siebenten Stufe macht er kühne und unsinnige Dinge, einem Wahnsinnigen gleich; auf der achten ergreift die Seele ihren Liebsten und drückt ihn an sich; auf der neunten Stufe wird sie still und brennt mit sanfter Flamme, wie Luis de León sagte; aqui la alma navega por un mar de dulzura; auf der zehnten Stufe verschmilzt sie mit dem göttlichen Wesen und wird gottgleich.

In der Mystik San Juans sind diese Stufen von zweitrangiger Bedeutung verglichen mit dem Erlebnis. Das Erlebnis ist dem des heiligen Bernhard von Clairvaux verwandt: die Seele ist die Braut Gottes, und die Braut eilt zu ihrem Bräutigam, um ihn zu umarmen. Die Braut-Mystik beruht nur zum Teil auf dem Gleichnis des Evangeliums; zum anderen Teil ist es gewiß die weiblich-irdische Natur und Liebe der Seele-Anima-Psyche zum Schöpfer-Gott-Geist. San Juans Erlebnis war so: selbst auf seinem Sterbebett bat er seine Freunde, das Lied der Lieder zu singen. Auch bei Ruysbroek und Dante geht es um das Brautsein der Seele. Dante wird gerade von jenem heiligen Bernhard die höchsten Stufen des Paradieses hinaufgeführt, der so viel vom Lied der Lieder gesprochen hat.

Wie beim heiligen Bernhard, bei Dante oder Ruysbroek erreicht die christliche Mystik auch bei San Juan nicht den Grad, daß sie das Brautsein der Seele und das Bräutigamsein Gottes begreift. Dieses Privileg blieb Jakob Böhme vorbehalten. Die Seele lebte nur in der Symbolik der Braut, war jedoch nicht bewußt Braut. Vor allem nicht bei San Juan, bei dem die Nacht und die Soledad von so unmittelbarer Wirklichkeit waren.

Die 7. Symphonie und die Metaphysik der Musik

1.

Es ist ein Gemeinplatz, daß die Musik Beethovens titanisch ist. Aber es stimmt. Und das hängt gar nicht so sehr damit zusammen, daß er übermenschlich groß ist, sondern eher damit, daß er das Universum ausgeraubt hat. Er hat die Töne aus ihren Verstecken gelockt, aus ihren Schlupflöchern herausgerissen, gewaltsam heruntergerissen von dort, wo sie angewachsen waren, sie systematisch ausgesaugt, aus den Tiefen, wohin sie gesunken waren, emporgehoben, sie aus Gestein, Meer, Erde, Seele, Sternen, Unterwelt leidenschaftlich, wild, zornig, grausam herausgelöst, betört, entrissen, hervorgezerrt. Was nach ihm noch übrig blieb, zählt kaum. Gewiß ist die Musik titanisch; aber das Schicksal ist es nicht weniger. Denn das, was er tat, konnte nur ein Titan tun, und das, was er dafür erlitt, konnte nur ein Titan erleiden. Er hat dafür gebüßt, dieses einsame, unmanierliche Ungeheuer mit seinem verkniffenen Mund, seinem großen Schädel, er hat dafür gebüßt, daß er alle Töne der Welt zusammengeraubt hat. Nur die Griechen hätten erkannt, was da geschah, als er ertaubte, als dieser grobe Halbirre in seiner Erniedrigung nicht mehr hören konnte, was er raubte. So wurde wie jeder Titan auch Beethoven ein Opfer seiner eigenen Größe, er, der selbst noch in seiner religiösen Musik seine Götter dadurch ehrte, daß er sie zerfleischte, die ganze Tonwelt gegen sie aufhetzte und sie mit der ganzen elementaren Dämonie der Töne überschüttete. Es ist wahr, auch die Götter müssen ihm huldigen; wollen sie Musik hören, eine ihrer würdige, zu ihnen passende, müssen sie Beethoven hören. Denn in der Dichtung läßt sich streiten, ob Homer oder Shakespeare oder das *Mahabharata* oder etwas anderes; desgleichen in der Malerei und in der Bildhauerkunst; in der Musik gibt es keinen Streit. Neben Beethoven kann keiner bestehen. Es gab im ganzen Dasein nur einen einzigen Elenden, der von dieser Musik nichts hören konnte: Beethoven selbst.

2.

Der Titan ist jenes Wesen, dessen Kraft göttlich ist, dessen Moral es hingegen nicht ist. Deshalb kennt er kein Maß. Und deshalb muß er mit der Großen Ordnung kollidieren und zu Fall kommen. Seine Kraft ist vergeblich, wenn er das Maß überschreitet. Seine Kraft ist grenzenlos und unerschöpflich, und die Kraft duldet nichts und niemanden neben oder über sich. Die Sünde des Titanen ist der Hochmut. Er glaubt, das Dasein sei eine Frage der Kraft; der Kraft, des Wissens, des Talents, der Ausdauer, des Willens. Er glaubt, die Welt sei eine Beute und ließe sich durch Kraft erobern.

Doch dann verwandelt sich gerade die Kraft in ihm in Schwäche. Es gibt etwas, was er nicht weiß und wozu er nicht kräftig genug ist. Dieses Etwas ist die Demut. Jeder, der seine Kraft ins Übermenschliche steigert, läuft Gefahr, titanisch zu werden, also das Maß zu verlieren, sich an erste Stelle zu setzen und damit die Sünde des Hochmuts zu begehen. Wer jedoch hochmütig ist, beweist damit, daß er etwas nicht weiß und zu etwas nicht fähig und zu etwas nicht kräftig genug ist. Die maßlos gewordene, übermenschliche Kraft wird dämonisch und wendet sich gegen den, der sie angehäuft hat. Und gerade das rächt sich an einem, wovon man angenommen hatte, daß es einem zum Sieg verhelfen würde. Man geht an der Kraft zugrunde. Man siegt und siegt und siegt ohne Unterlaß; Triumph auf Triumph. Dabei übersieht man, daß eine Seite von einem leer, unbedeckt, schwach, lückenhaft, ein Torso ist. Man hat keine Kraft, stehen zu bleiben und das Knie zu beugen. Man hat kein Maß, keine Moral, keine Religion, man hat keine Schwäche und keine Kraft zur Schwäche, man ist nicht fähig, dankbar zu sein; wegen dieser Leere muß er ins Nichts stürzen, wegen dieses Mangels muß er zunichte werden.

3.

Den Titanen erkennt man daran, daß er hochmütig ist; und daran, daß die Sirene an seiner Seite ist. Die Sirene ist die weibliche und innere Hälfte des Titanen; so wie der Titan die männliche und innere Hälfte der Sirene ist. Was dem Titanen die Kraft, ist der Sirene die Anmut. Aber beide sind eigentlich dasselbe. Die Art, wie die Frau das Maß verliert und nicht demütig sein kann und sich selbst überweiblich macht, um die Beute an sich zu reißen und darüber zu herrschen: die anmutige Verführung. Die Art, wie der Mann das Maß verliert und nicht demütig sein kann und sich selbst übermenschlich macht, um die Beute an sich zu reißen und darüber zu herrschen: die Kraft. Die Anmut ist die Kraft der Frau, so wie die Kraft die Anmut des Mannes ist.

4.

Es ist nicht schwer, den Bereich der Titanen- und der Sirenenexistenz zu bestimmen. Es ist die Magie des Ichs, das heißt dieses Ich, diese Gestalt, dieses Wesen, soll, so wie es ist, übermenschlich gemacht und dorthin gezaubert werden, wo es ewig bleiben kann: die Magie der Anmut und der Kraft, damit er mit diesem Gesicht, diesem Haar und dieser Stimme, diesem Kopf und diesen Armen und dieser Haut und diesen Augen, mit diesen Gedanken, Bildern, Wünschen und Instinkten ewig werde. So wie er jetzt lebt, möchte er ewig leben, unverändert über grenzenlose Zeiten hinweg. Er kann für sich nichts Besseres und kein Mehr vorstellen, denn er ist hochmütig, dieses Ich ist es wert, für immer so zu bleiben, wie es ist; so will er glücklich sein und dort eintreten, wohin »Träne niemals gelangt«. Er erhebt Anspruch auf das Glück, auf diese klare, ruhige, dichte, geschmolzene und glänzende Existenz, aus der jede Spannung gewichen ist, die über die Ungewißheit erhaben ist und in der die Seligkeit zerronnen ist.

Man weiß nicht, wer von beiden zuerst war. Aber sicher ist, daß, als der Titan geboren wurde und begann, die Welt auszurauben, die Götter die Sirene schickten. Und als der Titan die Anmutige erblickte, rief er aus: Hier ist sie, sie ist es! War es aber die Sirene, die mit ihrer Anmut die Welt zu verlocken begann, so schickten die Götter den Titanen. Und als die Sirene den Gewaltigen erblickte, rief sie aus: Hier ist er, er ist es! An diesem Punkt gingen beide fehl. Der Titan glaubte, das Glück sei bei der Sirene, die Sirene glaubte, es sei beim Titanen. Und von da an bis zum heutigen Tag glaubt und glaubt jeder Titan und jede Sirene, daß das Glück beim anderen ist. Und sie vergaßen, was sie eigentlich wollten, vergaßen das göttliche, ewige Leben. Sie wandten ihre Magie aufeinander an, lockten und eroberten einander, und das gefällt ihnen seither, das gefällt ihnen noch heute. Sie warfen sich aufeinander und betrachteten einander als Beute, und jeder von ihnen glaubte, daß ihm der andere das Glück bescheren würde. Und die Götter lächeln dazu. Jetzt beißen und reißen und erobern und bezaubern und zerfleischen sie einander – alles andere haben sie vergessen.

5.

Wer Beethovens Musik hört, hat zunächst den Eindruck, daß dieser Mensch ohne Freude geschrieben hat. Wer je ein großes Werk gesehen, gehört, gelesen hat, hatte stets den Eindruck, daß es sein Schöpfer ohne Freude geschaffen hat. An diesem Punkt erkennt man stets den Stümper und den Meister. Der Stümper malt oder schreibt oder singt für sein eigenes Entzücken, es kommt ihm beim Malen, beim Schreiben, beim Singen auf den Genuß an. Er macht sich selbst zum Publikum, ist Schriftsteller und Zuhörer in einer Person, kommt von drinnen und schaut zugleich von draußen zu. Deshalb ist die stümperhafte Arbeit gesichtslos, und so wie die dilettantische Kunst gleich der Autoerotik ist, bereitet das Werk auch keinem Freude als dem, der es geschaffen hat.

Nicht einen Ton, nicht ein Wort darf ich für mein eigenes Entzücken niederschreiben. Warum nicht? Das ist ein Geheimnis. Aber es ist verboten. Der Meister weiß instinktiv, daß er sich gegen das über die eigene Arbeit empfundene Entzücken immunisieren muß. Solange er sich freut, ist er ein Stümper. Erst wenn es anfängt, weh zu tun, eine Last zu werden, ein Zwang zu werden, ist er dabei, ein Meister zu werden. Der Dichter muß darauf verzichten, sich über das Wort zu freuen; der Komponist muß sich abgewöhnen, daß seine Leidenschaft dem Ton gehöre. Jedes große Werk ist das Ergebnis einer Askese und kann nur zum Preis des Verzichtes auf den Genuß groß sein.

Der Stümper weiß das nicht. Wie betört beginnt er seine eigene Stimme zu genießen, doch in diesem Moment ist sie schon keine Stimme mehr, sondern Leere. Der Meister ist ein Asket, und auch wenn die ganze Welt jubelt, bleibt er nüchtern. Er muß das Gegengift kennen, das gegen den Genuß des Werkes eingesetzt werden muß. Es ist strenger als jeder mönchische Eid: Du darfst dich über das, was du geschaffen hast, nicht freuen, und du bist der einzige, der sich darüber nicht freuen darf.

6.

Eine viel größere Sorge, als die Schönheit eines geschriebenen Tons zu bewundern, bestand für Beethoven darin, der immer größer werdenden Last der ihn niederdrückenden Aufgabe auszuweichen. Sich den Peitschenhieben zu entziehen, die ihn erbarmungslos in immer unerträglichere Unterfangen trieb. Das, was er nicht wollte, bereitete ihm viel mehr Sorge als das, was er wollte. War es schön, was er machte? War es groß? Als ihm bewußt wurde, daß es das war, bereitete es ihm eher Grauen als Freude, eher Angst als Entzücken. Schließlich ist bei einem Werk eigentlich nur ein einziger Mensch existentiell betroffen, sein Schöpfer. Er allein kennt nicht nur die Schönheit des Werkes, sondern auch den Preis, den die Schönheit gehabt hat. Lieber sucht er nach Ausflüchten, ziert er sich, schiebt es hinaus, versteckt er sich, als zu triumphieren. Deshalb kann es passieren, daß die Seichtigkeit einer Stümperarbeit in dem liegt, was sie ausspricht, die Größe eines Meisterwerks in dem, was es verschweigt. Lieber möchte er das Ganze hinschmeißen, als sich hochmütig auf die Brust zu klopfen. Balzac sagte, daß man sich mißmutig an eine Schöpfung macht, sie unter Qualen fortsetzt, damit nicht aufhören kann und sie dann wieder herbeiwünscht. Eine solche Intensität des Seins betritt man nur widerwillig, ist man darin, leidet man grenzenlos, weil man aus ihr nicht aussteigen kann, und zuletzt fühlt man sich nur noch in ihr zu Hause.

7.

Mit der modernen Psychologie gesprochen hebt Yoga die unterbewußten Inhalte langsam, unter ständiger Kraftanstrengung über die Schwelle des Bewußtseins. Was er damit bezweckt, soll hier nebensächlich sein. Zweifellos gibt es eine Methode, um auch den dunklen und versunkenen Teil des Lebens zu heben und aufzulösen. Vielleicht lebte einst das ganz tiefe, dämmerige, poseidonhafte Sein im Licht. Es ist sogar wahrscheinlich, daß all das, was heute unter der Schwelle des Bewußtseins schlummert, im Sonnenlicht war und wie Atlantis infolge einer kosmischen Katastrophe versank. Wenn dem nicht so wäre, wäre es nie möglich, die unterbewußte Wirklichkeit zu heben. Denn wäre sie mit der Dämmerung verwachsen, hätte sie dort ihren Platz, wäre es unmöglich, sie nach oben zu holen. Als noch der ganze Mensch draußen im Licht lebte und seine größere Hälfte nicht versunken war, gehörte auch der unterbewußte Teil zum Bewußtsein. Deshalb und nur deshalb ist es möglich, alles, was unten ist, nach oben zu holen, deshalb bedeutet es Triumph und Größe, das Versunkene aus der Tiefe zu heben, und deshalb bedeutet es Unheil und Gefahr, etwas zurückfallen zu lassen, und eine Katastrophe, selbst im Unterbewußtsein zu versinken. Yoga ist die systematische Methode, den Menschen bis in die tiefste Dunkelheit zu durchleuchten und das, was im Dunkel versunken ist, nach oben zu holen.

8.

Daß Beethovens Kunst Klang-Yoga ist, steht außer Frage. Deshalb erweckt er auch nie den Eindruck, daß er das, was er geschaffen hatte, auch selbst bewunderte. Der Asket beziehungsweise der Yogi gefällt sich nicht in seinen Ergebnissen und kann sie auch nicht genießen. Er weiß, was er erreicht hat, was ihn das gekostet hat, was ihn erwartet und was ihn das kosten wird. Für ihn war die Musik jene bewußte und disziplinierte Methode, mit deren Hilfe er das Versunkene hinaufzog; und die Welt der Töne war die Welt, in der er diesen Yoga anwandte.

Indem die Askese beziehungsweise der Yoga das Licht auf die Welt der Tiefe richtet und die Helligkeit bewußt in sich hineinleitet, entlockt er der Dunkelheit jene Gestalten, die in der Psychologie als Archetypen bezeichnet werden. Der Archetyp ist eine vom Menschen unabhängige Urform, Urwesen, Fundament, Urphänomen. Alle Gestalten der Mythologie sind solche Urformen der Existenz: der Drache, das geflügelte Pferd, der Lichtbringer, der Engel, der Teufel, der Satan, der Beschützer, die Urmutter. Solche Urphänomene sind auch der Titan und die Sirene.

Die Askese beziehungsweise der Yoga ist eine magische Methode und wie jede Magie grenzenlos gefährlich. Warum? Weil der Magier, während die Urphänomene der Dunkelheit entsteigen, das jeweilige Urwesen erkennen und benennen muß. Die erste und wichtigste Aufgabe, wenn etwas aus dem Unbekannten auftaucht, sei es Mensch, Stern, Pflanze, Tier, etwas Neugeborenes oder Neuentdecktes, ist also: es zu bezeichnen und zu benennen. Der Name wird ihn fortan ans Licht binden und nicht mehr zurücksinken lassen. Erkennt man das Urphänomen nicht und weiß den Namen nicht, sinkt das Urwesen wieder zurück. Und was dann folgt, ist der Schrecken aller Schrecken. Der Asket beginnt sich mit dem Urphänomen zu identifizieren. Das ist der Augenblick, den der Mythos so kennt, daß der Mensch sich in einen Drachen oder ein Ungeheuer oder einen Dämon verwandelt. Denn der Mensch hält sich für das Urwesen. So wie sich Beethoven in einen Titanen verwandelte, weil er sich für einen Titanen hielt. Der Mensch identifiziert sich damit, also wird ihm das Schicksal des Urphänomens zuteil. Er verwandelt sich. Beethoven wurden die Kraft des Titanen, die Anmut der Sirene, der Hochmut zuteil – alles, was zu diesem Schicksal gehört. Die Strafe und der Fall.

9.

Beethovens erste Werke sind redselig. So etwas zeugt ausnahmslos immer von Stümperei. Noch bewundert er den Ton, die gelungenen Harmonien und Lösungen, läßt er sich von der Melodie hinreißen und erfreut sich der Perfektion der Form. Folglich ist das Werk voller überflüssiger Details und hohler Klänge, die ohne Bedeutung sind.

Diese Phase ging schnell vorüber. Der Stoff wurde immer mehr, der Platz immer weniger. Die Zeit begann ihn zu bedrängen. Er stand vor der Aufgabe, wie er die stetig zunehmende und sich erweiternde Klangwelt in eine Form zwängen könnte, deren Umfang, wie er nun bemerkte, überflüssig groß war. Früher hatte er die Form mit Rhetorik ausgefüllt; jetzt wurde sie auf einmal eng. Es galt, die Sache zu komprimieren und abzukürzen. Es galt, die Alltagssprache beiseite zu legen, so war es doch allzu dünnflüssig. Es galt, Zeichen zu finden, die in aller Kürze mehr besagten.

Das ist der Augenblick, in dem das auftaucht, was als beethovensches Piano bezeichnet wurde. Das beethovensche Piano ist eine durchschnittlich zwei, drei Takte umfassende, dynamische Formel. Die Töne werden immer stärker, jeder Ton erklingt kräftiger als der vorhergehende, sie steigern sich nach mathematischer Potenz, dröhnen und explodieren mit immer größerer Leidenschaft, und als man meint, das Instrument bräche in Trommelfell zerreißendes Getöse aus, klingt das Ganze auf einmal plötzlich und übergangslos ab. Das beethovensche Piano ist jene Steigerung, die nicht in einem schallenden Fortissimo endet, sondern deren Kraft im letzten Augenblick verdrängt und gebremst wird.

Das Erscheinen der asketischen Selbstdisziplin. Wie Rolland schreibt: Beethoven ist der einzige Künstler in der ganzen Welt, dem man sich ruhig überläßt und überlassen kann – nicht als ob es bei ihm um lauter unschuldige und ungefährliche Dinge ginge, sondern gerade weil es bei ihm um die gefährlichsten Leidenschaften geht, aber man dennoch weiß, daß einen die Leidenschaften, so rasend sie auch sein mögen, nie mit sich reißen werden: Beethoven ist stärker als jede Leidenschaft. So wie er auch die wildeste entfesseln kann, kann er auch die stärkste überwinden. Das beethovensche Piano ist der Augenblick der Entfesselung der wildesten und Überwindung der stärksten Leidenschaft. Jener Augenblick der Askese, in dem sich das in der Dunkelheit lauernde Urwesen vor dem mit bewußter Disziplin nach innen gerichteten Licht erhebt, der Asket es an der Gurgel packt und niederringt. Das ist die titanische Bewegung.

In dem Augenblick, in dem das beethovensche Piano erscheint, ist es aus mit der Redseligkeit. So wie es in der Musik aus ist mit allem bürgerlichen und rokokoartigen Geschwätz. Es geht nicht mehr um sanfte Harmonien, klug berechnete, bunt erschütternde Effekte, schöne Lösungen, den beruhigenden Klang. Der Klang-Yoga hat sich in Bewegung gesetzt, und die Urphänomene der dunklen, verborgenen Klangwelt begannen sich zu erheben.

10.

Askese ist, wenn der Mensch stärker als sein Selbst ist. Die Grundform des asketischen Lebens, wie sie sich im beethovenschen Piano bemerkbar macht, ist, die Leidenschaft ungehemmt zu entfachen und im letzten Augenblick, noch bevor sie einen fortreißen könnte, niederzuringen. So wird der Mensch stärker als sein Selbst.

Der Mensch glaubt es zu verstehen. Und tut es doch so wenig. Wie wenig weiß er, daß er auf morastigem Boden wandelt. Denn was ist stärker und stärker als was? Was ist der Mensch und was sein Selbst? Wo und in welchem ist er zu Hause? Was ist das, stark zu sein, und was ist das, was ich an Stärke übertreffe? Wann ist der Mensch stärker, wenn er sich wie Odysseus an den Mast fesseln läßt, während die anderen sich die Ohren zustopfen, damit er den Gesang der

Sirenen hört, und auf diese Weise stärker als sein Selbst ist? Oder wenn er sich durch den liebreizenden Gesang verführen läßt und hingeht und auf diese Weise stärker als sein Selbst ist? Wann ist er stärker, wenn er schwächer ist oder wenn er stärker ist? Wenn er widersteht oder wenn er es nicht tut? Welche Kraft ist größer, die, die sich dem, was kommt und ist, souverän überläßt, oder die, die sich an den Mast fesselt und sich wehrt und auf diese Weise stark sein muß, gerade weil sie weiß, daß sie nicht stark genug ist? Welcher ist der eigentliche Mensch, sein Selbst oder das, was stärker als sein Selbst ist? Oh – »das wilde Herz des Menschen hat nirgends eine Heimat und kann auch keine haben«.

Er ist nirgends zu Hause, weder hier noch dort; er ist nicht er selbst, weder in seinem Selbst noch in dem, was stärker als sein Selbst ist. Und ist nicht die ganze Ambivalenz, das verhängnisvolle Wanken auf dem Morast ein Ausdruck jener tief verborgenen Zwitterhaftigkeit, wonach im Menschen dasjenige, was nicht widersteht und gerade dann stärker ist, wenn es nachgibt und schwächer ist, eigentlich nichts anderes als die im Menschen verborgene Frau ist, deren Leidenschaft darin besteht, sich aufzugeben; und dasjenige, was widersteht und dann stärker ist, wenn es sich an den Mast fesselt, eigentlich nichts anderes ist, als daß die kämpferische Leidenschaft des im Menschen verborgenen Mannes erwacht, der Mensch selbst jedoch weder das eine noch das andere ist, und das wilde Herz des Menschen nirgends eine Heimat hat und auch nicht haben kann?

Nie wird jemand entscheiden können, was größerer Stärke bedarf, wenn ich standhaft widerstehe oder wenn ich mich an das, was ist, anschmiege. Auf dem Morast werden beide eins, und sie ändern sich so blitzschnell, daß sie im Hintereinander verschmelzen: eigentlich sind sie zu zweit und haben zwei unterschiedliche, ja gegensätzliche Antworten gegeben, der eine ja, der andere nein – das Ja bedeutet dasselbe wie das Nein, doch was bedeuten sie?

In die Ambivalenz der Dinge so weit vorzudringen, vorsichtig, auf Messers Schneide, bedeutet höchste Gefahr, und wer wagt sich schon so weit vor? Wer wagt es, soviel zu verstehen? Es wechselt unbemerkt hinüber, mit unkontrollierbarem Lächeln, so wie das eine melodisch abfallend ins andere hinübergleitet. Schon stürzt alles ineinander in diesem Taumel, das Entzücken der Freude und des Schreckens liegen zusammen: und doch sieht man, sieht man alles, sieht man bis zur Unerträglichkeit. Nur die Elenden bedürfen des Trostes. Man sieht immer mehr, und selbst als es wirklich nicht mehr weitergeht, sieht man noch, daß der Mensch die Heimat seines wilden Herzens findet.

11.

So entstand die Zeichensprache zweifach. Er mußte verknappte, verdichtete Klangbilder finden, damit er mit der immer kürzer und bedrängender werdenden Zeit auskam und schreiben konnte, was er wollte. Er mußte eine Chiffre-Schrift finden, um die ambivalenten und verborgenen Erlebnisse seines Schicksals zu übersetzen und alles, was er gesehen hat, zu erzählen.

Mit den vorhandenen Formen: Sonate, Rondo, Fuge, Lied, den Tanzformen ließ sich so etwas nicht lösen. Aber auch mit der vorhandenen Musik ließ es sich nicht lösen. Eine neue Musik erschaffen? Wahnsinn! Weder die Formen noch die Musik eigneten sich zu dieser neuen Aufgabe. Das, was er wollte, war mit Bachs, Mozarts, Haydns arglosen und unschuldigen Tönen nicht zu erreichen. Er versuchte zu komprimieren; warf nur das Thema skizzenhaft hin; er versuchte die Form zu vereinfachen; ließ Sätze aus oder verknüpfte sie. Aber das waren lauter Äußerlichkeiten. Der Ton selbst mußte verändert werden.

Man weiß nicht genau, in welchem seiner Werke der entscheidende Schritt vollzogen wurde. Im nachhinein, vom Ende her, läßt sich so etwas ohnehin nicht entscheiden. Womöglich klangen einzelne Töne und Motive bereits in den ersten Sonaten an: nicht als Musik, sondern als Übermusik. So wie das Überschicksal nicht das Schicksal erleidet, sondern das Schicksal des Schicksals; das Überleben nicht das Leben lebt, sondern das Überleben; der Übermensch der Mensch des Menschen ist – Übermensch, Überleben, Überschicksal –, ist die Übermusik die Musik des Übermenschen und des Überschicksals. Dichter, leuchtender, gefährlicher, schwerer, besonnener, leidenschaftlicher. Beethoven hatte den Platz gefunden, an dem er nicht die Form und nicht die Musik, sondern den Ton selbst änderte, indem er ihn um eine Stufe erhöhte.

Die Formen und die Musik selbst konnte er auf diese Weise ruhig unangetastet lassen. Ja, gerade er konnte diese musikalischen Regeln und Formen besser und perfekter bewahren als alle anderen. Für die Töne der Übermusik ist es vollkommen gleichgültig, wie sie in der realen Klangwelt erscheinen. Das Wesentliche an ihnen ist nicht der sinnliche Klang, sondern der Überklang. Beethoven schuf keine neue Form, keine neue Musik, keinen neuen Ausdruck, keine neue Klangsprache, sondern verlieh dem Klang eine neue Bedeutung, wertete ihn auf. Er verschaffte dem Überleben und dem Übermenschen die Möglichkeit, sich in der Klangwelt auszudrücken. Beethoven öffnete die Musik für die kosmischen Urphänomene, denn die Musik, so wie er sie vorfand, eignete sich dafür nicht, er erhöhte das Ganze um eine Stufe. Das ist der Sinn der Übermusik.

Und das alles ist unwiderruflich. Es ist nicht mehr möglich, Musik mit mozartischer Unschuld oder der Fülle Bachs zu schreiben. Seit diesem Moment kann Musik nur noch Klang-Yoga sein, eine bewußt disziplinierte, systematische Askese, die die kosmischen Urphänomene des Überklanges mit Hilfe des Klanges hervorzaubert. Die Musik hat ihre Naivität für immer verloren: sie ist eine Waffe geworden, ein magisches Instrument, Zauberei, Bühne, Folterbank, Strategie, Wissen, Kreuz.

12.

In Beethovens Werken läßt sich Schritt für Schritt verfolgen, wie die Übermusik in der überlieferten Klangwelt den alten Klang unterdrückt, wie sie zum Alleinherrscher wird, wie sie sich immer mehr Raum erobert. Eine Parallele dazu läßt sich nicht finden. In der Welt der Malerei malen alle in einer Sprache, es ist die Sprache, in der Händel, Mozart und die anderen geschrieben haben. Es ist die Sprache, in der die Dichter von Sappho bis Keats geschrieben haben. Weder ein Maler noch ein Dichter noch irgendein anderer vermochte je die Sprache in die übermenschliche Welt hinüber- und emporzuheben. Die Musik, sagt er selbst, ist jene Kunst, die die höhere Welt, die von der Kunst und der Wissenschaft nur angedeutet wird, auch betreten kann. In der Kunst besaß niemand außer Beethoven eine titanische Natur.

Man kann auch die entscheidenden Stationen erkennen. Die erste Station bilden die Werke im Umfeld der Pathétique, die Sonaten für Violine und Klavier und Orchester. Hier beginnt eine fremdartige Entschlossenheit zu vibrieren, was sich darin zeigt, daß zwar alles unangetastet zu bleiben scheint, unterschwellig jedoch eine furchterregende Willkür in Erscheinung tritt. Wahrscheinlich zertrümmerte er um diese Zeit die ersten Säulen im Hintergrund. Er fing an fragmentarisch zu werden, unberechenbar, betörend und magisch. Die Form blieb freilich erhalten, ja sie schien sogar immer vollkommener zu werden. Die Übermusik durchbrach die sinnliche Klangwelt und begann sie zu versengen.

Die zweite Station gruppiert sich, wie auch Rolland bemerkt hat, um die Eroica und die Appassionata. Worin der Sinn der hier ausbrechenden, heroischen Leidenschaft liegt, ist unschwer zu erraten. Die ganze Welt steht hier rot entflammt, und aus der in Aufruhr versetzten Dunkelheit schwirren die Drachen flammenförmig hervor.

Aber es folgt die dritte Station, die die gleiche Funktion hat wie das beethovensche Piano. Die Drosselung der aufgepeitschten Leidenschaften. In erster Linie die 5. Symphonie und von da an bis zur Messe. Immer mehr tritt die Dichte in den Vordergrund. Hin und wieder blitzt bereits das auf, was nur in den letzten Sonaten und Quartetten zu finden ist. Es gibt dafür keine Bezeichnung. Die treffendste ist noch: Geschwindigkeit. Es rast jemand mit der Geschwindigkeit eines Planeten, eines Meteors im Weltall, doch dieses ungeheure Tempo, dem gerade noch zu folgen ist, ist nicht schwindelerregend: der, der so rast, ist bei nüchternem Bewußtsein, er folgt dem Tempo nicht nur, er diktiert es auch. Indessen sieht er alles, da ihm eine Hundertstelsekunde genügt, um etwas zu erkennen. So huscht er über Lichtjahre umfassende Distanzen hinweg, diszipliniert, mit grenzenloser Selbstsicherheit.

Die letzte Station bilden die letzten Sonaten, die Missa Solemnis und die 9. Symphonie. Das vorherige Bild ändert sich, insofern als der

Magier als Dirigent hier inmitten eines unendlichen Raumes steht, ein sengender Funkenregen fällt gemäß den Bewegungen seines Zauberstabes herab, plötzlich erhebt sich mit fürchterlichem Knall ein wilder Berg, sein Gipfel im Glorienschein kristallen funkelnd – Kometen huschen vorbei – das Meer rührt sich, wiegt sich langsam, seufzt. Kosmische Visionen ergießen sich: erst langsam, dann plötzlich und blitzartig, ruhig, dann wieder erregt – leise, dann brüllend –, und sie alle erschafft und lenkt ein Wille, eine Kraft: der große Magier.

13.

Die 7. Symphonie stammt vom Anfang der letzten Station. Viel Unsinn ist über diese Symphonie geschrieben worden. Wagner sagte, sie sei reiner Tanz. Oboussier schrieb, sie sei die griechische Symphonie, so wie Hölderlins Hyperion, Goethes Iphigenie, Nietzsches Dionysos und Apoll griechisch seien, und zwar deshalb griechisch, weil darin die geistige Verzückung der erhabenen, religiösen Inbrunst auf den Taumel des Lebens trifft. Nun ja, diese Charakterisierungen haben schon etwas Wahres. Etwas. Ja – etwas.

Von Motiven kann nicht die Rede sein. Auch eine Analyse erübrigt sich. In dieser Phase Beethovens besitzt das Motiv keine eigenständige Bedeutung mehr. Bei ihm besteht das Motiv darin, die Art und Weise zu finden, wie man auf dem kürzesten Weg zum Wesentlichen gelangt. Damit es auch anders verständlich wird: Es gibt die Sprache, die glaubt, mit einer Definition einen Gegenstand erfaßt zu haben. Die Definition besitzt hier eine eigenständige Bedeutung, da sie mit dem Gegenstand gleichwertig ist. Sie bedeutet den Gegenstand. Die andere Sprache verwendet eine magische Beschwörung und zaubert. Die Beschwörung hat keine eigenständige Bedeutung; sie ist ein Instrument, das den Gegenstand nur bei richtiger Verwendung beschwört.

Vor Beethoven besaß die Musik die Definitionssprache. Deshalb hatte das Motiv eine autonome Bedeutung. In der beethovenschen Musik ist das Motiv der kürzeste Weg zum Wesentlichen, der Zauberklang also – eine Beschwörung, die bei kundiger Anwendung die verborgene Wirklichkeit magisch beschwört.

14.

Das, was im ersten Satz ist, findet sich bei Beethoven noch einmal in einer der letzten Sonaten, in Form einiger Takte: als die erste Hälfte des zweiten Satzes der A-Dur-Sonate. Und auch nach Beethoven erscheint es noch einmal, bei Schumann im zweiten Satz der C-Dur-Phantasie, als erstes Nebenthema. Und damit das ohne große Anstrengung verständlich wird, begibt man sich am besten gleich ins Zentrum der Thematik.

Es ist allgemeinmenschlich, sich am Gesang der Vögel zu ergötzen. Besonders im Frühjahr, im Mai, besonders am Gesang der Nachtigall. Und daraus wird schon ersichtlich, daß der Vogelgesang für den Menschen ein gewöhnlich mit der Blütezeit und der milden Wärme auftretender, seine Existenz nicht ganz unmittelbar berührender und deshalb vergänglicher, zwar angenehmer, aber dennoch tonduftartiger und leicht zu vergessender, flüchtiger Eindruck ist. Am Gesang der Vögel ergötzen sich fast alle; aber nur ganz wenige verstehen den Vogelgesang. Es heißt, der heilige Franziskus habe früher die Sprache der Vögel verstanden. Heute hat man, obwohl die Themen und Motive der Vogelmusik fast genauso gesammelt werden wie Volkslieder und alte Steine, auch daraus eine Wissenschaft gemacht. Aber die Werke über die Vogelmusik legt man enttäuscht beiseite. Es zeigt sich, daß die Sammler von dieser Musik keine Ahnung haben.

Der Unterschied zwischen der Musik der Menschen und der Vögel besteht in ihrer Architektur. Haben die launenhaften Improvisationen der Vögel eine Architektur? Man darf nicht vergessen, daß es zwischen der Musik und der Architektur einen Zusammenhang gibt. Und wenn es zwischen einer Symphonie und einer Kirche einen Zusammenhang gibt, gibt es den gleichen Zusammenhang zwischen dem Ruf einer Drossel und einem Vogelnest.

Aber es ist keinesfalls leicht, diese Musik zu verstehen. Die Musik der Vögel unterscheidet sich von der Musik der Menschen nicht so wie die Musik eines Komponisten von der eines anderen – nicht so wie die Musik eines Zeitalters, eines Volkes von der eines anderen. Um welche Musik es sich auch handelt, sei sie altertümlich, persisch, hinduistisch, japanisch, modern, keine kann etwas anderes sagen, als was ein Mensch sagen kann. Die Schwierigkeit beim Verständnis des Vogelgesangs liegt darin, daß es fast unmöglich ist, sich in das Vogelschicksal hineinzuversetzen. Unmittelbar und direkt kann man sich in dieses Schicksal gar nicht hineinversetzen, nur indirekt, und zwar dadurch, daß man ins große, kosmische Eine Sein, das Mysterium Aller Mittelpunkte, eintaucht, dorthin, wo sich jedes Schicksal und jedes Sein treffen, und von diesem Einen und diesem Mittelpunkt aus indirekt zum Vogeldasein gelangt und die Vogelmusik verstehen lernt. Das heißt, wie ausnahmslos immer kann ich ein Ding nicht von außen und auf direktem Weg, sondern ausschließlich von innen, mit Hilfe und durch die Vermittlung des Großen, Kosmischen, Einen Wesens verstehen und erreichen und erleben. Darin liegt der Grund, daß nicht der Wissenschaftler, der die Motive sammelt und ein Buch darüber schreibt, den Vogelgesang versteht, sondern der heilige Franziskus, der von des Großen Mittelpunkts Gnaden die Vögel verstehen und mit ihnen sprechen lernte.

15.

Wer auch nur eine einzige Vogelstimme je verstanden hat, hat zweifellos die Erfahrung gemacht, daß in dieser Musik die Urform jeder Musik liegt. Für den Menschen gibt es auch viele andere Möglichkeiten des Ausdrucks, der Äußerung, der Sprache, des Anschlusses: die Bewegung, die Sprache, die Farbe, den Stoff, das Schreiben. Der Vogel hat nichts als seine Stimme. Und diese Stimme ist ihm wichtiger als alles andere, denn der Vogel ist unter allen Lebewesen das geselligste und mitteilsamste und ungezwungenste. Delamain, dem wir die schönsten Bücher über Vögel verdanken, sagt, daß dieses kleine, soziale Geschöpf ohne einen Gesellen, Freund, Liebhaber, dem er seine Gedanken, Gefühle, Erlebnisse pausenlos mitteilen kann, keinen Augenblick leben könnte und mit seinen geflügelten Lebensgefährten ständig kommunizieren muß. Bei ihm ist die ganze Existenz zum Klangthema geworden: das Behagen, das Licht, die Freude darüber, zusammen sein zu können, die Tatsache, daß ihr Gefieder gleich oder unterschiedlich gefärbt ist und ihre Seelen unterschiedlich klein sind. Kein Lebewesen ist zärtlicher, intimer und geselliger. Und bei keinem Lebewesen ist der Kontakt zum anderen von so entscheidender, existentieller Bedeutung. In den großen, gemeinsamen Unternehmungen wie bei der Wanderschaft kommt eine ebenso rührende und bewegende Treue zum Ausdruck wie in den wunderbaren Freundschaften oder den vollkommen glücklichen und hingebungsvollen Ehen. Dieses an Freundschaft, Liebe und Geselligkeit so reiche, mitteilsame, warmherzige Schicksal hat eine einzige Ausdrucksmöglichkeit: den musikalischen Ton.

Deshalb muß hier im Vogelgesang die Urform jeder Musik liegen. Hier müssen alle Ton-Archetypen, alle musikalischen Urphänomene vereint sein. Im Vogelgesang finden sich die Urmotive der Musik. Und wenn man nunmehr verständig, wissend, über Jahre hinweg dem Vogelgesang horcht, offenbart sich einem allmählich die Welt der musikalischen Urphänomene.

16.

Vor allem darf man nicht glauben, daß mit dem Wort Vogelmusik alles erledigt ist. Im Gegenteil. So etwas wie Vogelmusik gibt es nur für Außenstehende. Es gibt auch keine Drosselmusik, Lerchenmusik, Meisenmusik. Jede Drossel, jede Lerche, jede Nachtigall hat eine so ganz und gar eigene, individuelle, persönliche Musik, daß der Gesang eines Vogels sich von dem eines anderen viel mehr unterscheidet als die ägyptische Musik sich von der modernen, die Hymne der Australier von Debussy. Was nicht bedeutet, daß die Musik der Vögel keine Tradition hätte. Delamain schreibt, daß die kleine Drossel, wenn sie zu Sinnen kommt und sich auch etwas anderem als nur ihrem Magen widmen kann, sich mit den Liedern voll saugt, die ihr Vater über ihrem Nest singt, und im darauffolgenden Frühjahr, wenn sie zu zwitschern beginnt, die Lieder ihres Vaters singt. Doch schon nach wenigen Wochen gibt sie die erlernten Motive auf und wird immer individueller. Im zweiten Frühling ihres Lebens ist sie bereits ein vollkommen individueller Künstler. Häufig erlebt man auch eine zweite Möglichkeit. Dort wo auf einem bestimmten Hügel oder in einem bestimmten Tal oder Wald eine besonders herausragende Künstlerpersönlichkeit erscheint, geraten die anderen unwillkürlich unter ihren Einfluß, übernehmen ihre Dynamik, ihre Rhythmen, klauen auch von ihren Motiven, vor allem aber von ihrem Stil. Singvögel haben ein unerhörtes Stilgefühl. Man kann sich ihre Konzerte ganze Nachmittage und Abende lang anhören: in dem aus individuellen und persönlichen Motiven bewußt aufgebauten Werk gibt es nicht einen einzigen nicht dazugehörigen oder falschen oder überflüssigen Ton.

Daß es keine Vogelmusik im Allgemeinen, ja nicht einmal eine Nachtigall- oder Drosselmusik, sondern nur die Musik individueller Wesen gibt, ist letztlich daran zu erkennen, daß es unmöglich ist, den Gesang eines Wesens in den eines anderen zu übersetzen. Jeder weiß oder ahnt zumindest, daß die Notation des Vogelgesangs vergeblich ist. Der notierte Ton ist bereits in der Menschensprache, nicht mehr in der Drosselsprache. Er kann auch nicht auf einem Instrument erklingen oder gesungen werden. Er läßt sich auch nicht von seinem Schöpfer trennen, vom Schicksal seines Erschaffers, von seinem Lebensraum und dem Augenblick des Singens. Nicht weil wir eine solche Stimme oder ein solches Instrument nicht hätten, sondern weil diese Musik bei uns nicht mehr die gleiche wäre. Der Gesang einer Nachtigall läßt sich nicht in die Lerchensprache übersetzen. Ja, man kann nicht einmal die Musik einer Lerche in die einer anderen übersetzen. Die Musik jeder einzelnen Vogelpersönlichkeit ist unvergleichbar individuell, existentiell und vollkommen verschieden, so wie jeder Baum, jede Blume, jede Frucht, jeder Tag und jedes Schicksal verschieden ist.

17.

Es gibt Drosseln, deren Musik durch das Adjektiv heroisch durchaus treffend beschrieben wird. Sie ist grenzenlos stolz und stark, öffnet sich freimütig, fürchtet sich nicht, stürzt sich entschlossen und ohne zu überlegen in den Kampf, ist aufrecht, klar und frei. Es gibt Drosseln, deren Gesang sich voll und dickflüssig wie blutfarbener, feuriger Rotwein ergießt, duftend, schwindelerregend. Es gibt Drosseln, die leicht und elegant sind, von bezaubernder Grazie, Feinheit und liebenswerter Ungezwungenheit. Es gibt Drosseln, deren Gesang vor solch verklärter Verzückung leuchtet, daß man meint, das kleine Herz müsse im Feuer der überirdischen Seligkeit verglühen.

Und die melodischen Stanzen der Nachtigall, die mit ihrer lächelnden Melancholie einer Traumwelt zu entspringen scheinen! Die heiteren und lachenden, sich überschlagenden Töne des Rotkehlchens, das ätherische Trällern der Feldlerche, des Stieglitz' perlendes, der Meise silbriges Gezwitscher – irgendwo begegnen sie sich doch. Die ganze Vogelmusik ist die Musik der Sirenen. Wie alles Wesentliche ist auch dies nur von einem einzigen Ort aus zu erkennen: vom Mittelpunkt aus. Von dort, wo alle Schicksale zusammenlaufen wie alle Fäden in der Hand des Einen.

Die Baumlerche ist ein seltener Vogel. Sie singt vor allem nachts, in völliger, blinder Dunkelheit, wenn alle anderen Vögel schon schweigen. Und nur in großen Wäldern. Seltener auch am späten Nachmittag, vor Sonnenuntergang, wenn angesichts des reifen Strahlenglanzes auch der Wind ergriffen innehält. Man erkennt sie sofort an ihrem chromatischen Geklingel. Das Motiv selbst ist ziemlich einfach. Seine Verwendung und Ausarbeitung sind es um so weniger. Beim ersten Mal gibt sie diese klingelnde Chromatik langsam, melancholisch von sich, nachdenklich und sinnend wie jemand, dessen Herz so schwer ist, daß er nach Luft schnappen muß. Danach etwas schneller, aber mit kurzen Pausen, als seufzte sie zwischendurch. Beim dritten Mal noch schneller, wobei dieser flottere Takt die Melancholie noch mehr unterstreicht, beim vierten Mal noch etwas schneller, und je heftiger, feuriger, leidenschaftlicher und erregter sie ist, um so kräftiger tritt die unendliche Traurigkeit der von oben nach unten fallenden

Töne hervor. Und das alles erklingt mit einem so süßen Schmerz, mit einem so ratlosen und bezaubernden Schluchzen, aber diese weinende Traurigkeit ist so kristallklar, so ozeantief, und doch lodert in ihr eine so markerschütternde Herrlichkeit und schmelzende, verklärte Verzückung, daß man sofort und mit einem Schlag begreift, warum sich Odysseus den Gesang der Sirenen anhören mußte – ja: mußte – und warum er sich dennoch an den Mast fesseln lassen mußte – ja: mußte. Dieser Gesang ist unwiderstehlich, im Menschen beginnt plötzlich mit elementarer Kraft, aus bodenloser Tiefe die ganze Welt zu schmerzen, wie ein Verführer beginnt in ihm die Todessehnsucht aufzusteigen – die Todessehnsucht in funkelnden Kleidern, lächelnd, Glückseligkeit verheißend, sich mit der Sanftheit von Träumen einschmeichelnd. Und plötzlich ertappt man sich dabei, daß man sich dort, wo man sich gerade befindet, hinlegen und einschlafen möchte, hineinschlafen in die ewige Stille und farblos glänzende Idylle des Todes – und warten, bis einen langsam, mit sanftem Flügelschlag, wie ein großer, weißer Vogel der Tod emporhebt und in die Nicht-Existenz entführt.

18.

Goethe sagt, daß Farben die *Leiden und Taten des Lichts* sind. Jetzt versteht man auch, daß Musik nichts als die Leiden und Taten des Tons ist.

19.

Die Sirenennatur des Vogelgesangs war dem griechischen Mythos ebenso bekannt wie dem keltischen. In Island leben weiße Schwäne, und in bestimmten, rätselhaften Zeiträumen, kurz vor ihrem Tod, wie es heißt, beginnen sie zu singen und sterben singend. Isländische Hirten glauben, daß jemand, der dieses Lied hört, »alles erfährt, was er bis dahin nicht wußte, und alles vergißt, was er wußte«.

20.

Im ersten Satz der 7. Symphonie erklingt Vogelgesang, der noch einmal in den letzten Sonaten wiederkehrt und dann noch einmal in Schumanns Phantasie zu hören ist. Vogelgesang, also Sirenenmusik, also eines der Urphänomene des Tons, eines der Urmotive, einer der Ton-Archetypen: die Musik der liebreizenden Verführerin, der man nicht widerstehen kann und deren Lächeln Vernichtung, deren Umarmung den Tod bedeuten.

Mit Hilfe seiner magischen Musik gelang es dem Titanen, seine weibliche Hälfte hervorzuzaubern. Aber gleichzeitig zauberte das musikalische Urphänomen auch sein eigenes Gegenteil hervor. Dieses Urmotiv ist den Völkern genauso bekannt wie der Sirenengesang. Es ist das Gezirpe der Grillen. Die Griechen kennen es, die Chinesen, die Japaner, die von diesem Wissen im Märchen über Koko-Daishi berichten, selbst die Modernen kennen es. Es ist irgendwie ganz natürlich, daß der Gegenpol der Vogelstimme die Stimme der Grillen ist. Es ist ganz natürlich, daß die ganze Klangwelt zwischen diesen beiden liegt – sie sind die beiden Pole, die beiden, grundlegenden Urphänomene: der Vogelgesang und das Grillengezirpe. Auf diesen beiden äußeren Säulen ruht die Metaphysik der Musik.

In seinem *Walden* sagt Thoreau: »Beachte als erstes das Gezirpe der Grillen. Hier zwischen den Felsen hört man sie überall. Aber noch herrlicher finde ich es, wenn nur eine singt. Man stelle sich eine späte Stunde vor, eine fortgeschrittene Tageszeit, aber nur so wie man eine Kostprobe des Ewigen bekommt, wenn man schon ein wenig in der Zeit gelebt hat. Es ist schon spät, aber nur für die nebensächlichen, übereilten Dinge des Schicksals. Was im Grillengezirpe erklingt, ist die reife Weisheit, die nie zu spät kommt, eine Weisheit jenseits der dunklen Sorgen, eine kühle, seltene, reife, leichte, herbstliche Weisheit, weit jenseits des heftigen Frühjahrs und des leidenschaftlichen Sommers.

Die Grille sagt zu den Vögeln: Oh, ihr Vögel, ihr sprecht mit einem Feuer wie die Kinder, aus euch spricht die Natur. Aus uns jedoch spricht das reife Wissen. Die Jahreszeiten sind zu Ende, sie schlafen alle ein, und wir singen das Wiegenlied dazu. Die Grille zirpt ewig dahin, an den Graswurzeln, zirpt stets dasselbe im Mai und im Oktober. Ihr Lied kennt keine Erregung, nur Ruhe und Weisheit. Es ähnelt der wohlüberlegten, sicheren Prosa. Die Grille trinkt nicht Wein, sondern Tau. Ihr Lied ist keine kurzlebige Liebesdichtung, die aufhört, wenn die Zeit der Liebe vergangen ist ... So sitzen sie an den Graswurzeln, unabhängig vom Wechsel der Jahreszeiten, und ihr Lied ändert sich nicht, so wie auch die Wahrheit sich nicht ändert. Nur in seinen reinen, gesunden Momenten vernimmt der Mensch das Lied der Grille.«

21.

Die vier Stufen des Seins:

Das Feste, das Gelöste, das Übersinnliche und das Reine: Ist.

Auf der festen Stufe ist das Sein plastisch, fühlbar, sichtbar, bildhaft.

Auf der gelösten Stufe ist das Sein musikalisch und klingend.

Auf der übersinnlichen Stufe hat es seine Bildhaftigkeit und seinen Klang eingebüßt; das ist es, was Keats als *viewless* bezeichnet, die Stufe des Logos, wo das Sein ein logosartiges, geistiges Zeichen ist, unsichtbar und unhörbar, mit den Sinnen nicht faßbar, kein sprachliches Wort, sondern übersprachliche, absolute Magie.

Auf der vierten Stufe hat es auch diese übersinnliche, absolute Magie abgeworfen. Es ist.

Von der oberen Stufe kann man immer auf die untere gelangen. Das Ist kann zum Viewless, das Viewless zu etwas Klingendem, das Klingende zum Bild werden. Das Bild jedoch kann nie zum Klang, der Klang nie zum Viewless und dieses nie zum reinen Ist werden.

Von oben nach unten ist der Weg frei und möglich. Von unten nach oben ist das Sein verschlossen, und niemand kann von sich aus und aus sich heraus von einer Stufe auf die nächste steigen. Unüberbrückbare Abgründe trennen die Stufen voneinander, und daß es manchen doch gelungen ist, sie zu überschreiten, bleibt ein Mysterium. Es läßt sich weder durch das Leben noch den Genius noch den Geist noch das Sein erklären. Es ist keine Entwicklung, keine Erkenntnis, kein Gefühl, keine Magie. Ich bekomme es oder nicht. Ich gelange dahin oder nicht. Es ist kein Verdienst, kein Kampf, kein Talent, kein Wissen. Wer es nicht versteht, dem kann es auch nicht erklärt werden.

22.

Vor langer, langer Zeit, noch vor der Geburt der Musen, waren die Grillen, so der griechische Mythos, Menschen wie wir. Als die Musen auf die Welt kamen und ihr Lied die Welt erfüllte, war ein Teil der Menschen so entzückt davon, daß sie immerfort nur zuhörten, sogar zu schlafen, zu essen, zu trinken vergaßen und nicht einmal merkten, als sie starben. Aus diesen Menschen entstand das Volk der Grillen, die von den Musen das Geschenk erhielten, daß sie weder essen noch trinken müssen und zirpen dürfen, solange sie leben.

23.

Der griechische Mythos wußte auch, daß Eos, die Göttin der Morgenröte, sich in den wunderschönen Tithonos verliebte und die Götter bat, ihren Liebsten unsterblich zu machen. Zeus versprach es auch, aber der wunderschöne Jüngling begann zu schrumpfen, schwarz zu werden, er wurde immer kleiner und dunkler und verwandelte sich schließlich in eine Grille. So wurde Tithonos unsterblich in Form einer Grille. Das Gefühl der Göttin Eos blieb jedoch unverändert, noch heute liebt sie den Jüngling in Form des kleinen, schwarzen Käfers, und dieser begrüßt die Ankunft der Morgenröte mit seinem Lied.

24.

Und schließlich Anakreons Lied der Grille, wenn er ausruft: Gibt es ein glücklicheres Wesen als dich, o Grille! Deine Nahrung im Laub der Bäume ist der frische Tautropfen, du singst und lebst wie der König ... du bist der Liebling Apolls, der dir eine silberne Stimme geschenkt hat ... immerjung bist du hier, o weise Tochter der braunen Erde, du hast keine Sorgen, singst nur ... und bist den Göttern gleich.

25.

Als in der 7. Symphonie nach der Sirenenmusik des ersten Satzes die weichen, monotonen Zweivierteltöne des zweiten Satzes erklingen, ertönt hier nach der Musik des Vogelgesangs zweifellos die Musik der Grillen, die langsame, leise, ewige Zweiviertelmusik der elysischen Grillen, die seit ewigen Zeiten erklingt, jenseits aller Leidenschaft, die Musik des reinen Seins, das reine Ist, jenseits von Arbeit, Spiel, Liebe, Verführung, Freude, jenseits von Glück, jenseits von Sieg, jenseits von Schönheit, die für ewige Zeiten erklingt, leise, eintönig, voll unendlichen Friedens und unsagbarer Befriedigung, jenseits der Vergänglichkeit, die Wandlungen des Schicksals aus dem ewigen Sein, die Vergänglichkeit aus der Unabänderlichkeit betrachtend.

Die feurige Lebensleidenschaft und dämonische Todessehnsucht der Sirene und die gelassene Weisheit des unsterblichen Tithonos. Die Musik der Liebreizenden und die elysische Idylle. Der im Klang aufgelöste Gesang, der erzittern läßt, Durst, Erregung, Hunger, Ungeduld,

Verlangen hervorruft; und die Ruhe des reinen Ist jenseits der Klangwelt, jenseits der übersinnlichen Geisteswelt, besänftigend, ernüchternd, ohne Lächeln, Schönheit, Trost, der nicht zu störende Friede, idyllische Weisheit und Stille.

Briefe aus dem ungarischen »Hyperion«

1.

Mir fehlt es an nichts. Ich koche mein eigenes Essen, gehe mit dem, was ich benötige, sparsam um. Ich habe alle Hausarbeiten ziemlich früh gelernt. Ich sitze auf den Stufen vor der Terrasse, schäle Gemüse und Kartoffeln. Mein Zimmer kann ich auch allein saubermachen. Geht meine Wäsche zu Ende, setze ich den Kessel auf den Herd, koche die gründlich eingeweichten Kleider aus und wasche sie. Die Sonne scheint auf mich, ich bin schweißgebadet, sodann spanne ich eine Schnur zwischen die Äste, die Hemden, Laken und Strümpfe trocknen im wehenden Wind. Am nächsten Tag bügele ich. Kleinigkeiten flicke ich selbst. Ernsthaftere Schäden bringe ich zum Schneider. Manchmal, wenn ich keine Lust mehr auf das Hefebrot des Bäckers habe, backe ich selbst aus edlem Sauerteig. So lange es geht, lebe ich von Obst. Nicht aus Prinzip, ich habe keine Prinzipien: dafür habe ich einen zu guten Magen. Die Hausarbeit beansprucht mich nie zu sehr, so wie sie auch eine Frau nicht beansprucht. Wenn ich koche, saubermache, wasche oder Wäsche flicke, ist das halb Spiel, halb religiöse Zeremonie. Ich bin froh, daß ich diesen wunderbaren Frieden von den Frauen erlernen konnte. Ich glaube, die Häuslichkeit ist die Kehrseite des Krieges. Mein Zimmer ist hübsch, wie das einer jungen Frau. Ich dulde keinen Staub, doch den gibt es hier unter den Bäumen ohnehin kaum, nur im Winter infolge des Heizens. Und die Sonne überstrahlt alle meine Lebenstätigkeiten. Erhoffte ich mir etwas Großes von der Menschheit, so wäre es, daß sie jenen den Rücken kehrt, die sie daran hindern, sich von Licht zu ernähren. Eines Sommermorgens brächen sie aus der Stadt auf, verließen die Fabriken, Straßen, Ämter, Werkstätten und zögen an die Sonne, wortlos, aber unaufhaltsam. Das wäre meine Revolution – die Sonnenrevolution. Wie ich vor dem Waschtrog stehe und meine Hemden im weißen Seifenschaum wasche, brennt mir die Sonne auf den Rücken, und mein Rücken strahlt vor

Freude. Ich weiß, daß es im Menschen ein tiefes und heiliges Dunkel gibt, den Nachtraum, der innen unter der Haut ist. Aber ich weiß auch, daß das, was unter der Haut des Menschen ist, jauchzt, wenn es die Wärme und das Licht der Sonne spürt. Einmal legte ich mich am Meeresstrand auf einen riesigen, weißen Felsen, zum ersten Mal in meinem Leben völlig unbekleidet. Bis dahin hatte ich geglaubt, es müsse schon irgendein seltsamer Sinn darin liegen, daß der Mensch seine Lenden vor der Sonne verhüllt, in Dunkelheit hält, hinter einem Vorhang – sein Nacht-Organ in Nacht hüllt. In dem Augenblick, als die Sonnenstrahlen an jene Stelle einströmten, wohin sie nie zuvor gelangt waren, begriff ich, was der lachende Phallus bedeutet – die sonnenüberfluteten, die funkelnden, heiter durchstrahlten, die schamlosen, lächelnden Licht-Lenden der griechischen Gottesplastiken.

2.

An Sommernachmittagen lege ich mich unter einen Baum und schlafe. Bis mich der Schlaf loslöst, vergehen einige Minuten. Mein Tabakrauch steigt friedlich durch das Laub: eine lautlose Bewegung wie der Zug der Wolken, bis er sich melodisch in der Luft aufgelöst hat, habe auch ich mich schon im Schlaf aufgelöst. Süße, erwärmende Augenblicke: ich spüre, daß alles, was ich bin, draußen ist. Draußen in den Bäumen, im Garten, im Haus, am Himmel. Ich habe keine Seele. Ich bin frei, mich bindet kein Ziel, kein Wille. Mich durchbläst der Wind und durchscheint die Sonne, durchstrahlen die Wärme und der Duft des Waldes. In mir ist kein Widerstand, an dem die Schönheit der Welt zerschellen könnte. Ja – ich habe keine Seele. Und in solchen Momenten begreife ich, warum gerade ich auserkoren war, mit jener Notwendigkeit zu brechen, die den Geist hier auf Erden mit sich selbst konfrontiert hat. Ich bin es, der das Unmögliche geschafft hat. Ich ging in der Stummheit nicht zugrunde, wie bisher jeder zugrunde gegangen war, der ein Hyperion, ein Sohn der Höhe war. Das klare und offene Wort galt hier stets nur den Menschenstummeln. Sobald etwas

Ernsthaftes erklingen sollte, versagte die Stimme. Nur meine Kraft wurde dieser Aufgabe Herr. Ich sprach offen und klar, und das, was ich sagte, waren die Worte eines Hyperions. Ich erschuf die Sprache des Geistes. Alle an meiner Stelle wären daran zerbrochen, so wie bisher alle daran zerbrochen waren, Katona, Kemény, Zrínyi, Bessenyei. Ich war allein und doch saß ich nicht im Großen Schatten! Hyperion – der einsame Gott, der sich eine Welt schuf, da hier niemand des Hohen und Göttlichen bedurfte. Ich allein schaffte es, meine Sache nicht vom Milieu, sondern von den Göttern abhängig zu machen. Und während jene im Jammergestöhne zugrunde gingen, weil ihr Wort selbst ihnen noch fragwürdig und überzeugungslos erschien, konnte ich sprechen. Meine Hand schuf hier als erste eine Welt, in der zu leben keine Schande war. Allen, die es vorgehabt hatten, hatte es an Kraft gefehlt. Sie waren noch nicht ganz Hyperion – nicht einmal Bessenyei, der ihm am nächsten stand und am weitesten von ihm abfiel. Je königlicher hier jemand war, um so weniger gelangte er zur schöpferischen Materie des Geistes: zum Wort. Und je tiefer er sank, um so mehr öffnete sich ihm die Möglichkeit der Schöpfung. Ich gab das Wort den Königen zurück. Aber ich gebe mich keiner Selbsttäuschung hin. Es wird nichts daraus, wie denn noch nie etwas daraus geworden ist. Die Worte, aus denen ich das große Leben schuf, drangen nie in die Augen und Herzen der Menschen. Sie sind hier in meinem Zimmer. Ich schuf sie allein – aber ich allein weiß, was ich geschaffen habe –, und das Werk verschönert allein mein Leben. Niemand bedurfte ihrer. Vor dem Einschlafen unter der Baumkrone lächele ich beim Gedanken, daß du glaubst, das bereitete mir Kummer. Wie wenig du die Götter kennst! Was sie geschaffen haben, ist so schön, daß nicht das Werk dadurch verliert, sondern der, der es nicht sieht. Verblaßt der Himmel, wenn ihn niemand sieht? Mir Kummer bereiten! – oh, was glaubst du, was aus mir geworden wäre, wenn ich mich zu ihnen gesellt hätte, um zu geifern. Kannst du dir mich als meinen eigenen Agenten vorstellen? Ich konnte nicht tun, was die anderen taten – ich hatte keine Zeit, mich durchzusetzen. Ich mußte mich um meine Arbeit kümmern. Und wenn mich jemand nicht akzeptierte, schämte ich mich für den Nicht-Akzeptierenden. Ja, es bereitete mir Kummer, daß er sich so tief vor mir erniedrigt hatte. Und sich dessen nicht einmal bewußt war. – Und wer wird für mich Zeugnis ablegen? Niemand. Die einzigen, die es tun könnten, sind die, die so wie ich sind. Aber die Götter legen für nichts und niemanden Zeugnis ab, nicht einmal für sich selbst.

3.

Ruhe fand ich erst, als ich erkannte, wie gefährlich das Leben war. Bis dahin war ich ein wenig schwermütig und langweilte mich. Seitdem bin ich heiter, weil es sich lohnt. Die Gefahr ist die kräftige Luft des Schicksals, und ich fühle mich nur in kräftiger Luft wohl. Feigheit gehört nicht zu meinen Tugenden. Ich habe stets das Schwerste gesucht und fand auch beides: die Einsamkeit und die Heiterkeit.

Dreimal geschah dasselbe mit mir. So sehr dasselbe, daß ich die Personen in den drei Geschichten ruhig auch austauschen und anstelle von einander verwenden könnte. Es waren drei völlig unterschiedliche Frauen. Die eine blond, schwer und kräftig wie eine Walküre; die andere burschikos und exaltiert; die dritte dunkel und tief wie ein Brunnen. Ich stellte mir ein großes Leben vor, die erste kam, und es erwies sich, daß es sich nicht verwirklichen ließ. Ich dachte, es wäre zu wenig. Also erdachte ich ein noch größeres, die zweite kam, und es erwies sich, daß es sich nicht verwirklichen ließ. Ich dachte, auch das wäre noch zu wenig. Also erdachte ich ein noch größeres, die dritte kam, und es erwies sich, daß es sich nicht verwirklichen ließ. In allen drei Fällen entflammte die Liebe in einem einzigen Augenblick. Einmal irrte ich mehrere Tage in den Bergen umher. Es war an einem Morgen, als ich den Hügel hinabstieg, im Tal lag eine Meierei. Es war Anfang September, noch Sommer und schon Herbst, Windstille und Dämmerung an diesem gelben, ruhigen Tag. Jetzt, denke ich, jetzt treffe ich sie, sie, die ebenso gut weiß, daß ich komme, wie ich weiß, daß sie auf mich wartet, sie, die den Sinn jedes ihrer Schritte darin sieht, daß er sie mir näher bringt, sie, die jedem Fremden forschend in die Augen blickt, ob nicht ich es bin, die einen Zug mit dem Gedanken besteigt, daß ich sie darin erwarten könnte, die einen Namen hört und denkt, es sei meiner, eine Stimme und glaubt, ich sei es, dort in der

Meierei werde ich sie endlich treffen, sie wird unter den Bäumen liegen und warten, dabei lesen, um die Zeit totzuschlagen, aufstehen, als sie mich erblickt, und kommen, ohne eine Frage, ein Wort kommen, und in jenem Augenblick wird sich alles gelöst haben. Ich überquere die Meierei. Ich betrachte, als ob ich sie wäre, den schläfrigen Gutsverwalter, den Knecht, die Herrschaftswohnung mit den weißen Vorhängen vor den Fenstern. Hier hat sie bis jetzt gelebt. Jetzt wird sie mit mir kommen. Was wird sie als erstes sagen? Gewiß etwas sehr Einfaches wie ich habe Hunger oder ich habe Sand in den Schuhen. Ich blicke sie an, sage nichts, sie weiß ohnehin, was ich sagen will. Ich verlasse die Meierei und biege auf die Straße ein. Ich bin ganz ruhig. Diese Ruhe sagt mir, daß ich sie wirklich treffen werde. Wie seltsam, jetzt auf einmal! Allerdings habe ich lange genug darauf gewartet. Und sie auch. Da ist sie! Im Gras ein weißes Kleid mit blauen Punkten. Mir ist überhaupt nicht bange. Zum erstenmal in meinem Leben habe ich keine Angst. Ich komme oben an, der Weg biegt nach links ein, der grasige Hügel löst sich vom Himmel, und ich sehe, daß dahinter ein Haufen Kleider auf einer Schnur hängen, auch das mit den blauen Punkten. Aber am Hang ist niemand.

Bei allen drei Frauen hatte ich das Gefühl, sie getroffen zu haben, sie, die nicht gerufen werden mußte, nicht getäuscht werden mußte, da sie ohnehin wußte, daß es unvermeidlich war, daß sie mit mir kam. Einer von ihnen, es spielt keine Rolle, welcher, sagte ich: Ich werfe den Kalender weg. Ich werde nicht nach Montag, Dienstag, der erste, der zweite, Januar, Februar leben, sondern ich werde meinen Haarsträhnentag, Augenbrauentag, Kleinen-Fingertag, Armmonat, Taillenmonat haben – ihre Haarsträhne, ihr Arm, ihre Augenbraue, ihre Taille werden mein Kalender sein. Einmal war ich drei Tage mit der einen, es spielt keine Rolle, mit welcher, es vergingen dreimal vierundzwanzig Stunden, und wir ließen uns keinen Augenblick los. Es war ein Spiel – aber das Zusammenwachsen im Spiel ist das tiefste von allen. Wie doch in jenen ersten Tagen alles gestrahlt hat! Wie wichtig es doch war, gleich alles auszusprechen! Nichts zu verschweigen. Und sie verstand alles, und ich verstand alles. Ich fragte: Nicht wahr? Worauf sie erwiderte: Ja. Und genauso war es auch.

Lumbarda, August 1935

Nachträgliche Rechtfertigung von Zeitleidenschaften

Das europäische Denken ist fast zur Gänze eine nachträgliche Rechtfertigung des jeweiligen Zeitgeistes und der jeweiligen Zeitleidenschaften. Die allgemein bekannten Philosophien und naturwissenschaftlichen Konzepte, Wirtschaftslehren und Gesellschaftstheorien sehen nichts als die Siedepunkte historischer Irrsale und lassen sich in ihrem Denken davon blenden. Descartes' Ausgangspunkt sei seine Antipathie gegen die Religion gewesen, er habe mit seiner Theorie die Grundlage eines unauflöslichen Systems legen wollen, obwohl wir wissen, daß es ihm gar nicht um die Religion, sondern um die Machtausübung des Klerus ging, und er wollte auch nicht ein Denksystem schaffen, sondern das Fundament einer anderen, zuverlässigeren Machtausübung legen. Marx' Ausgangspunkt sei seine Animosität gegen eine imaginäre Klasse von Kapitalisten gewesen (Ressentiment gegen das Eigentum, Rache an den Reichen), er habe die Frage des Eigentums durch die Beseitigung der Klassen zu regeln versucht, obwohl wir wissen, daß es gar keine Klassen gab und das Eigentum überhaupt nicht eine wirtschaftliche Frage ist. Spenglers Ausgangspunkt sei die von Nietzsche aufgedeckte, sich immer weiter verschärfende Krise, er habe sich damit getröstet, daß, wenn die eine sogenannte Kultur untergeht, ihr eine neue folgt. All diese Ideologien sind letztlich Pseudologien, das Ergebnis pseudoexistenter, angesichts der Siedepunkte des geschichtlichen Augenblicks angenommener Verhaltensweisen, Theorien, die unter dem Deckmantel krisenlösender Gedanken Krisen schüren, Irrlehren, die über den geschichtlichen Augenblick gar nicht hinaussehen.

Heute in der zweiten Hälfte des zwanzigsten Jahrhunderts gibt es unter den vielen Hunderttausenden Werken mit Ausnahme der Werke Guénons lediglich zwei, Martin Bubers Deutung des Chassidismus und D. T. Suzukis Zen-Reihe, die keine nachträgliche Rechtfertigung darstellen und für die Irrtümer der Geschichte keine Entschuldigung suchen, sondern im Gegenteil Vorschläge zur Beseitigung der Zeitleidenschaft und Realisierung der endgültigen Lebensordnung sind.

Man könnte auch sagen, daß alle anderen lediglich Hypothesen, nur diese beiden Theorien darstellten. Oder daß die ungeheure Menge der Hypothesen, die vom jeweiligen geschichtlichen Augenblick ausgehen und im Umfeld der Geschichte und im Eifer der Geschichte verharren, bloße Experimente der politischen Existenz (Ksatriya) sind; nur das Buch des Chassidismus und das Zen-Buch sind brahmanische (authentisch geistige) Akte, also nicht das Werk von Menschen, die von Leidenschaften konditioniert werden, sondern die wirklich wissen, was geschieht und was zu tun ist.

Die politische (geschichtliche) Existenz steht stets unter dem Einfluß irgendeiner geschichtlichen Leidenschaft und ist stets pragmatisch, das heißt, sie gibt stets ohne Kenntnis der weiteren Zusammenhänge, ja oft durch deren absichtliches Verschweigen die nächstliegende, praktische Lösung als die Wahrheit aus. Obwohl wir wissen, daß die menschliche Existenz ein Ganzes ist, in dem nur nach Erkenntnis der fundamentalen Tatsachen Ordnung geschaffen werden kann. Alles, was geschieht, leitet sich von der Grundeinstellung des Menschen ab. Eine bloß zeitgebundene Lösung gibt es nicht; eine solche Theorie löst sich mit der Zeit und in der Zeit auch wieder auf, ist meist schon in derselben Minute, in der sie erdacht wurde, ungültig. Die brahmanische Existenz beginnt damit, daß sie die geschichtlichen Leidenschaften liquidiert und jene von den Leidenschaften unabhängige Basis ausbaut, von der es in der ganzen Menschheit bekanntlich nur eine einzige gibt, die von Volk und Zeit und Kaste und Religion und Zivilisation unabhängig ist (Szabó Lajos: f-system). Das ist es, was man als *status absolutus* des Humanen bezeichnen muß, was also die menschliche Grundeinstellung ist.

ERSTENS: In der vollkommen mißratenen Lebensordnung in der Mitte des zwanzigsten Jahrhunderts gibt es niemanden, dessen Leben auf dieser Stufe existentieller Korruption in Erfüllung gehen könnte, und deshalb gibt es auf der ganzen Welt niemanden, dessen Lebensinhalt nicht ein Protest gegen die heute bestehende Lebensordnung wäre. Diese Feststellung gilt auch für die scheinbaren Ausnahmen, die sie nach außen hin akzeptieren, vor allem weil ihnen das bis zu einem gewissen Grad momentane Vorteile sichert. Es gibt keine größere Gefahr, als sich mit der Verderbnis zu arrangieren und unter korrupten

Umständen zufrieden zu sein, höchstens noch eine: auch mit der Zufriedenheit zufrieden zu sein.

ZWEITENS: Die primäre Ursache für die korrupte Natur der mißratenen Lebensordnung sucht man vergeblich in der Geschichte. Jede Krise verweist auf eine vorhergehende, zuletzt verliert sie sich an irgendeinem dunklen Punkt vor dem Anfang aller Anfänge. Die primäre Ursache für die korrupte Lebensordnung ist eine Folge jenes Ereignisses, das nach religiöser Terminologie als Sündenfall bezeichnet wird, das jedoch keinesfalls ein religiöses als vielmehr ein ontologisches Ereignis ist, also etwas, was sich im Sein vollzogen hat: die vom Menschen begangene Verderbung und Verderbnis. Zur Erhellung und zum Verständnis des Seins des geschichtlichen Menschen ist nichts von so entscheidender Bedeutung wie die Einsicht, daß er das Bewußtsein für die Sünde in sich wach halten muß. Das ist die elementare Bedingung für die Wahrhaftigkeit der menschlichen Existenz. Das Denken kann nur dann authentisch sein, wenn es dem Schuldbewußtsein Rechnung trägt (Kierkegaard: die Angst).

DRITTENS: Was die gegenwärtige Geschichte angeht, so hat man dem Christentum seit dem Mittelalter zweifellos deshalb einen solch ungeheuren Widerstand geleistet, weil man dem Bewußtsein der Schuld entgehen wollte. Die ganze Neuzeit basiert auf der bewußten Leugnung der Tatsache der Schuld, das kommt in jener künstlich genährten moralischen und existentiellen Gleichgültigkeit zum Ausdruck, aus der die Wissenschaft hervorgegangen ist, die Apotheose der Unpersönlichkeit. Dem modernen Zeitalter gelang es, die Idee der Sünde so sehr zu verwischen, daß sie entweder etwas Erregendes oder Skandalöses geworden ist, während die Biologie sie als organischen Fehler darzustellen versucht und die Soziologie sie aus der Gesellschaftsstruktur ableitet. Pascal behauptet, daß durch die Mißachtung der Idee des Sündenfalls sogar das Verständnis der elementaren Phänomene der Physik vollkommen unmöglich geworden ist (neuerdings: Heisenbergs Physik, Gödels Mathematik).

Jede Bemühung der Psychologie ist darauf ausgerichtet, das Schuldbewußtsein (das schlechte Gewissen, die Angst, die Sorge) des Menschen zu liquidieren, sagt Buber und stellt fest, daß, selbst wenn es gelingen sollte, das Bewußtsein dieser Tatsache zu trüben (herauszuanalysieren), die Sünde selbst keineswegs verschwinden wird.

Nach der fast hundertjährigen Praxis der Psychologie hat sich zweifellos herausgestellt, daß der Mensch infolge der Anwendung psychologischer Methoden nicht harmonischer geworden ist, sondern sich die Technik des Sich-Versteckens verfeinert hat. Das Ergebnis psychologischer Verfahren ist, daß der Mensch nicht erwacht, sondern sich noch tiefer vor dem Erwachen verbirgt. Statt sich zu öffnen und zu entkrampfen, lernt er mit Hilfe dieser Methoden, sich noch besser zu verstecken. Bisher war es noch möglich, den Argloseren unter ihnen mit Hilfe der Traumdeutung etwas zu entlocken; infolge der analytischen und der Test-Methoden haben sie sich inzwischen tief unter dem Traumbewußtsein verborgen, ihr Wesen kommt zuweilen nicht einmal mehr im Traum zum Vorschein. Für solche Menschen wird man beim Jüngsten Gericht zweifellos eine eigene Posaune blasen müssen, damit sie erwachen. Was der Mensch in der Psychologie gelernt hat, ist, sich nicht in einem Komplex, sondern in der Offenheit zu verbergen. Das ist die Höhle, aus der er nicht mehr herauszulocken ist. Das ist das Analysiertsein.

Die Zahl der Opfer der Psychologie ist beträchtlich. Wer den psychologischen Ablauf durchgemacht hat, sieht das Wesentliche seiner Existenz nicht klarer, im Gegenteil, was er gelernt hat, ist, sich von der Wirklichkeit der Existenz abzuwenden, sie in der Versenkung verschwinden zu lassen und das Bewußtsein für die Schwierigkeiten der Existenz zu verwischen. So entstand der für die moderne Zeit so charakteristische ontologische Idiot, der allen Schwierigkeiten der Existenz mit einem Grinsen begegnet und die Situation damit ein für allemal als erledigt betrachtet, nur weil er jedes Schuldbewußtsein und damit natürlich auch jedes Bewußtsein der Verpflichtung zur menschlichen Wiedergutmachung in sich ausgelöscht hat (hat herausanalysieren lassen). Ein solcher psychologisch ausgeweideter Mensch fällt aus der Gemeinschaft heraus und steht auch jenseits der menschlichen Brüderlichkeit.

Der Existentialismus hat die Methoden der Psychologie weiterentwickelt. Während er die offene Existenz (die Unbedecktheit gegenüber dem mitmenschlichen Du) propagierte, lehrte er den Menschen, sich in Offenheit zu hüllen und sich durch eine Überlegenheit gegen die

Offenheit zu schützen; seine Pseudoexistenz in der Existentialität zu verbergen. Nur ganz wenige Denker (Gabriel Marcel, Bataille, Camus, Heidegger) haben diese Gefahr erkannt. Die meisten Autoren wie Sartre vollführen ihre Purzelbäume mit blendender Technik, während jede wesentliche Seinsfrage unangetastet bleibt.

Die Tatsache der Schuld relativieren, biologisieren, soziologisieren, psychologisieren, moralisieren, existentialisieren. Zuweilen gelingt es, das Bewußtsein der Schuld zu trüben, also den Menschen bezüglich der tatsächlichen Wirklichkeit irrezuführen. Die Folge: eine ausschweifende Religion, eine stupide Wissenschaft und eine verbrecherische Politik. Die Lage: ohne das Bewußtsein der Verdorbenheit der Existenz, mit einer dumpfen, im Dunkeln verborgenen Unruhe und einem irritierten Gewissen gibt es keinen anderen Weg als die seichte Erdhaftigkeit des sogenannten Lebens, doch auch das ist sinnlos, da es sein Gewicht verloren hat.

VIERTENS: Neuerdings, seit etwa hundert Jahren, flüchtet man sich vor allem in den höheren, intellektuellen Schichten immer häufiger in östliche Religionen und Metaphysik und versteckt sich in ihnen, im Glauben, daß aus ihnen die Idee der Erbsünde fehle und man die Sündenproblematik somit auf östliche Art ein für allemal gelöst hat. Das ist nicht nur ein Verrat am Christentum, sondern zeigt auch eine völlige Unwissenheit der wahren Lage. In den östlichen Metaphysiken (Indien, China, Iran) ist das Wissen um die Erbsünde genauso vorhanden wie bei den Hebräern, im Christentum und bei den Mohammedanern, nur wird das nicht als moralische, sondern als geistige Korruption aufgefaßt, also als eine Trübung, Verirrung, Verschlafenheit, Traumwandlerei des Verstandes. Genauso wie im archaischen Griechentum oder in der Kabbala, und hier wie dort ist man verpflichtet zur Wiedergutmachung der Sünde.

Einen ähnlichen Fluchtversuch stellt in jüngster Zeit der Primitivismus dar, die seit Rousseau sogenannte Rückkehr zur Natur, zu den Schwarzen, den Indianern. Dieses Experiment ist mehr als nur verfehlt. Infolge von Rousseaus Sentimentalität nahm man an, daß die Primitiven in einem Urzustand, einer ursprünglichen Unschuld lebten, und die Empfindsamkeit des vergangenen Jahrhunderts machte aus der Unzivilisiertheit ein Ideal. Dieser Gedanke richtete vor allem in der

Kunst erheblichen Schaden an. Wir wissen, daß die Primitiven nicht in ursprünglicher Unschuld, sondern in einem degenerierten Zustand sehr alter Zivilisationen leben und somit nicht auf einer weniger korrupten, sondern auf einer noch weit korrupteren Stufe als die Europäer. Wenn die Primitiven übrigens etwas aus der Zivilisation, von der sie abgefallen waren, mit sich brachten, war es ihr Wissen um die Erbsünde, und es gibt keinen Stamm von Zwergen, der nichts davon wüßte.

FÜNFTENS: Jede menschliche Existenz, auf welcher Stufe sie auch immer steht, ist unbedingt zivilisiert. Jede Zivilisation ist künstlich, also unnatürlich. Diese Künstlichkeit bringt es unweigerlich mit sich, daß die Natur leidet. Die Frage muß gestellt werden, ob es eine Zivilisation oder mit anderen Worten eine künstlich geschaffene Ordnung gibt, die die Natur nicht unterdrückt, in der alles auf seinem Platz bleibt und sich frei entfalten kann. Und schließlich: Hat der Mensch ein Bewußtsein für die ursprüngliche Lebensordnung, wie sie vor dem Sündenfall bestanden hat? Weiß der Mensch vom authentischen Sein?

DER MENSCH WEIß VON DER URSPRÜNGLICHEN ORDNUNG. Dieses Wissen manifestiert sich im Christentum, in den Veden, im Tao, in der Orphik, der Kabbala, aber in irgendeiner Form wird es in jeder uralten Tradition bewahrt. Dieses Wissen ist der eigentliche Inhalt der heiligen Bücher. Die Tradition ist kein Mythos und keine Religion. Die Tradition ist ein Wissen um die Grundhaltung, um die am Anfang der Zeiten begangene Sünde und um die Wiederherstellung der Grundhaltung, also die Wiedergutmachung der Sünde.

SECHSTENS: Die Wiederherstellung der Grundhaltung ist keine psychologische, gesellschaftliche, biologische, religiöse, philosophische, sondern eine einfache, konkrete und unmittelbare Aufgabe der Existenz.

1. Das Schuldbewußtsein wach halten; die Wiedergutmachung ist verbindlich für alle. Möge jeder von der Erbsünde der Menschheit soviel abarbeiten, wie er nur vermag, und zwar wie die hinduistische Tradition sagt *ihamutrarthaphalabhogaviragah* – ohne die geringste Hoffnung auf eine Belohnung im diesseitigen oder im jenseitigen Leben. Eine Erlösung von der Sünde gibt es auf der menschlichen Ebene nicht; möge jeder der Erlöser aller anderen sein; Bodhisattwa, Sufi, Chassid, Evangelium.

2. Die Grundhaltung muß in allen Einzelheiten aufgedeckt und erkannt und das ursprüngliche, normale Sein jenseits des geschichtlichen Seins bewußt gemacht werden; eine theoretische Arbeit.

3. Aus der Geschichte heraustreten, den *status absolutus* in einer vom Ingrimm der Zeiten freien Leidenschaftslosigkeit verwirklichen (eine authentisch geistige, brahmanische Aufgabe).

Jede Regung ist zu akzeptieren, die im Dienste der Renormalisierung steht; Religion, Kunst, Denken.

Jede Regung ist abzulehnen, die der Wiederherstellung der ursprünglichen, normalen Haltung zuwiderläuft (der Unglaube des Priestertums, der Verrat der Wissenschaft, die Lüge-Gewalt-Ausbeutung der Politik).

Universell (Einheit von Persönlichkeit und Gemeinschaft), existentiell (Identität von Gedanke-Wort-Tat).

Die brahmanische Existenz steht diametral entgegengesetzt zur Geschichte.

Gottes Vesper

Der Juni ist der rote Monat. So wie der Mai der grüne und der August der goldgelbe sind. Im Juni blüht der Mohn. Das rote Pfingsten, wenn der Heilige Geist in Form eines roten Flämmchens auf Erden erscheint. Der Monat der roten Früchte, Kirsche, Sauerkirsche, Erdbeere, Himbeere, Johannisbeere. Und worüber man gar nicht genug staunen kann, es ist kein gieriges, wild gewordenes Rot. In diesen Früchten ist nichts Herausforderndes, im Gegenteil, sie sind lauter Gelächter. Heiter und kinderrot ist sie, diese Farbe der ersten Natur des Jahres.

Man muß sie im Juni essen. Man berechne für etwa ein halbes Kilo völlig reife Erdbeeren zwölf bis fünfzehn Dekagramm Puderzucker. Nach allgemeiner Ansicht ist es am besten, die Früchte und den Zucker zu schichten und die Erdbeeren ein wenig zu öffnen, damit sie reichlicher Saft lassen. Anschließend gebe man zwei Dezigramm Sauerrahm dazu. Die Menge kann auch etwas mehr oder weniger sein, je nach Geschmack. Man hüte sich vor Übertreibungen. Viele bevorzugen Süßrahm, aber diese Menschen mißverstehen das Wesen der Speise. Der Juni ist nicht der Monat des durchdringenden Zuckers, sondern der leicht frischen und mäßig säuerlichen Früchte. Die Verwendung von Süßrahm ist ein Irrtum. Später zu den Erdbeeren am Monatsende ist er schon erlaubt, und es gibt Leute, die zu Himbeeren, vor allem zu einem frischen, als Beigabe zum Milchreis bereiteten Himbeerkompott ausschließlich Süßrahm zu essen bereit sind. Das gehört sich so. Aber Süßrahm zu Erdbeeren zeugt von einem mangelhaften Geschmack. Ein mangelhafter Geschmack führt zu einem mangelhaften Urteilsvermögen und dieses zu einer mangelhaften Lebensordnung, daher ist so etwas zu vermeiden.

Die Art der Zubereitung kann so aussehen, daß man eine Schicht Erdbeeren, eine Schicht Zucker und eine Schicht Sauerrahm übereinander legt und die Früchte nur ganz leicht öffnet. Manche lassen die Frucht heil und gießen den Sauerrahm darüber, damit er nach unten durchsickert, den Zucker auflöst und den Erdbeeren den Saft entzieht.

Am Boden des Gefäßes sammelt sich ein rosarotes Getränk, und nachdem man die Erdbeeren gegessen hat, sollte man es am besten nicht auslöffeln, sondern so wie es ist austrinken. Das ist der perfekte Abschluß der Vesper.

Der gefallene Mensch stellt die mit Sauerrahm übergossenen Erdbeeren in den Kühlschrank und kühlt sie auf unnatürliche Weise ab. Dagegen ist strengstens zu protestieren. Früchte verlieren unter einer bestimmten Temperatur genauso von ihrem Geschmack wie der Wein. Das richtige Maß ist die Kellertemperatur, oder, was auf dasselbe hinausläuft, man läßt das Gefäß, ein Gefäß aus Ton wäre eigentlich ideal, Metall ist zu verschmähen, in einen Brunnen hinunter und läßt es einige Stunden dort. Am Morgen frisch gepflückte Erdbeeren sollte man am besten am Vormittag, etwa vormittags um zehn zubereiten und bis nachmittags um drei, halb vier an einem kühlen Ort aufbewahren. Denn die klassische Zeit für den Verzehr von mit Sauerrahm übergossenen Erdbeeren ist gegen halb vier, also wenn die Mittagshitze schon nachgelassen hat und die Luft allmählich milder wird. Um diese Zeit verspeist der Herrgott, nachdem er von seinem Nachmittagsschlummer erwacht ist, die Erdbeeren zur Vesper. Man bringt sie ihm auf die schattige Terrasse, ein Walnussbaum neigt sich über den Tisch, dort verspeist er sie mit einem kleinen Löffel, bevor er sich in die Weingärten zurückbegibt. Denn der Herrgott verrichtet, falls es jemand noch nicht weiß, die höchste Arbeit auf Erden, die des Winzers. Nach der Vesper steckt er sich mit ruhigem Magen und Gemüt die Rebschnur in den Gürtel, die Astschere in die Tasche, ergreift die Hacke und geht zu den Weinstöcken, um die unregelmäßigen Seitentriebe zu stutzen, die gelockerten Reben zurechtzurücken und, wo er es nur findet, das Unkraut auszuhacken.

Tanguy oder die Mystik der Logistik

Kunsttheoretiker, und zwar nicht gerade die schlechtesten, behaupten, daß ein Großteil der Maler, und zwar gerade der besten, ihr ganzes Leben lang, wenn auch in zahlreichen Varianten, ein einziges Bild malen. So wie auch die Musiker und Dichter ein einziges Werk schreiben. Zweifellos deshalb weil ein bedeutender Künstler nie ein Bild malt oder eine Sonate schreibt, sondern das einzige Werk schafft.

Im Fall Yves Tanguys erkennt das auch ein Laie sofort. Tanguys Bilder sind ganz gewiß keine Porträts noch Stilleben noch Genrebilder, eher wie Landschaftsbilder, jedenfalls was ihre Perspektive betrifft. Die Landschaften sind unbekannt, ja fremd; Malraux würde sagen, diese Bilder wollten als authentische, künstlerische Schöpfungen keine Beziehung zur Realität unterhalten.

Vorne im Bild nehmen Formationen Platz, man ist versucht, sie für Instrumente unbekannten Zwecks zu halten, die, halb Wesen, vielleicht Tang, womöglich nur Fetzen, infolge einer seltsamen Metamorphose ihren biologischen Charakter verloren, das Lebewesen, die Maschine und die Geometrie miteinander verschmolzen haben. Jedenfalls stehen sie bis zu einem gewissen Grad außerhalb jenes Bereiches, den wir Leben nennen.

Der Lebensinstinkt spielt im Bereich des Lebens wahrscheinlich dieselbe Rolle wie die Schwerkraft in der Physik; er ist die am schwersten zu überwindende Trägheit. Eine Trägheit, die sich als eine nicht abstellbare Aktivität bemerkbar macht. Eine Trägheit, die das Ganze hier in Bewegung hält.

Auf Tanguys Bildern scheint diese Trägheit verschwunden zu sein; als gäbe es auf diesen Bildern keinen Lebensinstinkt oder als befände er sich ganz woanders als auf anderen Bildern. Denn auf diesen Bildern gibt es keine Bewegung. Die Natur der sichtbaren Objekte ist vollkommen fiktiv, sie stehen unbeweglich da, eingeschlossen in ihre eigene, gesonderte Wirklichkeit, in absoluter Ruhe. Aber wenn die Dinge fiktiv sind und auch die Ruhe fiktiv ist, gewinnt die Existenz eine unwiderstehliche Überzeugungskraft, und diese Hyperrealität wird auch für den faszinierend, der von der Sache ansonsten nichts versteht. Die Darstellung ist nicht regelmäßig, und doch überwältigend exakt; jedes Gemälde hat auch etwas von einem Foto, und wenn nur seinen absurden Charakter (Breton). Als wäre dieses Etwas hier gar nicht das bloße Ding an sich (das Urbild des Objekts, das Etwas), etwa die Tatsache als Tatsache, sondern die Definition des Dinges als logischer Akt. So etwas gibt es in der Kunst erst seit kurzem: Kandinsky bezeichnete Schönbergs Musik zu Beginn des Jahrhunderts als bloßen Kopfakt. Und dieses Ding an sich, diese Definition der Dinge steht in einer Perspektive, von der jeder, der je ein Bild von Tanguy gesehen hat, weiß, daß so etwas nur weit außerhalb der Erdsphäre, in der nur in Lichtjahren zu messenden Sternenwelt möglich ist, wenn überhaupt. Deshalb taufte Jean Marcel Tanguy den Maler der Milchstraße. Sterile Monumentalität, so wie wir uns den Kosmos jenseits der Erde vorstellen. Eine Welt, die sich von jeder bisherigen Sicht der Welt in der Malerei unterscheidet.

Auf Tanguys Bildern herrscht Bewegungslosigkeit und Stille. Das ist seltsam, denn moderne Bilder sind außergewöhnlich musikalisch, die Geschichte kennt keine Malerei, die musikalischer als die gegenwärtige wäre. Auch Tanguys Bilder sind in höchstem Maß musikalisch, doch so unbeweglich sie sind, so lautlos sind sie auch. Auf manchen Bildern (vor allem auf den großen, blauen Leinwänden) ist ein einziger taub und matt verschwimmender Laut zu hören, der in dem unermeßlich leeren Raum gar nicht erhallt, sondern eher nur widerhallt wie ein fernes Gedröhn im Nebel, nachts am Meer. Soviel scheint vom kolossalen Höllenlärm des Lebens geblieben zu sein. Die meisten Bilder sprechen jedoch nicht einmal soviel, sie sind stumm, nur für sich, wie sich das für echte Bilder gehört. Nichts anderes. Es sind zweifellos die stummsten Bilder, noch stummer als die der Ägypter.

Der Inhalt von Tanguys Malerei ist die zur Ruhe gekommene Spannung. Die Spannung ist wahrscheinlich das wesentlichste Existenzial unseres Lebens, denn wie allgemein bekannt sucht der Mensch nicht das Gute, den Genuß, die Wonne, sondern unter allen Umständen, ohne Rücksicht auf Freud oder Leid stets die Spannung. Deshalb steht nicht der Ehrgeiz, die Fortpflanzung, das Streben nach Neuem, nach

Macht, nach Reichtum im Mittelpunkt unseres Lebens, sondern der Hunger des Lebens nach sich selbst, den man neuerdings als Libido bezeichnet. Auf Tanguys Bildern ist die Spannung auf den ersten Blick noch nicht sichtbar. Und dennoch ist sie voll und ganz da, nur ist sie nicht mehr das, was sie war, als sie noch Spannung war, sondern in neuer Gestalt, gezügelt und zum Verstummen gebracht. Jegliches Zittern hat aufgehört. Die mächtigste Kraft im Leben ist der Hunger nach Leben, nur eines ist noch mächtiger: die Zügelung dieses Lebenshungers. Das größte Feuer ist das Feuer des Lebens, noch größer ist nur die Zügelung des Lebensfeuers. Das ist es, was die Kathaka Upanischade *tapas* nennt. Das Feuer der Selbstbeherrschung. Die Dinge brennen, aber nicht mehr im Feuer der Libido, sondern der Selbstverleugnung; der Mensch brennt, aber nicht mehr im Feuer der Spannung, sondern der Überwindung der Spannung. Bei Tanguy ist der Akt der Zügelung kein Yoga, keine Askese, kein Verzicht auf Leben und keine Selbstverleugnung, sondern ein Akt des erkennenden Verstandes des Künstlers.

Tanguys Gemälde ist der Augenblick, in dem der Mensch die Mächte der Spannung überwunden und kein Verlangen mehr nach Reizen hat. Die Spannung möchte alles betasten und kosten, und wenn es schon nicht möglich ist, das Ganze zu verschlucken, dann wenigstens anzuschlecken. Aber es gibt auch eine höhere Spannung, nämlich die Lebensgier zu überwinden. Deshalb herrscht auf den Bildern Grabesstille und eine grandiose Öde.

Nicht als ob Tanguy mit seinem eigenartigen Ehrgeiz, die Libido zu liquidieren, alleine stünde. Auf diesen Bildern erkennt man die Merkmale einer zwar nicht alten, aber seit einiger Zeit in immer stärkerem Ausmaß auftretenden, neuen Lebenstechnik. Deren Merkmale ähneln sich in den unterschiedlichen Künsten, im Denken, auch in einigen Wissenschaften.

Die Künstler, Baudelaire war fast sicher der erste, schienen entdeckt zu haben, daß die Libido-Kunst nicht befriedigend ist. Als Libido bezeichnen wir den vollkommen blinden Hunger des Lebens nach sich selbst; als Libido-Kunst bezeichnen wir jene Kunst, die den Hunger nach Leben arglos als das einzige Faktum des Lebens akzeptiert, von anderen Möglichkeiten keine Ahnung hat und den Lebenshunger rühmt.

Eine solche Lebenskunst beinhaltet meist die Tugend des Struggle for Life, suggeriert also eine Haltung, die einen günstigen Einfluß auf den Menschen im sogenannten Kampf ums Dasein hat. Diese Kunst hat stets einen teils narkotisierenden, teils therapeutischen Charakter, wirkt aber in jedem Fall wie Doping. Kunst hat demnach die Funktion, das Leben schöner zu machen. Deshalb geht es hier um den im Leben errungenen Triumph, den Sieg der Wahrhaftigen, die Bestrafung der Bösen, und die Liebenden werden glücklich. Wichtig ist, daß jeder im Leben ein Plus macht. Es ist gut, wenn sie den Menschen kampffähiger macht, aber zumindest soll sie die Verdauung günstig beeinflussen. Zu loben sind die Instinkte und alle in den Bereich der biologischen Realität gehörenden Vorstellungen wie Liebe, Moral, Kommunität, Familie, Heimat, Volk, Klasse. Das ist der Bereich der vegetativ-animalisch-sozial-kulturellen Realität. Diese Kunst als Ganzes beansprucht kein höheres Niveau als das biologische Leben und tut so, als verlaufe unser Leben störungsfrei in horizontalen Wellenbewegungen und als gäbe es gar nicht die vertikal emporragenden Fragen der Menschen.

Die Entdeckung des modernen Künstlers bestand darin, daß ein solches zur Sphäre der Libido-Kunst gehörendes Werk einer ästhetischen Bewertung gar nicht unterzogen werden kann. Sein Fragengeflecht, ob es irgendeine Lebensstörung beseitigt oder etwas verschwinden läßt, Flucht bietet oder etwas verbirgt, womöglich einen Mangel ersetzt oder eine Sehnsucht ausdrückt, dient immer und ausnahmslos nur, um seinen Lebenshunger zu stillen und ihm zu mehr Leben zu verhelfen. In ihrer naiven Form als Kinderzeichnung oder -vers, als Studentendichtung, als Frauentagebuch erhebt ja die Lebenskunst keinen künstlerischen Anspruch. Aber es ist eine Tatsache, daß wir ständig mit Tausenden solcher dem Lebensinteresse entsprungenen Romane und Gemälde, Gedichte, Dramen und Plastiken und Musiken überflutet werden. Das ist ein Ausdruck des Lebensinteresses, also der reinen Libido-Funktion auf Seiten des Künstlers und der Libido-Befriedigung auf Seiten des Publikums. Letztlich eine streng private Angelegenheit. Bleibt es im Sekretär, wo es hingehört, gibt es auch keine Probleme. Aber tritt es mit einem Kunstanspruch auf, zeigt sich bald, daß es lediglich ein klinischer Befund ist, bestenfalls eine biographische Illustration, die von Träumereien und Verletzungen berichtet, aber immer nur deshalb entstanden ist, damit der Verfasser durch sie sein Recht auf mehr Leben begründen kann.

Das alles ist natürlich nicht Aufgabe der Kunst, sondern der Psychologie. Die Psychologie befaßt sich mit den Gefühlen, mit Sehnsüchten und Verletzungen und Träumereien, mit den Defiziten und Empfindsamkeiten der Seele. Für die Psychologie bildet ein solches Werk die Grundlage zu einer Diagnose; die Charakterologie kann viele Merkmale feststellen; die Therapie kann bestimmte psychotische Typen entdecken und Vorschläge zu ihrer Heilung machen.

Eine solche Äußerung mag interessant, ja spannend, originell, sogar extravagant, in den meisten Fällen auch begabt sein. Sie kann vieles sein, aber eines nicht: sie kann keine Kunst sein. Damit ein Werk Kunst ist, reicht auch eine noch so glänzende Begabung nicht aus. Der Künstler muß eine Schwelle überschreiten, und zwar muß er den Hunger des Lebens nach sich selbst überwinden und aufhören, den Lebenshunger zu verherrlichen. Jedes echte Leben beginnt mit einer höheren Kontrolle seines Selbst. Was davor ist, zählt nicht, ist Unreife. Die Schwelle, die überschritten werden muß, ist die Beseitigung der Libido.

Es wird behauptet, daß die Kraft, die die Libido zügelt, kontrolliert und dem Hunger des Lebens nach sich selbst eine Grenze setzt, sich von der Libido nicht unterscheidet. Eigentlich handele es sich auch bei ihr um die gleiche Libido, nur wirke sie auf einer höheren Ebene wie eine auf sich selbst bezogene Funktion. Diese Ansicht wird von ganzen Schulen vertreten. Sie lehren, daß die Libido mit einer gewissen Disziplin gegen sich selbst gerichtet werden kann, so daß, selbst wenn ein Teil von ihr Lebenshunger bleibt und weiterhin mit blinder, elementarer Kraft den Instinkten dient, ein anderer Teil frei und zur Selbstkontrolle wird. Das ist die Grundlage des Yoga. Es hängt vom Menschen ab, wohin er den Großteil seiner Libido streut, in die Libido oder in die Zügelung des Hungers.

Andere Schulen lehren, daß der blinde Hunger des Lebens nach sich selbst nicht von der Libido, sondern ausschließlich von einer qualitativ höheren Kraft (spiritus, pneuma, Geist) gezügelt werden kann. So lehren es die Upanischaden. Tapas, das Feuer der Entsagung, ist etwas fundamental anderes als der Lebenshunger, da es nicht blind ist, sondern sehend und wach, Licht, sich nie mit dem Feuer des Lebens vermischt und auch nicht damit verwechselt werden kann.

Der Ehrgeiz der modernen Kunst besteht darin, die Schwelle der Libido zu überschreiten; sie möchte Werke schaffen, die nicht das biologische Lebensbedürfnis befriedigen und blinde Lebensverherrlichung zum Inhalt haben. Jede wirkliche Existenz beginnt mit einer höheren Kontrolle ihres Selbst. Kunst zu schaffen ist kein Genuß. Chaque œuvre est un exemple de renoncement – jedes Werk ist ein Beispiel für Entsagung. Es ist nicht möglich, blindlings für die Erregungen zu leben und Kunst zu schaffen. Nach dem Überschreiten der Schwelle hört der Wirkungskreis der Psychologie auf; was sich psychologisch entschlüsseln läßt, ist keine Kunst. Kunst stellt sich nicht in den Dienst von Lebensinteressen. Je ne veux rien d'humain (Mallarmé). Ich will nichts Menschliches. Was die Libido hervorbringt, kann durchaus bedeutsam sein als ein emotionales, moralisches, weltanschauliches, nationales oder politisches Ideal in der animalisch-sozialen Welt, aber als Kunst kommt es gar nicht in Betracht. Die Kunst stellt die Realisierung einer über dem Leben stehenden Ordnung dar, die mehr als die Natur, die Welt, das Leben ist.

Deshalb gibt es auf Tanguys Bildern keine Spannung. Als gäbe es keinen Lebensinstinkt. Kein psychologischer Befund. Faszinierende Bewegungslosigkeit. Keine Sehnsucht, keine Leidenschaft, keine Emotion, keine Verwicklung, kein Mangel, Ersatz, Instinkt, Hunger. Das alles blieb vor der Schwelle. Hier gibt es nichts als die exakte Definition der Archetypen der Dinge. Intérieur métaphysique, wie man sagt. »Reine Gehirntätigkeit«. Der Lärm hat aufgehört. Die Träume sind destilliert. In die Realität der klaren, logischen Ordnung gehoben und durchleuchtet. Das bleibt. Das ist die verlockende und furchteinflößende Vision, kein bißchen vertraut noch beruhigend, eher eine gespenstisch unterkühlte Atmosphäre, keine Mißverständnisse, denn es kommt nur darauf an, klar zu sehen.

Der eigenartige Prozeß, der sich in der modernen Kunst als konsequente Antipathie gegen das Leben manifestiert, steht nicht oder kaum im Zusammenhang mit dem Widerstand gegen die Gesellschaft. Daß sich die Kunst in keinerlei Form der modernen Gesellschaft bemächtigt, ist mehr als natürlich, aber darauf kommt es hier nicht an. Kunst ist keine Gesellschaftskritik und war nie in irgendeiner Form eine Revolte gegen die Welt. Der Künstler steht nicht in Opposition zum subexistenten (unter der Türschwelle lebenden) Menschen, sondern verrichtet eine erkennende und verwirklichende Tätigkeit, die grundsätzlichere Seinsgesetze (Wert, Proportion, Ordnung, Maß, Rhythmus) festlegt als die des sozialen Alltags. Von fern mag das wie ein Antagonismus zur Welt anmuten. Der Sinn der Liquidierung des Lebenshungers in der Kunst besteht jedoch darin, daß der Künstler die Gesetze der endgültigen Weltordnung findet und diese endgültige Welt in seinem Werk verwirklicht. In der Kunst geht es nicht in erster Linie um die Ablehnung des sozialen Alltags, sondern darum, daß sich der Künstler im Gegensatz zum sozialen Alltag auf ein hyperexistentes Sein beruft.

An diesem Punkt weist die Kunst eine gewisse Verwandtschaft zur Religion auf. Wir wissen, daß die Religion seit Jahrtausenden in beharrlichem und konsequentem Widerspruch zur sozial-biologischen Lebensordnung steht. Das geschieht natürlich nicht auf emotionaler Basis, sondern im Besitz eines höheren Wissens. Die Welt und die Religion haben sich nie geduldet. Wir wissen auch, worin die Religion recht hat und worin nicht. Dennoch ist die Haltung der Kunst nicht mit der der Religion zu verwechseln, denn obwohl sich auch die Kunst auf eine höhere Lebensordnung als die weltliche beruft, lehnt sie die Welt nie ab und verwirft sie nie, sondern durchleuchtet und ordnet sie, die Kunst schafft sozusagen aus der vegetativ-sozialen Welt eine musische Welt.

Seitdem Rudolf Pannwitz den Begriff des Musischen entdeckt und geklärt hat, besteht kein Zweifel mehr darüber, daß alles, was Mathesis und Geometrie, Architektur und Musik, Dichtung und Metaphysik genannt wird, auf demselben primordialen Ordnungsprinzip beruht. Es gibt, wie Valéry schreibt, eine attitude centrale, eine zentrale Haltung des menschlichen Verstandes, die einem, hat man sie einmal erreicht und angenommen, sowohl jede Weise von Erkenntnisversuch als auch jedes künstlerische Verfahren ermöglicht. Die musische Haltung ist diese attitude centrale; eine Haltung, die auf der Zügelung des blinden Hungers des Lebens nach sich selbst basiert. Gelingt es dem Menschen, die Libido zu zügeln, kann er die attitude central verwirklichen, und auf diese Weise eröffnet sich ihm die Möglichkeit, die hyperexistente Welt kennenzulernen. Die musische Haltung ist jedoch nicht nur Grundlage der Erkenntnis und des künstlerischen Strebens, sondern auch der Moral und der Religion und jeder Art von Lebensordnung, die ein Wissen über die endgültige Ordnung der Welt und der menschlichen Existenz hat und sich bemüht, diese endgültige Lebensordnung zu verwirklichen. Das, was wir die musische Welt nennen, ist die Anamnese der absoluten, das heißt ursprünglichen Welt, und deshalb ist es möglich, daß jede Art hohe Kunst, Moral, Religion zu allen Zeiten und in allen Völkern etwas Identisches beinhaltete, und das ist das Urbild der primordialen Welt.

Es hat nicht einmal in der Malerei begonnen. Baudelaire und Manet waren Zeitgenossen und verursachten ihre Skandale etwa zur gleichen Zeit. Das Bild begannen sie so zu definieren: »Eine ebene Fläche, die in einer bestimmten Ordnung von Farben bedeckt wird.« Diese Definition war eine Kriegserklärung. Der Akademie standen die Haare zu Berge. Es stellte sich heraus, daß die Malerei nicht mehr den Anspruch erhob, eine Abbildung der Dinge zu sein. Über den seit den Griechen gültigen Grundsatz, wonach die Kunst die Natur abzubilden habe, schüttelten die Künstler nur noch den Kopf. Die Präraffaeliten behaupteten, daß wir das Muster für die Einrichtung unserer menschlichen Existenz nicht der sogenannten Wirklichkeit, sondern der Kunst (der musischen Weltordnung) entnehmen, um so mehr, je höher unsere Existenz ist. Die Kunst transportiert übernatürliche Kräfte. Sie ist keine Nachahmung, sondern die Realisierung einer höheren Ordnung als der materiellen Welt. Die Dichtung stellt eine Konstruktion von Sätzen dar, die den absoluten Logos zitieren. Ein Gedicht ist das, was die Worte in ihrer wahren Bedeutung gebraucht. Nicht nur jetzt, das war schon immer so. Seit Baudelaire und Manet sind hundert Jahre vergangen, die Theorie hat sich erweitert, und sie lehrt, daß der Anfang der Kunst darin besteht, daß jemand über die Werte der Leidenschaften und der Instinkte hinausgeht. »Sie hat keinerlei Bezug zu dem, was als Wirklichkeit bezeichnet wird.« Die Kunst durchleuchtet und ordnet und erhöht die Wirklichkeit. Erhöht sie wodurch? Durch ihre Inspiration. Was ist die Inspiration? Eine Beziehung zu jenen übernatürlichen Wesen, die das orphische Griechentum Musen genannt hat. Die Muse transportiert die Kräfte des höheren Seins.

In der Mitte des letzten Jahrhunderts schuf eine Gruppe englischer Dichter, Maler und Theoretiker eine theoretisch fundierte Lebensordnung, die der ständig zunehmenden Verlotterung des industrialisierten Menschen Einhalt gebieten sollte. Das war der Bund der Präraffaeliten, der Ort der ersten bewußt musischen Haltung in jüngster Zeit, wo man erkannt hat, welch verderbliche Macht die Geschmacklosigkeit auf das Leben ausübt, daß sie identisch ist mit der Immoralität beziehungsweise damit, was die Religion Sünde nennt. Der Bund versuchte, den Geschmack wieder zu etablieren. Die Dichter druckten ihre Werke auf selbstgemachtes Papier, mit eigenen Buchstaben, sie webten den Stoff ihrer Kleider, ihrer Wäsche selbst, nahmen nur handgemachte Möbel an und lehnten alle Arten von Fabrikprodukten ab. Der Bund der Präraffaeliten wollte die erste Zelle einer musischen Gemeinschaft sein, die die künstlerische Lebensordnung auf das ganze Gebiet der Kommunität ausdehnen, eine Art menschliche Bruderschaft und die richtige Verteilung der Güter im Sinne der sozialen Gerechtigkeit verwirklichen wollte.

Nach Ansicht der Präraffaeliten muß sich der Mensch die Vorstellung abgewöhnen, daß diese Welt hier die Wirklichkeit sei. Die Natur ist unvollkommen, die Geschichte ist phantasielos, die Realität unbeholfen. Der Mensch ist im Besitz eines Wissens und einer Macht, die in der Lage sind, die Ordnung der absoluten Existenz zu erkennen und die Welt darauf aufzubauen. Daß es bisher stets mißlungen ist, ist noch kein Argument gegen diese Auffassung. Das Humane erkennt man daran, daß die Idee, von der es geleitet wird, ihren Ursprung stets jenseits der Natur hat. Kunst ist die bewußte Erhöhung der Welt, damit der Mensch das endgültige Universum erschafft. Die Objekte der Kunst sind nicht aus der Welt, so wie auch die Werte des menschlichen Lebens nicht aus der Welt, sondern aus dem höheren Sein sind. Diese Werte waren von Anfang an vorhanden und sind es noch, man muß sie nicht entdecken, sondern nur ablesen. Diese von Anfang an vorhandene Wirklichkeit, die in jedem Menschen lebt, an die er sich ohne Unterweisung erinnert und die er wiedererkennt, ist die absolute (musische) Welt. Die musische Welt ist jedoch keine Gegenrealität zur Natur, sondern eine davon unabhängige hyperexistente Wirklichkeit. Die Verbindung, die zwischen dem menschlichen Verstand und der ursprünglichen Realität besteht, ist keine Phantasie und keine Träumerei, sondern der reine Zustand des Verstandes. Rein, da nicht verwirrt durch die vegetativ-soziale Welt und ohne Libido. Von jenem

Augenblick an, als der Mensch in der Lage ist, seine Sehnsüchte und Leidenschaften, sein Verlangen und seinen Hunger zu zügeln und sich auf die höhere (von Lebensgier freie) Stufe des Seins zu erheben, wird sein Leben von dieser Gereinigtheit des Verstandes gelenkt. Die menschliche Existenz, so wie sie in der Natur, der Geschichte und der Gesellschaft vorzufinden ist, ist nichts als der Egoismus der Verzweiflung. In dieser Sphäre sind alle Gedanken und alle Tätigkeiten notwendigerweise falsch. Der Egoismus ist eine Haltung der Verirrung. Kampf ums Dasein. Sozialer, biologischer, vegetativer Lebenskreis. Die Grundlage der musischen Ordnung ist die Zahl. Das Musische ist die auf die Mathematik reduzierte Rechtgläubigkeit. Rhythmus, Proportion, Ordnung, Maß, sie alle beruhen auf der musischen Zahl. Sie alle sind Erfordernisse der Systematisierung der höheren Welt. Das Musische ist die absolute Musik der Dinge. Die musische Welt ist die Welt der Matrizen des Seins.

Die Moderne kennt auch einen anderen musischen Bund. Stefan Georges Kreis, der die kunstrelevante Theorie der Präraffaeliten nicht verändert, sondern sie bestätigt und auch noch mehr dazu zu sagen hat. Die Trennung zwischen Mensch und Werk ist untersagt. Das Werk verpflichtet. Die Identität von Wort und Tat ist die erste Voraussetzung der musischen Existenz. Dort wo eine Abweichung zwischen Leben und Werk besteht, handelt es sich nicht um Kunst, sondern darum, daß sich der Lebenshunger durch Techniken kaschiert, die er der Kunst entnommen hat. In diesem Fall läßt sich das Werk nicht nach musischen Gesetzen messen, es handelt sich bloß um Libido-Kompensation, also um einen psychologischen Befund, der wie die Kunst von Halbwüchsigen oder Geisteskranken zu behandeln, einem ästhetischen Urteil nicht zu unterziehen ist.

Eine konstante These der modernen Kunst ist, daß die moderne Dichtung nicht Dichtung im Sinn der alten Poetik, sondern sozusagen Dichtung der Dichtung (metapoiésis) ist, und auch die moderne Malerei eine Malerei der Malerei, die Musik eine Musik der Musik ist. Die eigenartige Formulierung bedeutet, daß sich die Orientierung der Dichtung verändert hat. Sie will sich nicht mehr mit Erotik und Natur, Familiensinn, Heimat, Religion, kollektivem Gefühl und dergleichen beschäftigen, und die Malerei möchte nicht mehr Stilleben und Landschaftsbilder und Porträts malen, mit anderen Worten die

Kunst hält sich nicht für den Schilderer der sozial-psychologischen Welt. Sie hat die sogenannte Realität, die nicht schon vor den Künstlern da war und die ohnehin nur Symbolik war, eliminiert und duldet keinen Lebensinstinkt mehr im Werk. Die Kunst hat eine unmittelbare Verbindung zur hyperexistenten (musischen) Welt hergestellt und bietet ihre Wirklichkeit ohne die Symbole der natürlichen und sozialen Welt dar. Deshalb spricht man von reiner Dichtung (poésie pure), reiner Malerei und reiner Musik. Der moderne Künstler stellt die Wirklichkeit nicht anhand eines Waldes oder eines Gesichts dar, sondern durch Weglassen der Natur. Die Gegenwart der Natur in einem Werk ist nichts anderes als die Gegenwart der blinden Lebensgier. Und er ist nicht bereit, irgendeine Art Lebensgier (Libido) im Werk zu dulden. Die Kunst ist die Vergegenwärtigung der musischen Welt. Alles andere geht sie nichts an. Früher war die Kunst die Apotheose des Lebens; das ist jetzt vorbei. Die Kunst ist kein Genießer des Lebens. Das, was im Werk Gestalt annimmt, läßt sich sozial, biologisch oder psychologisch nicht interpretieren, weil es zu dieser Wirklichkeit keine Verbindung hat. Die Kunst ist kein Verherrlicher des Lebens und kein Genießer des Lebens. Auch das Kunstschaffen selbst ist kein Genuß, sondern eine intensivere Lebenstechnik als der Genuß, eine, die gerade den Austritt aus dem sozial-psychologischen Leben voraussetzt. Das Kunstwerk ist eine höhere Stufe der Todesbereitschaft oder, was dasselbe ist, die unmittelbare Teilnahme an einem höheren Sein als dem weltlichen Leben des Menschen.

Außer in der Kunst erwachte das musische Bewußtsein am Ende des vergangenen Jahrhunderts auch in einigen Wissenschaften, am offenkundigsten in der französischen critique de la science. Diese Schule, allen voran Poincaré, später Le Roy und Meyerson und andere, hielt die beschränkten Theorien des wissenschaftlich nicht fundierten, sogenannten Positivismus für unerträglich. Sie verlangte eine Wissenschaftlichkeit, die nur Thesen mit korrekter Grundlage (offenem Axiom) Glauben zu schenken bereit war. Poincaré begann die Frage der verborgenen Axiome an der empfindlichsten Stelle zu erörtern, nämlich in der Mathematik. René Guénon perfektionierte diese Methode später in seinem Buch über die Infinitesimalrechnung und durchleuchtete den verborgenen, weltanschaulichen Hintergrund der ganzen, neuzeitlichen Mathematik. Die Wissenschaftskritik erfaßte bald das ganze Feld der Naturwissenschaften, und viele kamen zum Schluß, daß mit wenigen Ausnahmen alle Disziplinen mit uneingestandenen Hintergedanken operierten. Die Axiome der positivistischen Wissenschaft dienten verborgenen Lebensinteressen, diese stünde als Ganzes nicht im Zeichen der Wahrheit, sondern der Libido. Die Wissenschaft in ihrer positivistischen Form wäre gar keine Wissenschaft, sondern ein von Zeitalter und Gesellschaft determiniertes, sozial-geschichtliches Produkt, das nicht die Wahrheit suchte, sondern die momentane Lebensordnung bestätigte. Diese Feststellung gilt für fast alle wissenschaftlichen Ergebnisse des neunzehnten Jahrhunderts. Die critique de la science war die erste Schule in der Moderne, die verlangte, daß die wissenschaftliche These nicht Ausdruck sozial-biologischer Instinkte sei, sondern die Gesetzmäßigkeiten einer interesselosen, über dem Leben stehenden Realität formulieren solle. Als unmittelbare Folge der französischen Wissenschaftskritik wurde die reine Logik begründet, die die Erfordernisse eines korrekten, wissenschaftlichen Denkens ein für allemal kodifizieren sollte. Der Suche nach der Wahrheit müsse die Durchleuchtung jeder Art verborgener Voraussetzung vorausgehen. Soziale, psychologische, geschichtliche oder sentimentale Vorlieben hätten in der Wissenschaft keinen Platz. Der menschliche Verstand sei in der Lage, über das Leben hinauszugehen. Und die Aufgabe des Verstandes bestünde nicht darin, dem Leben zu dienen, sondern gerade darin, die Lebensinstinkte im Interesse der Erkenntnis eines höheren Seins zu zügeln.

Die moderne Kunst und die Wissenschaftskritik haben aufgedeckt, daß der ganz in seinen Alltag versunkene Mensch in einer eigenartigen Verkrampfung lebt; er ist nicht fähig, in dieser Atmosphäre des sozialen Alltags aus der blinden Gier des Lebens nach sich selbst herauszutreten, er hat in dieser Sphäre allein und ausschließlich und einzig von seiner biologischen Existenz Wissen und kann es auch nur haben. Die moderne Kunst und die Wissenschaftskritik sehen, daß der Mensch mit seinem gerade in dieser Sphäre geminderten Verstand keinerlei Wirklichkeitserfahrungen machen kann. Der Hunger des Lebens nach sich selbst ist blind, und deshalb bemerkt der Mensch nicht, daß er inmitten existentieller Verirrungen und Lügen lebt. Wenn es der

Ehrgeiz des Künstlers und des Denkers ist, aus diesem subexistenten (unter der Türschwelle befindlichen) Leben herauszutreten, seine Existenz zu durchleuchten und authentisches Wissen von der Wirklichkeit zu erlangen, muß er sich gegen den Lebenshunger stellen und sich selbst aus der Verkrampfung des Lebens herauslösen. Der modernen Kunst und dem wissenschaftskritischen Denken gelang es, die Schwelle der Subexistenz zu überschreiten und die Ordnung einer substantielleren Wirklichkeit als die des Lebens zu erkennen. Deshalb mußten die moderne Kunst und das moderne Denken gegen das Leben Stellung beziehen, und dieser Haltung entsprangen die reine Malerei, die reine Dichtung, die reine Musik und die reine Logik der Moderne. Das alles geschah im Zeichen der Eliminierung des blinden, verborgenen Lebenshungers. Die moderne Kunst löste die im sozial-psychologischen Geflecht erlebte Verkrampfung des Menschen auf, und seitdem ist jedes Werk, das in der Welt des blinden Lebenshungers verharrt, als Kunst bedeutungslos, als Denken nichtig. Ein Werk, das den Lebenshunger befriedigt oder bestätigt, ist nicht als Kunst, sondern nur als irgendein gesellschaftlicher oder politischer oder psychologischer Akt anzusehen, der jenseits der ästhetischen Beurteilung steht; es läßt sich auf sozialer, psychologischer oder geschichtlicher, nicht jedoch auf künstlerischer Ebene bewerten.

Infolge der Entdeckung der musischen Welt vollzog sich eine Veränderung in der Bewertung von Kunst. Das Leben mit seinem geschichtlich-sozialen Einschlag ist ein kaum erträglicher Zustand. »Das Land des Wahnsinns ist das einzige in der Welt, in dem es sich zu leben lohnt, das menschliche Wesen ist so nichtig, daß nur das schön ist, was nicht ist.« Das sagt Rivière; die Kunst bietet stets unerwartete Hilfe, macht das Dasein im irdischen Leben absurd. Die Dichtung der Zahlen. Der Grundgedanke von Mallarmés Igitur: einen geistigen Akt durchzuführen, ohne daß der Mensch ein Mensch sei. Was irreal ist, ist ein Zeichen für Übernatürlichkeit und allein schon deshalb sympathisch (Surrealismus). Das Wichtigste an einem Werk ist das aufscheinende Blitzlicht der Logik. Reines Sein (l'être pure). Die Kunst duldet es nicht, an der Wirklichkeit gemessen zu werden. In dieser Atmosphäre ist eine Puccinioper das Produkt einer vor Geilheit stinkenden

Libido; die Lyrik ist ein Ozean von Sirup. Alles, worin keine höhere Realität als die des Lebens zum Vorschein kommt, ist von der Warte der Kunst aus gar nicht vorhanden. Als Gemälde läßt sich nur das bezeichnen, was keinen Tropfen Libido beinhaltet (Abstraktion). Dichtung ist das, woraus das Zufällige, Beschränkte und Unwürdige der Wirklichkeit entschwunden ist (Mallarmé). Eine musische Existenz ist jemand, der von Geometrie trunken, im Taumel der Exaktheit lebt. Zu einer beispielhaften Manifestation der ekstatischen Haltung des reinen Geistes zu Beginn des Jahrhunderts wurden zweifellos Bertrand Russells mathematische Logik sowie die daraus entstandene Logistik, die dem modernen Menschen durch radikale Durchleuchtung der verborgenen Voraussetzungen einen Ausweg aus den sozialpsychologischen Irrungen gesichert hat. Die mathematische Logik ist unvorstellbar ohne die Kunst und die Dichtung, die ihr vorausgingen, so wie auch die Kunst und die Dichtung nach der Logik ohne die Logik unvorstellbar sind. Es geht um eine Stufe der Bewußtheit, die Kunst und Denken zugleich, gleichzeitig und sich gegenseitig fördernd, und wenn auch voneinander unabhängig, so doch bei gegenseitiger Wechselwirkung, parallel, einander kreuzend, und wenn auch nicht immer von einander wissend, so doch einander stets erahnend und voraussetzend erreichten. Russell nannte diese eigenartige Haltung des modernen Verstandes, die die ausgeartete, desolate und irreale sozial-geschichtliche Lebensordnung auf allen Ebenen radikal ablehnte und statt dessen auf die Ordnung der Zahlen, auf das System, die Geometrie, das Maß, die Relation, also auf die vom reinen Verstand durchdrungene Welt setzte, pythagoreisch. Pythagoreisch ist nur ein anderes Wort für musisch oder für orphisch.

Der Bereich des modernen Denkens und der modernen Kunst ist ein Grenzbereich. Die Grenzbereiche waren schon immer die wichtigen. Aber in dieser Zeit, in der es, wie man in der Musik sagt, nur Extremes gibt, entweder Avantgarde oder Kitsch, haben sie eine besondere Bedeutung erlangt; die Avantgarde, die im Zeichen des reinen Seins (l'être pure) ins Unbekannte und Nicht-Verwirklichbare vorstößt, und der Kitsch, der der subexistenten, sozialen Welt dient und in blinden Lebenshunger versinkt und somit unernst ist und nicht zählt. Grenzbereiche sind jedoch besonders gefährliche Orte. Man nehme gleich die reine Zahl: je überbelichteter die Form ist, in der die Zahl erscheint, um so mehr scheint sie von ihrer abstrakten Reinheit einzubüßen. Sie verliert ihre Sterilität und Abstraktheit, jenseits einer bestimmten Linie wird sie auf rätselhafte Weise zum Mythos. Siehe Freges Mathematik. Man nehme die Grundfiguren der Geometrie, zum Beispiel das Dreieck. Je exakter seine Definition, um so mehr kommt darin unerklärlicherweise irgendein seltsamer, nicht-verstandesmäßiger Überschuß zum Vorschein, um so mehr verstärkt sich jenes Symbolische, das von Natur aus zu ihm gehört. Außer daß es eine geometrische Figur ist, bedeutet ein Dreieck auch noch eine ganze Reihe anderer Dinge, die sich aus der komplexen Grundbedeutung des Dreiecks ergeben.

Ludwig Wittgenstein unternahm den Versuch, eine perfekte Verstandessprache auszuarbeiten, die mit extremer Präzision formulierte. Es ist der gleiche Versuch im Bereich des Denkens wie der, den Mallarmé in der Dichtung unternommen hat. Wittgenstein machte die Erfahrung, daß sich eine gewisse Unklarheit, die er Metaphysik nannte, aus der Sprache nicht eliminieren ließ. Nicht nur ist die Sprache von metaphysischen Bedeutungen durchtränkt, die Metaphysik hat die Struktur der Grammatik selbst infiziert. Die vollkommene, verstandesmäßige Erkenntnis ist mit Hilfe der Sprache also gar nicht möglich. In der reinen Logik kommt neben der abstrakten und sterilen Ausführung auch noch etwas anderes zum Vorschein. Mit der Zunahme des verstandesmäßigen Lichtes scheint auch ein anderes Licht zuzunehmen, das, da es sich vom verstandesmäßigen Licht unterscheidet, gewöhnlich für Unklarheit gehalten wird, in Wirklichkeit jedoch ein mystisches Licht ist.

Von Bertrand Russell, dem Begründer der reinen Logik, wird gesagt, daß »ihn menschliche Dinge nie befriedigt haben«. I want certainty. »Ich dürste nach Gewißheit, im gleichen Sinn wie Menschen gewöhnlich nach religiösem Glauben dürsten.« Seine Leidenschaft galt der Mathesis und parallel dazu dem Verständnis dessen, was Mystik war. Seinem Biographen sagte er einmal: »Bevor ich sterbe, muß ich einen Weg finden, jenes essentielle Etwas, was in mir ist und was ich noch nie ausgesprochen habe, in Worte zu fassen, und jenes Etwas, was nicht Liebe und nicht Haß oder Mitleid oder Gleichgültigkeit ist, sondern der Hauch des Wirklichen, Licht, das im menschlichen Leben irgendwoher aus der Ferne kommt, die leidenschaftslose, ungeheure Macht der nicht-menschlichen Welt.«

Das ist charakteristisch für das Dasein zwischen den miteinander verschmelzenden Extremen der Grenzbereiche; der eigentümliche Ort der modernen Kunst und des modernen Denkens. Ein überbelichteter, schattenloser Raum. »Menschliche Dinge haben ihn nie befriedigt. I want certainty.« Die Eliminierung der Lebensgier. »Je ne veux rien d'humain.« Ein Grenzbereich, den eine hauchdünne Linie vom Nichts trennt. »Der azurne Abgrund des Firmaments«, wie Baudelaire sagt. »Nichts ist so schön wie das Nicht-Seiende.« La pureté du non-être. Die Reinheit des Nicht-Seins (Valéry). Malewitsch hat es als leeres, weißes Quadrat auf einer riesigen Leinwand gemalt. Das ist das Gegenstandslose, Namenlose, Unfaßbare. »Die Kunst ist das Werkzeug des Geistes, um sich im Nichts zu vervielfältigen.« Der Grenzbereich, den man als reinen Verstand bezeichnet, liegt unmittelbar neben diesem Nicht-Sein. Der Ort der Extreme, die Verbindung zweifachen Lichtes, des bis zum Extrem gesteigerten Verstandes und der einsetzenden Mystik, als wäre das eine dieser beiden Lichter die Trübung des anderen, der Verstand die der Mystik, die Mystik die des Verstandes. »Das wahre Licht des Seins.« Identisch sind sie darin, daß sie »irgendwoher aus der Ferne kommen«, nicht menschlich sind, von der Grenze des Nicht-Seins stammen und ein Ausdruck der »leidenschaftslosen und ungeheuren Macht der nicht menschlichen Welt« sind. Dieser überbelichtete, schattenlose Raum, in dem das abstrakte und sterile Licht des logischen Verstandes untrennbar mit dem Licht eines in einer bis weit über die Grenze hinausreichenden Bodenlosigkeit strudelnden, mystischen Seins verschmilzt. Diese doppelte Helligkeit scheint den Menschen in verschmolzener Form zu erreichen. Und wenn Russells und Wittgensteins reine Logik eine solche Affinität zur Mystik hat, versteht man auch, warum die Logik und die Mathesis immer und zu allen Zeiten so anziehend auf die Mystiker gewirkt haben: auf Plotin, Eckehart, Cusanus, Böhme.

Hier in dieser zweifachen Unendlichkeit, im Grenzbereich des Nicht-Seins, scheint Tanguys Malerei nicht sosehr zu stehen als zu schweben, als müßte man das Bild nur ein klein wenig anstoßen, und es würde restlos im Nicht-Sein verschwinden und nichts davon übrigbleiben. Das ist die beispiellose Spannung der Bilder im doppelten Licht der Logik und der Mystik an der Grenze. Das ist jene grenzenlos höhere, auf Kosten der Zügelung der Lebensspannungen des sozialen Alltags erreichte Spannung, die Spannung der Disziplin, der Ordnung, des Maßes, der Zahl, deren Erscheinen in der furchterregenden Schattenlosigkeit dieses fiktiven Raumes der Moment ist, in dem auch schon das Zittern aufgehört hat. Das transparente Dämmern von licht- und seinsdurchlässigen Gegenständen und Farben in der wüsten Stille. Eine Stille, die von lebloser Leere durchdrungen ist. »Die Reinheit des Nicht-Seins.«

Das Blau des Himmels steht bei allen Malern für das Leben; das Azur auf Tanguys Bildern ist ein Abgrund, das große, blaue Loch des Nicht-Seins (Mallarmé). Kein Eifer, nur der Eifer der Logik; keine Emotion, keine Schwärmerei; keine klaren Konturen, nur mystisch exakte Schärfe, kein fixer Ort, nur das, was die Metaphysik fixiert hat. Intérieur métaphysique. Sterile Phantasmagorie und abstraktes Mysterium. Traum und Geometrie. Jedenfalls die höchste je erreichte Stufe der Todesbereitschaft in der modernen Kunst.

Orpheus

1.

Orpheus, Hesiod und Homer stellen, ungeachtet ihrer zeitlichen Reihenfolge, die drei abwärts führenden Stufen der Tradition dar. Daher ist Mallarmés Bemerkung, daß Homer verglichen mit Orpheus bereits eine Verirrung sei, historisch vielleicht nicht stimmig, im Kern jedoch um so mehr. Die hinduistische Tradition bewahrt die drei Stufen zusammen im Mahabharata auf. Die erste ist die Hymnendichtung der vorzeitlichen, geistigen Kaste, welche der griechischen Orpheusdichtung entspricht. Die zweite ist der Mythos, in Analogie zu den Werken Hesiods, aus der Übergangsstufe von der geistigen zur ritterlichen Kaste. Die dritte ist das reine Epos, die ritterliche Heldendichtung mit verblasster Seinsmetaphysik und einer Glorifizierung des Lebens. Der verweltlichte Ritter im Mahabharata hat Teile wie die Bhagavadgita, die Anugita oder das Mokshadharma und alles andere, was er aus der brahmanischen Vorzeit hinüberretten konnte, auch hinübergerettet. In Griechenland bestanden zwischen Orpheus, Hesiod und Homer solche Abgründe, daß eine Einheit nicht zu erkennen ist. Es ist gut möglich, daß das Griechentum bei seiner Wanderschaft auf den Balkan entweder ohne geistige Kaste oder nur mit den Überresten der brahmanischen Kaste ankam und die Orphik nichts anderes ist als der bereits nach der Seßhaftwerdung unternommene Versuch des griechischen Volkes, eine geistige Kaste zu erschaffen. Eine spätere Aufzeichnung nennt Orpheus den ersten Theologen unter den Griechen. Wie dieser Versuch verlief, läßt sich kaum feststellen. Ägyptische und phönizische, chaldäische und iranische, vielleicht noch entferntere Einflüsse sind wahrscheinlich. Clemens von Alexandria behauptet, das ganze griechische Denken sei östlichen Ursprungs. Das heißt in etwa, daß das Griechentum beim Versuch, eine geistige Kaste zu gründen, unter asiatischem Einfluß stand. Die Orphik ist jedenfalls nicht als Dichtung im modernen Sinn zu verstehen, sondern als Tradition. Und allen fremden Einflüssen zum Trotz ist die Orphik, auch wenn es zu ihr Analogien in fast allen Traditionen gibt, im Kern vollkommen ursprünglich. Guénon schreibt, daß die Orphik eine der ältesten und tiefsten Traditionen der Menschheit sei.

Die Schaffung einer geistigen Kaste gelang Orpheus nicht. Die Weltepoche war eine zu späte, als daß ihm oder auch seinen Nachfolgern Pythagoras, Empedokles ein solches Unterfangen hätte glücken können. Orpheus wollte die Einheit der Menschheit in den Mysterien begründen. Denn das, was als Orphik bezeichnet wird, ist eigentlich eine brahmanische Initiation. Was an Dichtungen und Fragmenten unter Orpheus' Namen oder in Verbindung mit seinem Namen gesammelt wurde, ist eine vollständige Tradition samt Esoterik, Metaphysik, Heilslehre, Kosmogonie, Anthropologie, Mythos, Gesellschaftslehre, Arithmologie. Alles in Bruchstücken für uns. Als universeller Geist fand diese Tradition in Griechenland nie Verbreitung. Pythagoras versuchte das gleiche später auf andere Weise. Empedokles kehrte in vieler Hinsicht zu Orpheus zurück, aber es lag in der Natur der Epoche, daß er in den oberen Schichten blieb, die niedrigeren nicht erreichte, das heißt Ruhm besaß, aber keinen Erfolg.

Der letzte Versuch, der Versuch Platons, ist vollends modern. Er will nicht mehr begründen, sondern retten, und nicht die Menschheit, sondern den Staat. Platon ist keine archaische Gestalt von den Dimensionen eines Orpheus oder von divinatorischem Licht umkränzt wie Empedokles. Der letzte Orphiker ist Plotin mit einer beschränkteren, aber um so tieferen Verbundenheit mit Orpheus' Welt als jeder seiner Vorgänger. Über Plotin gelangte die orphische Konzeption zu Dionysios Areopagita und über diesen ins mittelalterliche Christentum, zu Johannes Eriugena und Cusanus und in den Sufismus, das heißt in den Islam und in die Kabbala, zu den spanischen Hebräern und über diese Geisteswelten in die europäische Neuzeit, bis hin zu den Russen Solowjew, Berdjajew und der anglo-amerikanischen Logistik.

2.

Wir wissen von dreiunddreißig Werken von Orpheus, kennen jedoch nur Bruchstücke von jedem. Diese Werke sind Dichtungen, manche handeln von Pflanzen, manche von Physik und Astronomie, Astrologie, Morallehre und Eschatologie. Eines beschreibt den Abstieg in den Hades, ein anderes die Reinigung der Seele. Orpheus selbst wurde als Anax, also Erlöser bezeichnet. Späteren Generationen zufolge war er Dichter und Musiker, Arzt und Astronom, Prophet, Denker, Mathematiker und Religionsstifter. Seine Persönlichkeit wurde wahrscheinlich sehr schnell zum Mythos, mit anderen Worten er verlor seine Geschichtlichkeit und fand in einer höheren als der geschichtlichen Realität einen ontologischen Platz. Das ist eigentlich das Zeichen für die Entwicklung zum Ursprung, also zum Mittelpunkt hin, wenn man von der aktuellen Welt tiefer in die Virtualität, von der Virtualität noch tiefer in die Welt der Potenzen übertritt. Daß Orpheus diesen Weg gegangen ist, bezeugt sein Abstieg ins Jenseits. Jede Katabasis beschreibt den Abstieg in die Welt der Potenzen.

Im archaischen Zeitalter geschieht es nicht selten, daß Menschen, die sich über ihre geschichtliche Persönlichkeit erheben, zu archetypischen Gestalten werden. Sie verlieren ihre existentielle Wirklichkeit und werden zu essentiellen Symbolen. Deshalb entsteht in späteren Generationen der Verdacht, solche Menschen seien keine geschichtliche, sondern erdichtete Gestalten, die nie gelebt hätten. Schon Aristoteles stellt Orpheus' Geschichtlichkeit in Frage, woraus hervorgeht, daß schon Aristoteles nicht begriff, wie aus einem lebenden Menschen ein übermenschliches Symbol werden konnte. Daß die moderne Wissenschaft das nicht begreift, versteht sich von selbst.

Wenn der Mensch mit seinem Werk zum Mythos wird, verliert er seinen persönlichen Charakter, und es setzt ein eigenartiger Prozeß ein. Jedes seiner Werke, ja jede Handlung und jeder Gedanke, die irgendeinen Bezug zum übermenschlichen Symbol haben, werden vom Mythos an sich gezogen. Solange der Mythos lebt, wächst es. Bei dem, was der Mythos einverleibt hat und was sein Gehalt ist, zählt nicht mehr das Kriterium, ob es wirklich geschehen ist, sondern inwieweit es die Einzigartigkeit des Mythos bereichert und erweitert. Mythische

Authentizität ist etwas anderes als die geschichtliche. Für die Geschichte zählt allein, ob es geschehen ist oder nicht. Die mythische Realität fragt, ob es wahr ist oder nicht. Es ist leicht möglich, daß Teile der erhalten gebliebenen Werke nicht von Orpheus stammen, doch wegen ihres Charakters hielt man sie für orphisch. Denn auch wenn das Werk nicht wirklich von Orpheus stammt, die Inspiration und die Konzeption sind zweifellos orphisch. Daß das auch für Laotse, Dschuang Dsi, Moses, die Propheten, Buddha, Zarathustra gilt, weiß jeder.

3.

Die Bestimmung der Orphik ist nicht deshalb schwer, weil ihre Äußerungen so unvorstellbar vielfältig sind. Orpheus ist kein vorzeitlicher Polyhistor, der mannigfache Kenntnisse hatte. Alles, was orphisch ist, hat etwas Einheitliches an sich. Diese Einheitlichkeit ist es, was sich nicht bestimmen läßt. Was identisch ist in der griechischen Baukunst und in den Versmaßen der Dichtungen und in den Plastiken, aber nirgends greifbarer als in der Geometrie und in der Tragödie und in der Philosophie. Es handelt sich um einen einzigen Gedanken, den die Griechen als megisté musiké, also höchste Musik bezeichnet haben. Auch wenn das Griechentum den Keim der Größe gewiß von Natur aus in sich trug, wissen wir, daß naturgegebenes Talent allein noch nicht genügt. Entscheidend ist immer, was der Mensch aus der Natur macht. Und der einheitliche Stempel, den alles, was das Griechentum geschafft hat, trägt, ist die Entdeckung der Idee einer dem Menschen und der Welt innewohnenden zentralen Ordnung, jener Ordnung, die kartón genannt wurde. Der Punkt, an dem sich Kunst und Mythos und Wissenschaft treffen. Für die Orphik ist dieser Punkt der Übereinstimmung jedoch nicht hinter den Dingen. Die Einheit ist im Mittelpunkt der Dinge beziehungsweise auf der Oberfläche der Dinge. Diese Oberfläche ist die Form. Metaxy touton (der Mittelpunkt von allem), arché – messé – telé, Anfang, Mitte, Endziel. Der Nomos, das Gesetz.

Der Logos – der Verstand. Was auf der Oberfläche der Dinge ist, ist das Tiefste an ihnen. Das Gesicht ist die Erscheinung des Unsichtbaren. Der Sinn der Welt erstrahlt auf ihrem Gesicht. Es ist die Einheit der von niemandem zu enthüllenden Tiefe (borboros) und der für alle wahrnehmbaren Oberfläche (panteleia). Der prägnanteste Ausdruck dieser Sichtweise und dieses Wissens ist die Geometrie, das exakte Symbolsystem der Grundordnung alles Existenten. Essenz und Abbild in einem. Denn die Geometrie existiert nicht nur in der Welt. Geometrie ist auch das der Absolutheit der Welt entsprechende menschliche Denken. Das erkannte auch Pascal, als er vom geometrischen Verstand sprach. Deshalb ist die forma pura, die reine Form, das reine Bild, nichts anderes als die reine Idee, und das ist die Geometrie. Denkt der Mensch richtig, denkt er geometrisch, denn die Geometrie schließt die grundlegenden Symbole der Seinsordnung auf. Platon zufolge betreiben die Götter Geometrie. Die Essenz menschlichen Denkens besteht im Symbolisieren. Er übersetzt die Erfahrungen des Geistes in Symbole. Alle unsere Begriffe sind Symbole von etwas, was Wirklichkeit genannt wird, sind also der Mittelpunkt irgendeiner Oberfläche. Darin besteht die Verwandtschaft zwischen der vorzeitlichen Orphik und der modernen Logistik. Es gibt jedoch einen wesentlichen Unterschied. Die Orphik denkt unmittelbar und primordial, mit identischen und universellen und primären Symbolen in der Dichtung, der Moral, der Baukunst und der Plastik. Die Logistik hingegen unternimmt den Versuch, das moderne Denken auf sekundäre Weise zu orphisieren, und deshalb ist alles, was der moderne Mensch tut, oberflächlich und provisorisch.

Die Grundposition der Orphik ist ein auf nichts anderes zurückführbares, übermenschliches Wissen, methé aiónos, Ewigkeitstaumel, an dessen Gegenwart sofort jede Tradition zu erkennen ist. Die Logistik ist frei von Taumel und abstrakt und rational, nicht unmittelbar, sondern auf die geschichtliche Situation des Denkens zurückführbar, woran wiederum alles Moderne sofort zu erkennen ist.

4.

Es ist geistig, ohne es zu betonen, und materiell, ohne es in den Vordergrund zu stellen. Es bereitet Freude, ohne daß es die Absicht dazu hätte, und ohne die Abgründe des Leidens zu berühren. Im kleinsten Gegenstand vermag es den größten zu erkennen, in einer einzigen Handbewegung das Kreisen der Planeten. Es ist sich der den Menschen und der Welt innewohnenden, unabänderlichen Ordnung und Gesetzmäßigkeit bewußt und weiß, daß die Ordnung, und sei sie noch so streng, das Leben nie verletzt, da sie nicht unter dem Zeichen des Zwanges, sondern der Freiheit steht. Es ist künstlerisch, ohne daß es die Absicht dazu hätte. Es besitzt ein präzises Wissen, ohne es zu wollen. Was es auch tut, trägt den Stempel der Schönheit, aber das geschieht deshalb, weil es das hervorhebt, was das Tiefste am Gegenstand ist. Es ist stets Maß und Harmonie, aber nie auf Kosten der Fülle und der Spannung. Es ist stets die Wirklichkeit in ihrer ganzen Vielfalt, aber stets in der Einheit. Es ist individuell, aber nicht willkürlich. Allgemein, aber nicht gemein. Das Verhältnis von Teil und Ganzem ist numerisch, aber nicht leblos, denn die Zahl in ihm ist ein Rhythmus. Es gibt nichts in der Welt, was nur es selbst wäre, da alles Existente ein Symbol von etwas ist, und wenn von nichts anderem, dann von seinem eigenen Gegenteil, das es in sich birgt. Es scheint so zu wachsen wie ein Kristall oder eine Tanne, aber jede seiner Bewegungen ist bewußt. Es bringt keinen Ertrag, und doch läßt es sich ohne nicht leben. Wenn es sagt, nichts sei weniger natürlich als natürlich zu sein, meint es, unnatürlicher als unnatürlich zu sein. Seine Heiterkeit liegt in seinem Ernst, sein Ernst in seiner Heiterkeit. Alles, was es sieht, jedes Symbol, ist unwiederholbar einzig. In einem einzigen Tropfen die Ewigkeit Realität werden zu lassen, in einem einzigen Gedanken die Allwissenheit, in einem einzigen Werk die Allmacht der Weltenschöpfung. Der Künstler ist Denker, der Denker Künstler, denn der Gedanke ist die Sinnlichkeit des Geistes, so wie die Sinnlichkeit der tiefste Gedanke des Geistes ist. Die Wesen sind Fleisch gewordene Götter, so wie Götter Geist gewordene Wesen sind. Sein und Leben, Erde und Jenseits gibt es nicht gesondert. Die Ewigkeit ist gegenwärtig in jedem Augenblick des Lebens und vergeht in jedem Augenblick, um von neuem da zu sein. Leben entsteht jeden Tag von neuem und vergeht von neuem, und die ewige Wandlung dieses jeden Tag neu beginnenden und endenden Lebens ist das unwandelbare und bewegungslose Eine.

5.

Die hebräische Tradition unterscheidet vier Momente in der Schöpfung. Vier Zeitalter und vier Welten. Das hebräische Wort für Welt lautet olam, was eigenartigerweise Ort und Zeit zugleich bedeutet, jedoch die Weltensphäre und die Ewigkeit, wie das griechische Wort aión. Erstens olam haaziluth, die primordiale Äußerung, die Welt der Emanationen, die erste Ausstrahlung, noch vor jeder Art Manifestation. Aziluth bezeichnet den Zustand des Schöpfers im ersten Augenblick der Schöpfung, bevor er das Wort Es Werde spricht. Das zweite Moment ist olam haberijah, die Erschaffung der reinen Urbilder, der Idealität, der vollkommenen Welt, der Geisteswelt also. Das dritte ist olam hajezirah, die Welt der Gestaltung, der Konstruktion, des Maßes, der Form, der Zahl, die erste Schöpfung, das Paradies, das Licht, die Ordnung, die Basis, die Elemente, die Einheit. Und das vierte ist olam haassijah, die ausführende Verwirklichung, die materielle Realisation, die Ausfertigung, die technische Lösung, die Welt der Tat.

Über Aziluth läßt sich nichts sagen. Geschähe nicht jede schöpferische Regung des Menschen in Analogie zur Erschaffung der Welt, wäre sie nicht deren Wiederholung in mikrokosmischer Dimension, und bekämen wir nicht durch diese Erfahrung unmittelbare Kenntnis davon, wüssten wir gar nicht, daß es das gibt. Aziluth ist der Aion der Potenzen, und zwar der im Nichtsein ruhenden Potenzen, das in Berijah die Schwelle der Existenz überschreitet und im Licht zur virtuellen Idee wird. Damit hat man aber alles gesagt, was man über olam haberijah wissen kann.

Alle Traditionen kennen diese beiden Welten. Aber alle verweisen nur auf sie, schon aus dem Grund, weil Aziluth, Berijah, Jezirah und Assijah nicht nur aufeinander folgen, sondern auch ineinander sind, das eine niemals ohne das andere. Jezirah, das dritte Moment, steht jedoch im Mittelpunkt jeder Tradition. Das meint die Thora, wenn sie sagt, daß Jahwe die Welt nach Zahl, Maß und Gewicht erschaffen hat. Davon sprechen das I Ging und das Samkhya und die Kabbala und Ägypten und Iran. Diese Welt ist die Welt von Orpheus. Das ist bei ihm die Spannung von Chaos und Kosmos: die Schöpfung ist das in Aziluth ruhende Nichtsein, der Kosmos hingegen ist die geordnete Welt. Das Ideal der Geordnetheit ist die Zahl. Den Kern jeder Tradition bildet die Arithmologie. Orpheus schreibt eine Hymne an die Zahl und sagt: arithmoi de te pant epeoiken. Die Zahl ist der Vater alles Seienden. Auf diesen Gedanken errichtet Orpheus eine Arithmologie größtmöglichen Ausmaßes. Die Arithmologie ist eine sakrale Mathesis. Und die sakrale Mathesis ist das, worin die ursprüngliche Qualität und Quantität der Zahl noch nicht so voneinander getrennt sind, wie das beim modernen, säkularisierten Zahlenbegriff der Fall ist. Aber es besteht ein wesentlicher Unterschied zwischen der Orphik und den anderen Traditionen. Orpheus sagt: trias kata panta metrusa – die Drei ist das Maß aller Dinge. Die Drei herrscht über die ganze Zahlenreihe. Pantón archei ton arithmon hé trias. Deshalb hat die Zahl drei Seiten, die Quantität, die Qualität und als drittes den Rhythmus. Die orphische Zahl ist schon im Augenblick ihrer Entstehung Gestalt. Die orphische Mathematik ist schon im Augenblick ihrer Entstehung Geometrie. Die Geometrie ist schon im Augenblick ihrer Entstehung Tanz. Schon Bewegung und lebendiger Körper, Plastik und Bau, rhythmisches Sprechen, also Dichtung, Gesang und Musik, ja Denken, die tiefste Musik, megisté musiké. Was die hebräische Tradition schließlich assijah nennt, ist bei Orpheus die Poiésis. Die Herstellung, das Machen, die Realisierung, die Verwirklichung des Maßes (logos). Die Poiésis vollendet die Schöpfung. Die Poiésis ist das Kind der Götter (hoi theon paides poiétai). Das Wort wurde erst später dem Dichter vorbehalten, ursprünglich bedeutete es Künstler, den Menschen, der das Werk erschafft.

Die Orphik, wie sie von Orpheus festgelegt wurde, ist eine »von der Essenz und Kraft und Wirkung der Zahlen handelnde Theorie«. Aber Theorie bedeutet hier nicht Theorie, sondern eine Vision der Wirklichkeit. Erst Plotin wird *theorein* wieder in diesem Sinn gebrauchen. Als Imagination – Lebensvorstellung – Wesensschau. Wie jede vorzeitliche Tradition geht auch die Orphik von einer primordialen Konzeption der Welt aus, aber nur bei Orpheus entfaltet sich diese ursprüngliche Welteinheit zu den Farben des Regenbogens, zu Mathesis, Geometrie, Tanz, Musik, Baukunst, Plastik, Heilslehre, Moral, Theater, Mythos bis hin zur Landwirtschaft und zum einfachsten Industriehandwerk, erst hier wird jede menschliche Tätigkeit zu einem weltenschöpferischen, sakralen Werk. Und nur bei Orpheus setzt sich alles, was der Mensch erschafft, zu einer einheitlichen und sinnvollen Ordnung zusammen, verweist jede menschliche Schöpfung auf den Ursprung, das Weltenmaß, die Regel, das einzige, universelle System zurück.

Die moderne Mathematik ist furchtbar verlegen, erstens weil sie die Zahl gar nicht definieren kann, was an sich nicht schlimm wäre, doch sie weiß gar nicht, was die Zahl ist, zweitens wird sie mit dem Problem des Zahlenkontinuums nicht fertig, drittens vermag sie die Zahl nur als Figur zu begreifen, nicht als Gesicht. Aus der orphischen Theorie wissen wir bereits, daß die Zahl prinzipales Maß und Verstand (logos) ist, die jeder Bewegung des Seins von Anfang an innewohnt, ja auf der alles Seiende wie auf einem Fundament erbaut ist. Nicht wer je Musik gehört oder ein Gebäude gesehen hat, sondern nur wer begriffen hat, was ein Gefäß ist, das aufs Feuer gestellt wird, was ein Stock ist, den man von einem Baum abschneidet, was ein Kristall, eine Pflanze, ein Atom und das Weltsystem ist, weiß, daß dieses Maß, diese Proportion, die die Grenze der Dinge bestimmt und deshalb eine Form ist, zugleich aber auch die entferntesten Dinge miteinander verbindet und deshalb ein Rhythmus ist, das größte Gesetz auf der Welt ist. Die moderne Mathematik arbeitet mit der säkularisierten Zahl, die nur über die Quantität der Zahl etwas erfährt. Eine befriedigende Bestimmung dieser Zahl gibt es nicht, da sie nur ein Fragment der realen Zahl und eigentlich Nonsens ist. Die Zahl ist nicht nur ein formales Maß, sondern auch Inhalt, aber nicht nur Inhalt, sondern auch Bewegung, da die Zahl nicht nur das Maß des Raumes, sondern auch der Zeit ist. Deshalb läßt sich die Welt in Zahlen ausdrücken, so wie das Maxwell oder Einstein versucht haben. Die Zahl ist Quantität und Qualität und Rhythmus. Wer je einen Tanz gesehen hat, weiß, daß sich der Fuß und die Hand und der Kopf und der Rumpf in geometrischen Linien bewegen, in Bögen und Dreiecken, Kreisen und Parabeln, und diese geometrischen Figuren entsprechen der Geometrie der Musik, und die Maße lassen sich nicht immer nur in Zahlen ausdrücken, vielmehr zählt der Mensch, wenn er tanzt, genauso wie der Vogel, wenn er singt, und die Pflanze, wenn sie nach bestimmten, der Welt innewohnenden, primordialen Zahlenordnung entsprechenden Proportionen wächst, und ihre Blüte nach einer einer bestimmten Zahlenordnung entsprechenden Farbschattierung färbt und ihren Duft einer der Zahlenordnung entsprechenden Duftskala entnimmt. Man muß zur Kenntnis nehmen, daß die Welt kein Zufall, sondern ein sinnvolles und bewußtes Werk ist.

Da die moderne Mathematik mit einer rein quantitativen Zahlenkonzeption operiert, begreift sie nicht die zwischen den Zahlen bestehende Kontinuität. Das ist eine natürliche Folge der sophistisch gewordenen Zahl. Es gibt keinen Übergang von einer Zahl zur nächsten, da zwischen den beiden die Hälfte ist und deren Hälfte und wieder deren Hälfte und so weiter, so daß die Mathematik nie von eins auf zwei kommt. Das wußten schon die Griechen, aber sie lachten darüber. Solange man die Zahl für eine statische und rationale Quantität hält, wird man nie von eins auf zwei kommen. Die Zahl ist Quantität und Qualität und Rhythmus, Form und Inhalt und Bewegung beziehungsweise Mathesis und Geometrie und Tanz.

Das erklärt auch die Spannung zwischen Figur und Gesicht. Die Figur ist die geometrische Form. Die Zahl ist die allererste Gestaltwerdung der formgebenden Kraft der Welt (der Kraft, die die Hebräer jezirah nannten). Die Zahl nimmt jedoch erneut Gestalt an, und zwar in der Geometrie, so daß man durch die geometrische Figur unmittelbar auf den Ursprung, die Zahl zurückblicken kann. Die Geometrie befindet sich jedoch noch in der Welt der reinen Ideen (jezirah). Damit aus ihr ein Lebewesen wird, es hergestellt wird (assijah), ob Kristall oder Pflanze, Tier oder Mensch, muß sie noch einmal Gestalt annehmen. Diese dritte Inkarnation ist das Gesicht. Das ist Orpheus' Ensomatosis. Die Orphik ist eine Zahlenkomposition, die die Gestalt in sich trägt, das heißt eine Zahl, deren Sinn die Form ist. Wenn ich das Gesicht abschäle, bleibt die Figur (typos), wenn ich die Figur abschäle, bleibt die Zahl. Aber keines ist ohne das andere. Die Zahl regelt nicht nur sich selbst, sondern auch das Verhältnis von Zahl und Figur, ja auch von Figur und Gesicht und auch die Zeit der Inkarnation. Arithmoi de te pant epeoiken, das heißt: Alles wird von der Zahl geregelt. Das Gesicht hat genauso seine Geometrie, wie die Geometrie ihre Zahl hat. Es gibt nichts in der Welt, was nicht von der Zahl gelenkt würde. Musik bedeutet zählen und Moral bedeutet zählen. Hieros arithmos, die sakrale Zahl, ist in jedem Atom vorhanden. Je gültiger eine Tat ist und in einem je weitreichenderen Sinne gut, sprich je näher sie zur einzigen und ewigen Tat ist, um so moralisch höherwertig ist sie, um so höher steht sie in der Hierarchie und um so näher steht sie dem, was die Eins ist. Die Eins ist die Grundposition der Zahl. Die Eins ist die Zahl, die in Aziluth geboren wurde und unverändert im Reich Berijahs und Jezirahs und Assijahs vorhanden ist und ihren Platz überall behält und überall eins bleibt. Die Monas, sagt Orpheus, der autothene Nous. Der autonome Verstand. Die Eins steht über allem Seienden, schreibt er an anderer Stelle. Und je momentaner in der Moral das Gute ist, um so verschwindender und vergänglicher, um so wertloser ist es, um so geringer ist seine Zahl, um so winziger ist es und um so näher dem Nichtsein. Deshalb hat die Musik eine Moral, sagt Kassner. Aber die Moral hat auch eine Musik. Deshalb läßt sich das Gesicht in eine Figur übersetzen, denn alles, was Kunst ist, läßt sich in Moral übersetzen, und Moral läßt sich in Kunst übersetzen, deshalb gibt es eine Verbindung zwischen Schönheit und Tugend, Schönheit und Schuld, deshalb gibt es schöne Taten, und die Wahrheit ist schön (beauty is truth, truth beauty), weil durch die Zahl alles Seiende miteinander im Zusammenhang steht, weil die Zahl, metaxy touton, der Mittelpunkt von allem ist.

6.

Die Orphik ist eine brahmanische Initiation, und das, worin sie einführt, ist die Welt als image pure, als unbeflecktes und transparentes und reines Bild. Dieser Welt des Zahlenkristalls steht die hinduistische Tradition am nächsten. Von der modernen Welt hingegen kaum etwas, einige Werke von Bach und Beethoven, einige abstrakte Bilder (Kandinsky, Mondrian) und Gedichte (Mallarmé, Guillén). Im Osten das Yantra. Die Orphik ist eine Art Paravidya, das heißt ein aus übermenschlicher Quelle geschöpftes Wissen darüber, was das Leben und die Welt und der Kanon der Zeit ist. Der Kanon ist die unauflösbare Ordnung, der Versuch einer Auflösung berührt die Welt nicht, ist aber verhängnisvoll für den, der sie unternimmt, der Versuch der Auflösung fällt auf ihn selbst zurück, sein Dasein wird gesetzlos, er verkommt moralisch und sinkt geistig ab, sein Verstand verdunkelt sich, und er versinkt in Elend. Jedesmal, wenn der Mensch und die Menschheit die Regeln dieses einen Systems mißachteten, wurde das unbefleckt Reine nicht in der Wirklichkeit, sondern im Menschen selbst getrübt. Schließlich hat man sich so sehr an dieses zerrüttete Bild gewöhnt, daß man meint, die Welt sei schon immer ein solches image confuse gewesen, als das man sie heute sieht, gesetzlose Wissenschaft, gesetzlose Kunst, gesetzlose Gesellschaft. Kanon bedeutet soviel wie: einziges System. Als Kaliyuga, dunkles Zeitalter, bezeichnen die Hindus, als eisernes Zeitalter die Orphiker die Zeit, in der sich dem Menschen die Welt und sein eigenes Selbst eintrüben, in der sogar das Reinste, was es im Sein gibt, die Zahl und die Seele, in Verwirrung geraten. Ein solches image confuse ist die moderne Welt, ob man die Naturwissenschaften betrachtet oder die Musik oder die Mathematik, die Logik, die Gesellschaft, die Malerei oder das Denken, das die höchste Musik ist, megisté musiké. Es gibt orphische Existenzen, die in sich und ihren Werken das unbefleckte Bild wahren, nicht viele, ein, zwei Dichter, Maler, Bildhauer, die vielleicht eher versehentlich und mit Glück die Gesetze des Kanons erkennen. Es gibt einige Denker, vielleicht nur zwei, Pannwitz und Kassner, die ihrem Wesen und ihrer Sehweise nach orphisch sind. Pannwitz ist der einzige, der in der Moderne mit einer bis ins Innerste seines Wesens hineinreichenden Klarsicht die Ordnung der Orphik beziehungsweise der Musenwelt, wie er sie nennt, erkannt und ausgeführt hat. Pannwitz ließ sich weder von der Naturwissenschaft noch der modernen Kunst noch der Philosophie, selbst von Nietzsche kaum beirren und errichtete jenes System, das der einzige Psychopompos hinüber in Orpheus' Welt ist. Kassners einzige Unklarheit, ob infolge der Darstellungstechnik oder der Natur seiner Sehweise läßt sich nicht entscheiden, besteht darin, daß er eine einschneidende Grenze zwischen der Zahl und dem Gesicht zieht, die die archaische Welt der Identität und die moderne Welt der Persönlichkeit auseinander bricht und die Einheit auflöst. Kassner glaubt, daß es ein image pure ohne ein image confuse nicht gibt und das eine des anderen Hintergrund und Sinn und Schatten und Mysterium ist. Für Kassner sind die Welten der Schöpfung und der Erlösung zwei verschiedene Welten.

7.

Die zweite Stufe der brahmanischen Initiation ist das Schicksal der Seele in der Welt, und das läßt sich auch formulieren als den Sturz und die Beschmutzung, dann Umkehr (metanoia) und Reinigung (katharsis) der âme pure und ihre Rückkehr in den ursprünglich unbefleckten und reinen Zustand. Der überwiegende Teil von Orpheus' Werken befaßt sich mit dem Schicksal der Seele.

Als die Seele am Anfang des Anfangs aus der Dunkelheit des Nichtseins über die Schwelle der Schöpfung in die Welt kam und Gestalt annahm, folgte sie dem Gesetz ihres Lebens, denn die Gestaltwerdung bedeutete keinen Sturz. Seltsamerweise gebraucht Orpheus das Wort hylé, das später als grobe und schwere Materie übersetzt wurde, in einem ganz anderen Sinn. Hylé ist der unvorstellbar reich nuancierte Begriff für Körperlichkeit, auf dessen oberster Stufe der Nektar, die himmlische und göttliche Materie, steht. Der iranische Haoma, der hinduistische Soma, das hebräische Manna. Im Goldenen Zeitalter lebte man in einem solchen Nektarkörper, im edelsten und reinsten aller Materien. Das ist die der âme pure entsprechende matière pure, der unbefleckte Körper, die unbefleckte Materie. Mit dem Niedergang der Zeiten wurde die Materie jedoch immer schwerer und dichter und die Gestaltwerdung für die Seele immer mehr zu einer Strafe. Im Goldenen Zeitalter bedurfte es keiner Menschen, die den Weg der Reinigung kannten. Alle waren von Anfang an rein. Je mehr die Menschheit ins eiserne Zeitalter hinabsank, um so wichtiger wurden inmitten der Verfinsterung jene, die die Erlösung lehrten. Das Wesen der Seele besteht darin, daß sie eine Zahl ist, die lebendige, sich selbst bewegende Zahl. Es ist die lebendige Zahl, die das reine, unbefleckte Bild der Welt und von sich selbst hütet, seit sie in den Kreislauf (kyklos geneseós) jenes immer sinnloseren Chaos hineingeraten ist, den die Hindus Samsara nennen. Die Seele kann sich nur auf sich selbst verlassen, auf den ihr innewohnenden Geist, auf das Feuer der Erkenntnis (pneuma noéton pyr). Wenn der Mensch wartet, bis das Leben in ihm versickert ist, und unrein ins Jenseits übertritt, muß er zurückkehren und so lange wieder und wieder Gestalt annehmen, bis er erwacht. Denn nach dem Tod kennt Momos, der Ankläger, im Hades keine Gnade und treibt ihn ins Samsara zurück. Nur die Erkenntnis bringt Erlösung. Jnana moksa, wie man in Indien sagt. Die Seele muß eine Katharsis durchmachen. Sie muß für ihre eigene Seele, für die in der schweren und dunklen Materie versunkenen Hälfte ihrer Seele, in die Unterwelt hinabsteigen, so wie Orpheus für Eurydike hinabgestiegen ist. Das ist der Kern des orphischen Mysteriums. Wer seine Seele aus der Macht des Hades befreit, wer die Mächte der Nacht, der Dunkelheit, der Sünde, des Schmutzes durch den leidenschaftlichen Willen des Lichtes besiegt, kann sich auch dazu eignen, andere Verirrte auf den Weg des Lichtes zu führen. Und wer im Zeichen von Phanés, des Lichtes, der überweltlichen Gottheit, wiedergeboren ist, kann auch in seinem menschlichen Körper und Leben erlöst werden (wie die Jivanmukta in Indien). Und wer das nicht erreicht, jedoch zur Reinheit gelangt, kommt nach seinem Tod, wie auch die Vedanta-Philosophie lehrt, zu den reinen Seelen auf den Mond. Der Mond ist das Symbol des Paradieses der Seligen.

8.

Am schwierigsten zu begreifen ist, daß der Mensch mit einer metaphysischen Konzeption der Zahl operieren muß, die auch für Soziologie und Psychologie und Moral Platz bietet. Musik und Tanz, Physik und die Künste sind kein Problem. Es leuchtet sofort ein, daß die Zahl, also der Kanon, das einzige System, in diesen Kreisen vorherrscht. Für Anarchie ist kein Platz. Die Kosmologie läßt sich leicht in die Arithmologie übertragen. Die Anthropologie schon weniger. Ein zahlentheoretisches Verständnis von Moral und Gesellschaft ist schwieriger. Schwieriger deshalb, weil hier höhere zahlentheoretische Operationen durchgeführt werden müssen. Die Sieben ist vermutlich die Grundzahl der Seele. Die Zahl der Bewegung. Und die Vier ist vermutlich die Grundzahl der Gesellschaft. Die Orphiker hielten die Vier für die Zahl der Wahrheit, an anderer Stelle bezeichnen sie sie als die Zahl der Mutter. Arithmologie bedeutet im Grunde die Suche nach der Grundqualität der Zahl. Es gibt eine Einsereinheit, eine Zweier-, eine Dreier-, eine Viererеinheit. Die Vier ist die letzte. Fünf ist schon zu viel. Die Vier ist die Einheit der Menschheit. Innerhalb der Vier gibt es zwei Gegensatzpaare, den Gegensatz von Materie und Geist sowie von Individuum und Gemeinschaft. Das sind die Aufgaben, die ein in einer Gemeinschaft lebender Mensch lösen muß. Manche bringen die Vier in Verbindung mit den vier traditionellen Kasten. Deshalb gibt es vier Zeitalter, das goldene Zeitalter, das silberne Zeitalter, das bronzene Zeitalter und das eiserne Zeitalter. Das entspricht der geistigen, der ritterlichen, der wirtschaftlichen und der dienenden Kaste. Die mathematische Struktur der Dinge, sagt ein moderner Denker, ist jene Form, durch die wir inmitten der maßlosen Anarchie die Gestalt und Bewegung der Mächte fassen und begreifen können. Es sei hinzugefügt, daß der Mensch das einzige System verwirklichen kann. Die Natur macht keine Sprünge, aber sie bewegt sich auch nicht fließend. Die Natur macht arithmetische Bewegungen, und diese Bewegungen ähneln am meisten dem Tanz. Der Tanz ist sowohl ein Sprung als auch fließend, weil er gleichzeitig rhythmisch und geometrisch ist. Nichts gleicht mehr dem Tanz als die Bewegung, mit der eine Knospe aufbricht, ein Blatt oder eine Blume aufgeht. Nichts gleicht mehr dem Tanz als die Kristallisationsbewegungen der Mineralien. Als der Tanz der Wellen im Ozean. Als der Tanz der Sonnenstrahlen auf den Wogen. Die Disziplin und Moral des Tanzes. Darin liegt die Ordnung und die Regel und der Kanon. Denn was genau ist, hat Macht über die Unordnung. Wehe einer Zeit, in der die Unordnung stärker als die Ordnung ist. Als die Ordnung, die Ordnung der schaffenden Kräfte, die nicht mechanisch, sondern wie ein Tanz ist, so wie auch die Bewegungen der Seele nie mechanisch, sondern rhythmisch sind. Winter und Sommer, rechts und links, oben und unten, Tag und Nacht.

Wer einen Staat gründet, hat einen ganz anderen Kanon als wer eine Kirche erbaut. Das Regieren eines Staates ähnelte schon immer der musikalischen Tätigkeit eines Dirigenten an der Spitze eines Orchesters oder eines Chors. Die Partitur stellt das einzige System dar. Das Regieren mißriet in jenem Augenblick, in dem der Dirigent nicht mehr das einzige System, sondern seine eigene Willkür dirigierte. In diesem Moment brachen Politik und Moral auseinander. Oder was auf dasselbe hinausläuft, der Dirigent hatte den Kanon verraten. Einen Staat zu regieren bedeutete von nun an, auf Kosten des Volkes reihenweise unmoralische Streiche zu verüben, spitzfindig zu lügen, die Taschen der Bürger umzustülpen und für jene, die dagegen protestierten, riesige Gefängnisse zu errichten. Die Politik wurde zu einem Kapitel der Kriminalität. Das ist die offene Ablehnung des einzigen Systems. Einen Staat zu regieren ist genauso eine musische Tätigkeit wie die Dichtung oder das Komponieren. Genauso Orphik wie die Geometrie oder das Theater. Eine Welt ohne Musen ist blind, sagt Pindar. Einen Staat zu führen, bedeutet die Wahrheit zu verwirklichen. Die Übereinstimmung von Wahrheit und Macht ist die Grundlage des gemeinsamen Lebens. Mächtig ist, wer der Wahrheit Gültigkeit verschafft, sagt man in China, weil die Wahrheit ohne Macht keine Gültigkeit, die Macht ohne Wahrheit jedoch kein Licht hat. Und weiter: Du glaubst, der Mächtige müsse sich für das Licht zu Tode schuften? Er muß sich nicht einmal aus seiner Hängematte erheben. Die Welt ist in Ordnung, und wenn sich die Ordnung auflöst, so ist das ein Fehler des Mächtigen. Die höchste Moral ist untätig, und doch findet in der Welt alles seinen Platz, so wie die höchste Musik lautlos ist und doch alle in Frieden leben.

Ich habe verstanden. Der große Weg birgt keine Geheimnisse. Die Wirkung des Himmels ist es, gut zu sein, die Wirkung der Erde ist die Fülle, die Wirkung des Menschen die Ordnung.

Jeder braucht nur eines, wirklich zu leben.

Die unterschiedlichsten Verbindungen schmerzlos miteinander zu vereinbaren, darin liegt die Quintessenz der Musik. Gerecht und einfach zu leben, darin liegt die Quintessenz der Moral.

Die letzte Phase des dunklen Zeitalters begann damit, daß Politik und Moral auseinanderbrachen, oder was dasselbe ist, die Macht ohne Wahrheit blieb. Seitdem will die Macht nicht mehr das Wohl des

Volkes, Macht ist böse, wie Burckhardt sagt. Sie handelt nicht mehr gemäß dem einzigen System, steht nicht im Zeichen des unbefleckten Urbildes der Welt und ist nicht geometrisch, sondern trübe, willkürlich, regellos und beschmutzt, nicht mehr musisch und somit blind und ungerecht, deshalb muß sie Zwietracht und Unglück und Haß wecken.

9.

Die ästhetische Existenz ist nicht unbedingt das Gegenteil oder eine niedrigere Stufe der orphischen Existenz. Kierkegaard spricht vom ästhetischen Stadium als von einer dem moralischen und religiösen Stadium vorausgehenden, geistigen Minderjährigkeit. Bei einem normalen Menschen endet es spätestens mit dem dreißigsten Lebensjahr. Die ästhetische Existenz ist ein Junggeselle, nicht der Mann einer einzigen Frau, sondern der Verehrer aller, ein Don Juan, ein Verführer, ein Mann der Mode, den es vor allem Vulgären graut und der nichts zu Ende führt, der kein Glas braucht, sondern nur einen Tropfen, der nicht ißt, sondern nur schleckt. Er ist nicht zu verwechseln mit dem Alltagsmenschen, der nicht anders kann, als seine zoologischen Instinkte zu befriedigen. Der Ästhet ist anspruchsvoll und um so anspruchsvoller, je korrupter. Der Unernst ist bei ihm zuweilen eine ästhetische Tugend, denn er sähe es gern, wenn das Leben ein Spiel und er der Virtuose des Spiels wäre. Deshalb ist er ein Dandy und ein Erotiker, ein Feinschmecker und ein Anarchist, leichtlebig und bewußt unmoralisch. Eigentlich ist er gierig und doch nascht er nur, das ist seine Askese. Seine Vornehmheit. Gewöhnlich sammelt er Porzellan, Teppiche oder Bronze, ist aber auf jeden Fall bibliophil und schmeichelt sich damit, daß er Geschmack habe, obwohl er nur wählerisch und hysterisch, eitel und feminin ist. Er hat keine echte Sensibilität. Was er beharrlich ignoriert und bewußt vermeidet, um rechtzeitig alles zu bemerken, was ihn am Lebensgenuß hindern könnte. Denn er ist nur aus dem einen Grund hier, um zu genießen. Eigentlich kann man sich über nichts mit ihm unterhalten als über seine Erlebnisse. Doch vor nichts fürchtet er sich so sehr wie davor, etwas ernst nehmen zu müssen. Das würde sein lauwarmes Lächeln stören. Deshalb braucht er nicht die Schönheit, sondern das Angenehme. Nicht das Meer, sondern das Bad in der Wanne, möglichst aromatisiert, was bei ihm jedoch nicht Zivilisation, sondern Perversion ist. Er ist stets sekundär, Spiegel, Reflex, Eklektiker und Epigone. Gierig wird nur der, der sich vor dem Leben fürchtet. Es graut ihn vor allem Endgültigen und Eindeutigen. Er liebt den Aperitif und das Modeblatt und Oscar Wilde. Ob Leben, ob Werk, alles ist unverbindlich, das Ganze bleibt ohne Konsequenzen. Sein Weltbild ist die typische image confuse. Er nascht von der ganzen Weltgeschichte, aber er kann sein Leben lang nichts davon verwirklichen und bleibt nur ein Conferencier. Er ist nicht frei, nur willkürlich. Er ist nicht souverän, er wischt die Dinge nur mit einem Scherz beiseite. Eine ästhetische Existenz zu führen bedeutet, sich der Gefahr des Lebens nicht bewußt zu sein. Nicht Liebe zu sich selbst, nur Egoismus. Der Ästhet verwechselt den Rausch mit der Ohnmacht. Diese Ohnmacht (die Orphik nennt sie pathé) ist es, was im späten Griechentum und in Rom die Raffinesse war, die allerdings noch ein Geschmack blieb. Erst im bürgerlichen, neunzehnten Jahrhundert wurde die ästhetische Existenz eine charakteristische Erscheinung des verzweifelten Unglaubens, der durch eine Steigerung der Weltlichkeit ein paar Scherben der zerbrochenen Schönheit des Lebens retten will. Sie war eine Schimäre, aber sie wird kleiner und kleiner, selbst ihre Virtuosität ist erlahmt. Nur ihre Hysterie wächst. Ihre Perversion hat keinen Stil mehr, deshalb hat sie ihre eigentliche Anziehungskraft eingebüßt, ist ihre Amoralität schon eine Art moral insanity. Der fein gekleidete Herr, der für den Barbarismus schwärmt, auf Negerplastiken schwört und sich in anarchischer Verblendung in der Innenhofwohnung einer Seitengasse langsam und unproduktiv in nichts auflöst, ist im zwanzigsten Jahrhundert ein komischer Anachronismus.

10.

Ein japanischer Jüngling stößt bei einem abendlichen Streifzug auf einen Freund, sie sind erfreut, sich zu sehen, beschließen, in der Kutsche des einen gemeinsam nach Hause zu fahren. Sie nehmen Platz und holen beide, ohne daß sie es extra abgesprochen hätten, ihre Flöten hervor und spielen, während die Kutsche nach Hause fährt, ein Duett. Die Kutsche hält vor dem Haus, und das Haus erwacht zum Klang der Musik. Die Frauen holen eilig ihre Lauten und Zithern herbei, um die Musik mit Musik zu empfangen, die vielen Instrumente erklingen, Musik strömt durch die weit geöffneten Fenster und Türen. Das alte Familienoberhaupt horcht auf, nimmt seine Flöte aus dem Schrank und kann nicht umhin, am Konzert teilzunehmen. Flöte spielend treten die Jünglinge ein, und das ganze Haus erschallt, aus jeder Ecke jedes Zimmers erklingt Musik, ohne daß einer den anderen dazu ermuntert hätte, aus bloßer Freude und Verzückung. Als wäre an diesem Ort und in dieser Stunde Wirklichkeit geworden, was Orpheus verkündet hatte: der kosmos aoidés, der singende Kosmos.

Eine der großartigsten, orphischen Existenzen der Weltgeschichte war der Pharao Echnaton, dessen Haus, wie die Aufzeichnungen berichten, in Blüte stand, jede Säule und jede Plastik in Blüte stand, in dessen Garten jedes Staubkörnchen in Blüte stand. Echnaton wollte ein für allemal alles von der Erde verbannen, was Dunkelheit und Verwirrung, was Armut und Leiden war, denn er wußte, daß Dämonen Orte fliehen, an denen Schönheit herrscht. Er wollte das Reich des Glückes verwirklichen. Er wollte hier auf Erden das unbefleckte Bild des Seins erschaffen, das Goldene Zeitalter wiederherstellen, das einzige System errichten. Nie lebte jemand, dessen Enthusiasmus für den Kanon tiefer und leidenschaftlicher war. Er wollte Religion und Gesetz, Moral und Kleidung, Sitten und Ernährung, Bauten und Riten nach dem Abbild des einzigen, unbefleckten Bildes ausrichten, im Zeichen der alten Poesis. In der Weltgeschichte, so Breasted, war Echnaton jener Mann, der vom allerhöchsten Geist beseelt war und dessen Streben dahin ging, auch dem kleinsten Partikelchen der Schöpfung seinen Platz in der ewigen Schönheit der endgültigen

Ordnung zuzuweisen. Das war kein Leben, sondern Rausch, methé wie Orpheus sagte, methé aiónios, der Rausch der Welt.

Alles in der Welt geschieht der Schönheit wegen, sagt Dionysios Areopagita. In der Schönheit trifft und vereint sich alles Seiende. Schönheit ist der Einklang der Dinge in der ewigen Ordnung. Die erste Ursache für das Erstrahlen der Welt und das Wort, das die Vielfalt der Dinge zu sich ruft. Sie kennt keine Entstehung und kein Vergehen, keine Geburt und keinen Tod, sie ist immer gleich und unverändert, sie stand am Anfang der Welt da und wird am Ende der Welt dastehen als Maß und Urbild (paradeigma) der Welt. Die Schönheit schafft Harmonie und Freundschaft und Gemeinschaft.

Orphische Existenzen sind in der gegenwärtigen Zeit Dante Gabriel Rossetti, William Morris, John Ruskin und die um sie versammelten Maler und Dichter und Architekten und Denker. Sie haben das Unmögliche versucht, als sie inmitten des modernen Industrialismus den Menschen zur Einfachheit, die Gesellschaft zur Ordnung zurückführen wollten, den Geschmack veredeln, den Anspruch heben, das Denken reinigen wollten. Das Denken der englischen Präraffaeliten verbreitete sich nicht, aber gewiss scheiterte nicht die Bewegung am Zeitalter, sondern das Zeitalter an den Präraffaeliten. Das war zu viel und zu stark für die Menschen von heute. Nicht wegen fehlender Sensibilität für die Schönheit. Es ist schon alles zu niedrig und chaotisch, vernachlässigt und schäbig, grob und dumpf, undiszipliniert und unsauber. Die musische Ordnung hatte noch einmal ein Feuer entzündet. Die Präraffaeliten waren die letzten Menschen, die auch in einem Holzlöffel oder einem Strumpf, in Schlüsseln oder einem Topf die Gegenwart des Göttlichen in der Welt erblickten.

11.

Orpheus wollte eine geistige Kaste gründen oder, was dasselbe ist, die menschliche Existenz auf dem einzigen System errichten, doch das dunkle Zeitalter war bereits zu weit fortgeschritten, als daß seine

Absicht noch hätte gelingen können. Die Orphik war jedoch zu groß, als daß sie spurlos aus der Welt verschwunden wäre, noch 3000 Jahre später spürt man ihre Ausstrahlung, wenn auch ganz anders, als sich das Orpheus ursprünglich vorgestellt hat. Denn vermutlich rechnete Orpheus nicht nur nicht mit solchen Folgen, sondern er wollte sie auch nicht. Wie jede vorzeitliche Tradition will auch die Orphik nichts aufbauen. Das erste und letzte Wort jeder brahmanischen Initiation ist, daß sie die menschliche Welt für etwas Vergängliches hält, für eine Brücke, die überquert werden muß, für den Zustand des Fleisches, von dem jede Seele kosten muß, wo man sich aber nicht für immer niederlassen kann. Aus der orphischen Dichtung und später von Empedokles wissen wir, daß sie den Körper (sóma) als Kerker (séma) empfanden und lehrten, daß nur jene Seele auf die Erde gelange, die in Verwirrung geraten und vom ewigen Sein abgefallen ist. Es gibt hier nichts zu erschaffen. Die einzige Aufgabe in Indien und China, Tibet und Ägypten und Arabien besteht darin abzubauen. Es gibt nur eine Richtung, zurück.

Eigentümlicherweise entfaltete sich in der Orphik dennoch etwas, was später zur Existenzgrundlage ganz Europas und schließlich der ganzen bewohnten Erde wurde. Der Glaube an den sakralen und erlösenden Charakter des Werkes. Der Glaube an die Unsterblichkeit des Werkes. Der Glaube daran, daß das Werk (poiésis – Schöpfung) in gewisser und wesentlicher Hinsicht mehr als das Leben ist (metapoiésis). Etwas, worin der Mensch das Größte und Teuerste, Höchste und Reinste seines Wesens einbringt. Ein seltsamer Wahn. Die Schaffung eines Werkes, diese allumfassende Gestaltung (jezirah), diese universelle, poiétische Tätigkeit der Menschheit, durch die sie Musik schafft und den Staat, Bauten und die Wissenschaft, Maschinen und Instrumente – das ist es, was sich in der orphischen Tradition als unbeabsichtigte Folge der angestrebten Geistigkeit entfaltet hat und den Charakter des Lebens in Europa von den Griechen bis heute bestimmt.

Seitdem lebt Europa im Glauben an das Sakrale und Erlösende des Werkes. Das Werk ist zu einer Gattung des Karma-Yoga geworden, eine Form von Selbstverleugnung zugunsten des Werkes, von Selbstdisziplin und Weltverzicht für das Werk, nur für das Werk und ausschließlich für das Werk, deren Grundregel lautet: Als erstes und als erstes das Werk und erst danach der Mensch. Das Werk wurde zum

Maßstab des menschlichen Lebens. Das, was er macht. Dem er sich aber auch unterwirft. Etwas, was mehr als der Mensch ist und was ihn zu sich emporhebt und durchleuchtet und erlöst. Ein Werk zu schaffen bedeutet, eine Katharsis zu durchleben, weil man umkehrt (metanoia), der Verblendung den Rücken kehrt und der Wirklichkeit ins Auge blickt. Im Werk lebt der Mensch tiefer als in sich selbst. Für die ästhetische Existenz ist das Werk Spiegel und Exzeß, Eitelkeit und Ohnmacht, Instinkt, Gier, Sophismus, Willkür. Für die Orphik ist es etwas, worin man sich auf einer höheren Stufe verwirklicht (metapoiésis). Alle müßten es lieben, wäre es nicht eine wahnsinnige Raserei. Das Werk erschaffen. In der seit zweitausendfünfhundert Jahren vorherrschenden Verkommenheit und Disziplinlosigkeit ist es die letzte und einzige Basis der Ordnung, daß der Mensch im Bann seines Werkes lebt, daß es das letzte und einzige ist, woran er noch glaubt und wofür er sich mit der verbliebenen Leidenschaft seines halb erkalteten Herzens aufopfern kann. Das Werk ist eine Form von Unvergänglichkeit. Womöglich ihre letzte. Das Werk ist der Ruhm. Das Werk ist der allerletzte Krümel der sakralen Existenz.

Von der Poiésis wissen wir, daß sie der dritten und vierten Stufe der Weltenschöpfung entspricht, dem, was die hebräische Tradition Gestaltung (jezirah) und Herstellung (assijah) nennt. Diese beiden Stufen haben ohne die ersten beiden (aziluth und berijah) keinerlei Sinn. Tatsächlich nicht. Die phantastische Produktivität, die die Menschheit in diesem Werkwahn aufgebracht hat und aufbringt, ist so gut wie wertlos. Die unzähligen Gemälde und Plastiken, Gebäude und Maschinen, Lieder und Dichtungen und Theorien und Musik sind letztlich vollkommen bedeutungslos, solange sie nicht an die beiden oberen Stufen der Weltenschöpfung anknüpfen, bloße Zivilisation, als gäbe es sie gar nicht, da sie die absoluten Fragen der menschlichen Existenz gar nicht berühren. Was in der orphischen Tradition die Poiésis ist, ist nur die Exoterik der Tradition. Etwas, was das Leben vielleicht angenehm und soziabel und bequem, vor allem ästhetisch macht, doch das alles betrifft nur den äußeren Ring und hat mit der Esoterik nichts zu tun. Es dient nicht der Erlösung. Der Erlösung, wie sie Orpheus gekannt und formuliert hatte. Das, was wir Kunst und Dichtung, Wissenschaft, Philosophie und Religion nennen, bildet den äußeren Ring der orphischen Tradition. Die ganze Werkbesessenheit ist eine Folge der Orphik, vielleicht gar nicht die günstigste, aber eine sekundäre. Das sieht man schon daran, welche Ausmaße die Manie für das Werk angenommen hat, auf welches Niveau sie geraten ist und welche Werke sie schließlich hervorbrachte.

Das Mißverstehen und Nicht-Verstehen von Orpheus beginnt schon bei Platon. Fast das ganze Denken Platons bewegt sich im äußeren Ring, nichts verrät das mehr als die beiden grandiosen Schimären Staat und Gesetze. Plotin kehrt zum Ursprung zurück, aber seine Zeit war kaum mehr dafür gestimmt. Die Einsamen tauchten fortan immer seltener auf, dafür Werke, immer wieder Werke. Leistungen individuellen Ehrgeizes, ästhetische und gedankliche Bravour, Ausnahmen und Exotik. Die Welt ändert sich nicht. Ihre Grundlage ist das einzige System und wird es immer bleiben. Aber wenn sich im Menschen das klare Bild des einzigen Systems trübt, löst sich in ihm der Kanon, das Maß des korrekten Seins auf, sind die Folgen unberechenbar, verkommt der Mensch, verliert seinen Geschmack, verroht in seinen Gewohnheiten, sein Verstand verdunkelt sich, und wenn er nicht zu sich kommt, sich nicht, wie Empedokles sagt, seiner Sünden besinnt, wird er, wie wiederum Empedokles sagt, in dunkelhaarigem Chaos und blutigem Zwist versinken.

Das Lebenswerk

Der Mensch muß aus sich ein Werk schaffen, um in der Ewigkeit darin leben zu können. Aber das Werk muß offen sein, um jeden aufzunehmen, der es betreten will. Das Werk kann ein Haus, ein Gemälde, ein Land sein. Achill schrieb kein Gedicht, dennoch kann niemand leugnen, daß er ein Werk, durch seine Taten das Werk eines heroischen Lebens geschaffen hat. Die Heiligen.

Das Werk muß von der Inszenierung unterschieden werden. Das Werk entsteht aus dem Stoff des menschlichen Lebens, als wäre es die einzige, dichte und endgültige Form dessen, was dem Untergang geweiht ist; die Inszenierung ist Bravour, erlernbar und wiederholbar. In der Inszenierung fehlt der Mensch. Die hinduistische Tradition bezeichnet das Werk als Karma, als etwas, was aus Vergänglichem entsteht, aber erhalten bleibt. Die Inszenierung ist kein opus, nur ein aktus, ohne Rang und Größe. Das Werk bedeutet, daß es etwas gibt, was mehr als das Leben ist, und das Leben dafür hingegeben werden muß. Nicht damit es erhalten bleibt, sondern damit es wird. Jedoch in der Ewigkeit wird. Jeder Ziegelstein des Lebenswerkes hat als Preis den Verzicht auf etwas im Leben. Das Leben genießen und zugleich das Werk errichten, das gibt es nicht. Man gibt in seiner ruchlosen Treue nicht nach, und so erhebt einen das Werk in eine vom Leben unabhängige Konsequenz, in eine auf höherer Ebene konzipierte Existenz, in Dimensionen, die das Ausmaß des Lebens weit überschreiten, und wiederholt sich selbst als etwas Größeres als sein Selbst.

Das Karma ist die feste Form aller Gedanken, Worte und Taten eines Menschen in einem Raum, der gewaltiger als das Leben ist, und es ist nicht möglich, seinen Folgen zu entgehen; die einzige Möglichkeit ist, das Karma aufzuheben. Die Aufhebung des Karma (des Lebenswerkes) ist jedoch wiederum ein Werk. Dieses Werk bezeichnet man in Indien als *Nirwana*, in Arabien als *Fana*. Es ist das endgültige Werk; ein äußeres Kennzeichen hat es nicht, seine Unvergänglichkeit ist absolut.

Das Leben des Menschen wächst über sich hinaus und lagert sich als konzentrierter Extrakt in einer Sphäre ab, die dem Leben ähnelt und doch in anderer Gestalt und mit anderen Kräften auf das Leben zurückwirkt und das Leben nach seinem eigenen Bildnis formt.

Wir wissen, daß das Leben kein Ziel hat; einen Sinn hat es gleichwohl. Und den Sinn verleiht sich der Mensch selbst, je nachdem welches Leben er als seiner würdig erachtet. Bleibt das Leben unter einem gewissen Maß, ist es sinnlos; überschreitet es das Maß, beginnt das Leben selbst zu einem Werk zu werden. Es wird bewußt errichtet und ist eindeutig, keineswegs verständlich aus dem biologischen Leben heraus, aber sehr wohl als Musik oder als Dichtung oder als Metaphysik. Denn das Lebenswerk hat eine eigene, vom biologischen Leben unabhängige Logik. Diese Logik bedeutet nicht eine möglichst intensive Teilnahme an den natürlichen Gütern des Lebens, sondern Größe. Beides ist unvereinbar miteinander. Für die Größe ist ein Leben auf dem Niveau bloßen Genusses Verrat, denn für sie hat die Treue zum unerbittlich Höheren Gültigkeit. Ich habe das Recht, ein psychologisches oder soziales Leben zu führen, aber das Niveau der Größe hält das für Untreue dem Lebenswerk gegenüber. Obwohl so viel dagegen spricht, ist der Mensch gezwungen, das Lebenswerk für sein persönliches, eigenes zu halten. Mit Unbehagen zwar, ob die Existenz, die das Werk darstellt, das Ich, oder wenn auch die Essenz des Ichs, jemand weit über dem Ich ist.

Ein Reisender hat über den Parthenon gesagt, daß für ihn das Erschütternde bei seinem Anblick keinesfalls die Kunst, also die Schönheit war. Er fand, daß der Ort, genau jener Ort, an dem der Parthenon erbaut worden war, aus seiner Umgebung herausragte und mindestens um einen Schritt höher im Sein stand. Das läßt sich nicht begründen, noch weniger beweisen. Architektonisch ist das Ganze korrekt. Aber nicht der Fehler oder die Vollkommenheit. Dieser Tempel, so wie er hier steht, scheint höher zu sein, als er ist.

Die Errichtung des Werkes vollzieht sich gegen den Menschen; es ist ein Zustand, in dem ich an einem geheimnisvollen Ort von jemandem (der ich bin und doch nicht bin) Antwort erhalte, nicht auf die Frage, was ich sagen soll und was ich tun soll, sondern wie ich leben soll. Das wahre Werk ist posthum. Solange der Schöpfer lebt, lebt auch das Werk in jener Verblendung, die allem Lebenden als Anteil mit dem Leben zufällt. Denn solange jemand lebt, hat er nur sein Leben, erst wenn er gestorben ist, wird daraus ein Schicksal. Das Thema des Lebenswerkes jedoch ist das Abgeschlossene, das Fertige, das Schicksal. Es gibt Werke, die fünf Minuten vor dem Tod bedeutend sein mögen; fünf Minuten später sind sie nirgends mehr. Werke, von denen hundert Jahre lang niemand etwas wußte, und plötzlich scheinen sie eben erst entstanden zu sein. Man darf den Vorteil dessen, worauf man sein Leben gesetzt hat, nicht sehen. Unter den großen Werken gibt es keinen Altersunterschied. Alle großen Werke sind zeitgleich. Alle großen Werke sind stets gegenwärtig. Alle großen Werke sind meine Zeitgenossen.

Die Griechen nannten die Erstellung des Lebenswerkes einfach Verfertigung, *poiesis*. Auch die Hebräer nannten sie nur *jezirah*. Vielleicht weil sie bei dieser Erstellung nichts gegenüberstanden. Wenn wir heute das Lebenswerk erstellen, stehen wir uns selbst gegenüber; das Werk ist keine Schöpfung, sondern die Neuschöpfung unseres Selbst über uns. Nicht poiesis, sondern *metapoiesis*. Vielleicht genügte den Griechen und Hebräern das Leben, so wie es war, um das Werk zu vollenden. Wir müssen uns über uns selbst erheben. *Über*, wie Nietzsche sagte. Die Realität des Lebenswerkes ist die Surrealität. Was Leben ist, ist vorübergehend und formlos. Das Schicksal muß im Endgültigen stehen, fertig, abgeschlossen, wie der Parthenon mindestens einen Schritt höher als das Leben.

Der Sprung aus dem Leben ins Lebenswerk.

Das Lebenswerk ist Metapoesie, der Mensch errichtet sich selbst über sich selbst zum Unendlichen hin. Dieses Lebenswerk ist von jenem überdimensionierten Werk zu unterscheiden, das meist eine absichtliche Täuschung ist, damit man größer erscheint, als man ist. Das ist die Schau. Was mit Kräften aufgeladen wurde, die höher als das Leben sind, bleibt erhalten; die Schau zerrinnt mit dem Leben.

Die Schau entsteht nicht aus der permanenten Opferung des Lebens und ist eben deshalb keine alchimistische Verwandlung der Vergänglichkeit in einen endgültigen Sinn; die Schau wird vom Menschen veranstaltet, eher der Wirkung wegen. Vielleicht wegen noch weniger. Ins Werk wächst der Mensch hinein – wie bei der endgültigen Gestaltwerdung; die Schau dient nur dazu, sich dahinter zu verstecken.

Es ist meist leicht, das Werk und die Schau voneinander zu unterscheiden, ja sogar wie weit innerhalb einer Schöpfung diese ein Werk ist und wo die Schau beginnt.

Die Schau zeigt irgendeine außergewöhnliche Version des Menschen; das Werk zeichnet den normalen Menschen. Das Kennzeichen der Außergewöhnlichkeit ist die angestrengte Stimme, die falsch ist. Das Ergebnis der Tricks, der Bravour, der Blendung ist eine gewisse hochstaplerische Virtuosität, die als Stil bezeichnet wird. Ein authentisches Werk hat keinen Stil.

Das absolute Werk sind die heiligen Bücher (die Offenbarung). Das verweltlichte Werk nennen wir Literatur.

Die Sprache der heiligen Bücher ist die authentische Sprache. Die Sprache der Literatur ist der Sophismus. Die untere Grenze der Sophistik ist der Journalismus.

Die authentische Sprache steht im Zeichen der Wahrheit, die Sophistik im Zeichen des Interessanten. Das Kennzeichen des Journalismus ist die Sensation.

In der archaischen Zeit mußte man das Werk nicht selbst suchen, sondern erhielt es als Aufgabe. Es war die Zeit, als das Leben von großen, kollektiven Werken, den sogenannten Kulturen, gestaltet wurde. Es ist ungewiß, wann, nach Ansicht vieler in der Mitte des zweiten Jahrtausends vor Christus wurde die Schaffung des Lebenswerkes zu einer individuellen Aufgabe. Es hing jedenfalls mit dem religiösen Phänomen zusammen, daß der Mensch sein Heil nicht mehr kollektiv, sondern individuell zu suchen begann. Seitdem hängt die Schaffung eines individuellen Lebenswerkes mit der Idee der persönlichen Unsterblichkeit zusammen und ist ein sakraler Akt. Es ist eine Tatsache, daß die Bedeutung des kollektiven Werkes gemessen an der des individuellen Lebenswerkes immer mehr abnimmt. Individuelle Werke wie die Werke des Propheten, des Heiligen, des Königs, des Heroen, des Dichters und anderer haben Gestalt angenommen. Die Kollektivierungsversuche sind immer verzweifelter geworden, und heute ist es nicht mehr möglich, sich auch nur vorzustellen, daß das Heil in irgendeiner kollektiven Kategorie, einem Volk, einer Kaste, einer Klasse, einer Nation, einer Religion liegen könnte. Der Mensch ist wahrscheinlich nicht in der Lage, wieder restlos in irgendeinem Kollektiv aufzugehen. Es gibt keine Kulturen mehr, und die Errichtung einer neuen Kultur ist Nonsens. Es gibt keine Religionen, Völker, Klassen mehr. Es gibt nur ein einziges Kollektiv, die sich über die ganze Erde erstreckende Menschheit, und in dieser Gemeinschaft ist das Heil (das Lebenswerk) etwas Persönliches. Das Kollektiv bietet dem Menschen heute nur noch ein herabgestuftes und minderwertigeres Heil, das nur jemand annimmt, der eines Teils seines Menschseins beraubt ist, und auch er nur aus Zwang. Das Kollektiv stellt in diesem Moment nur noch ein Hindernis bei der Verwirklichung des individuellen Lebenswerkes dar. Seit dem Erscheinen des Christentums ist die Frage, welches Heil der Mensch als seiner würdig erachtet und welches Werk er aus sich selbst schafft und wo er im Ewigen wohnen möchte, ausschließlich seine eigene Entscheidung.

Das authentische Beispiel eines Menschen des zwanzigsten Jahrhunderts ist nicht der Staatsmann, der General, der Milliardär, der Wissenschaftler, der Maler, sondern jemand wie Albert Schweitzer. Auch wenn es von jenen aufsehenerregenden zahllose, von diesem jedoch nur einen einzigen gibt. Einer ist mehr als zehntausend, sagt Heraklit. Das Lebenswerk in menschlicher Gestalt. Albert Schweitzer formuliert das Lebenswerk in der Sprache des Evangeliums, weil es dadurch von allen sofort verstanden wird, und sagt: Das Christentum lehrt nicht die Vergebung der Sünden, nicht die Auferstehung, sondern daß der Mensch das Reich Gottes errichten muß. Das ist das Lebenswerk, das jedem Menschen einzeln und der ganzen Menschheit universell auferlegt ist und das wir verwirklichen müssen, weil wir unweigerlich zu Grunde gehen, wenn wir es nicht tun. Das Reich Gottes ist das universelle Lebenswerk der Menschheit und jedes Menschen persönlich, der eigentliche Sinn der Menschheitsgeschichte, das an die Stelle der zerronnenen Kulturen tritt, das die Völker, Nationen, Klassen, Religionen, vor allem aber die voneinander losgelösten Individuen im Zeichen der universellen Einheit in sich aufgehen läßt und das Goldene Zeitalter des Anfangs auf einem höheren Niveau als endgültige Form der Existenz verwirklicht. Die Sache ist sehr einfach: Während in der Welt Völker ausgerottet wurden, heilte Schweitzer kranke Menschen im Urwald, und während sich in der Welt um des größtmöglichen Reichtums und der größtmöglichen Macht willen eine beispiellose Niedertracht breit machte, arbeitete er, um seinen Kranken Medikamente kaufen zu können. Etwas Einfacheres gibt es wirklich nicht. Man muß dazu nicht einmal genial, nur ein einfacher, normaler Mensch sein.

Das Fundament der heiligen Bücher ist die Ordnung. Es gibt nur eine einzige Ordnung, eine präexistente, das heißt eine, die vor der Welt war und ist. Ordnung ist, was sich selbst aus sich heraus regelt, ständig ordnet und in Ordnung hält. Die metaphysische Ordnung (Indien, China), die objektive Ordnung des Kosmos (Orpheus), die religiöse und moralische Ordnung (Iran, Judea), die Ordnung der menschlichen Existenz hier und in der Ewigkeit (das Evangelium).

Wenn das Bewußtsein der Ordnung verloren geht, erscheinen die Systeme. Ein System ist das, was eine Ordnung sein will, es aber nicht kann, irgendwo immer fehlgeht und daran scheitert.

Diesen Gedanken hat Rudolf Kassner so formuliert.

Die Ordnung der Sprache erkennt man daran, daß sie nicht beweist (nicht sophistisch ist), sondern verkündet (offenbart).

Die Staaten und Gesellschaften, Religionen und Weltanschauungen und Philosophien der Geschichte stehen nicht im Zeichen der Ordnung, sondern des Systems. In Europa hat man – sieht man von einigen Ausnahmedenkern ab – stets nur Systeme errichtet. Willkürliche Gedanken mit nicht enden wollenden (sophistischen, dialektischen) Beweisen, die sich alle an mindestens einer Stelle als unhaltbar erwiesen haben und eingestürzt sind. Und heute leben wir auf den verfallenen Ruinen sämtlicher Systeme.

Bedarf ein Gedanke einer Erklärung, sagt Vauvenargues, bedeutet das, daß er schlecht formuliert wurde.

Der Moralist bedarf keiner komplexen Methode, um mitzuteilen, was er will. Wenn dem so wäre, ließe sich auf jedem Epigramm von Chamfort ein System wie das Kants errichten. Der Moralist sucht die authentische Sprache. Der Moralist ist der weltliche Prophet (Montaigne, Sebastian Franck, Erasmus, Pascal, Kierkegaard, Lichtenberg, Nietzsche). Was er fordert, ist schon da. Es bedarf keiner Systeme. Ein einziger Satz genügt. Das Sein, so wie wir es leben, ist beschädigt, voller Mängel, voller Gräber und Löcher und Brüche und abschüssiger Stellen, und die Antagonismen bedrängen einander. Es hat keinen Sinn, den Widersprüchen auszuweichen, eine glatte und angenehme Welt zu errichten, die zum Großteil unwahr ist. Was in Europa authentisch ist, steht nicht in den Systemen Thomas von Aquins, Descartes', Kants oder Hegels geschrieben, sondern bei den Moralisten.

Das System ist stets das Abbild eines Machtapparats. Vom Machtapparat wissen wir jedoch, daß er stets eine Plünderung der Existenz bedeutet. Das System steht der Verwirklichung der Ordnung im Weg.

Das System zeichnet sich durch das abstrakte Ein-für-allemal, die Ordnung durch Unendlichkeit aus. Das System ist krampfhaft, die Ordnung sinnvoll. Die Ordnung umfaßt alles, aus dem System bleibt immer etwas heraus. Jedes System ist pedantisch und somit humorlos. Und deshalb komisch. Die Ordnung ist jeden Augenblick anders und doch stets dieselbe. Die Ordnung ist immer offen, das System ist geschlossen und bietet die allergünstigste Möglichkeit, sich zu verstecken.

Im System beweist man umständlich etwas, was meist unhaltbar ist. Der Beweis ist die Verteidigungstaktik des sich im System versteckenden Menschen.

Das Denken in der Ordnung nimmt im Epigramm Gestalt an. Das Epigramm ist offen und beweist nicht. Das Tao te king, die Lun Yü, Heraklit, der Vedanta, das Samkhya, die griechischen Weisen, der Talmud, die Moralisten. Wer auf einmal mehr schreibt, als was auf eine Visitenkarte paßt, spricht nicht die Wahrheit.

Die sakrale Ordnung ist die stille Alltäglichkeit.

Das Maß der Dinge im System ist der Mensch (Sophistik). Deshalb bedarf es eines Beweises. Die sophistische Dialektik ist eine unbefugte Einmischung in die absolute Ordnung der Existenz; das Epigramm ist ein Gedankenakt höherer Ordnung.

Wer im Bewußtsein der Ordnung ist, bedarf keines Systems (tao). Das System ist die verzweifelte Form der Anarchie und die verzweifelteste von allen ist die Utopie.

Das moderne Epigramm ist eine *spéculation sans sanction* (Valéry), eine unverantwortliche Jagd nach Möglichkeiten. Um sich gegen die Geschwätzigkeit der Literatur zu schützen, schafft es eigentümliche, sprachliche Spannungen.

Das absolute System (*théorie pure*) sagt nichts, es beweist nur. Diese reine Beweisführung um ihrer selbst willen (Methode) ist das Fundament des Apparats. Bürokratie, Technik, Wissenschaft, Staatsmacht, industrielle Organisation, Automatisierung, Maschinenwesen, Knopfdruckmentalität. Das System der Seinszerstörung.

Die Grundlage des Systems ist das Prinzip, das Prinzip ist die fixe Idee, die fixe Idee führt zum Terror. Abstrakte Architektur. Blinde

Vernünftigkeit. Zuchthausphilosophie: Wie soll das rationale Reglement des Zuchthauses aussehen, welche Ideologie macht das Leben im Zuchthaus angenehm.

Der Unterschied. Rußland: es soll nur ein gemeinsames Gefängnis geben. Amerika: jeder soll sein eigenes Gefängnis haben.

Der Mensch hat eine Verpflichtung dem Werk gegenüber. Im Bewußtsein des Werkes kann niemand auf praktische Gesichtspunkte, etwa auf den des Lebensunterhalts oder der Geltung Rücksicht nehmen. Ich muß auf eine Konsequenz bestehen, von der niemand behaupten kann, sie sei die seine, die jedoch auch niemand verleugnen kann. Lebt man in der höheren Wirklichkeitsordnung des Werkes, weiß man um die Gegenwart einer Macht, die grenzenlos mehr als die Kräfte seines biologischen Seins ist, und es ist ebenso wahnsinnig, sich mit ihr zu identifizieren wie es nicht zu tun. Der Unterschied ist, wenn ich mein Leben hingebe, leide ich nur, wenn ich das Werk verleugne, habe ich mich beschmutzt.

(Bemerkung zum Lebenswerk)

Es war (und blieb) Europas blinder und unheilbarer Tätigkeitswahn, der die Menschen hier daran hinderte, die Grundbegriffe der vorzeitlichen und orientalischen heiligen Bücher zu verstehen. Diese Grundbegriffe – von den anderen soll hier nicht die Rede sein – bezeichnen in erster Linie den höchsten Zustand, den ein Mensch erreichen kann. Sie lauten *purusa-prakriti* im Samkhya, *atman* und *nirwana* im Vedanta, *nivritti* im Yoga, *sunyata* in Buddhas Reden, *wu wei* im Tao. Das Verständnis war nicht möglich, weil diese Worte in Europa von Anfang an vom Handeln her gedeutet, mit Nicht-Handeln in Verbindung gebracht und auch so übersetzt wurden. Man war der Überzeugung, daß das, was keine Aktivität ist, unbedingt Nicht-Aktivität, also Passivität sein muß. So ausgelegt ist das grundsätzlich falsch. Es war falsch im Altertum, im ganzen Mittelalter (Mystik), in der Neuzeit

(Quietismus). An diesem Unverständnis scheiterte auch die *Soledad*, eine der tiefsinnigsten geistigen Bestrebungen Europas. Man wußte einfach nicht, was jene wollten, und am allerwenigsten wußte es natürlich Molinos, der Spiritus rector der Soledad.

Die Grundbegriffe der vorzeitlichen heiligen Bücher werden für uns verständlich, wenn wir uns ihnen nicht von der Idee der Aktivität, sondern von der des Lebenswerkes her nähern. Die getreue Übersetzung des Ausdrucks wu wei bedeutet nicht Nicht-Aktivität oder Nicht-Handeln, sondern die Enthaltung von der Errichtung des individuellen Lebenswerkes. Nivritti bedeutet im Yoga kein restlos befriedigtes und passives Bewußtsein, sondern die Beschwichtigung jener Unruhe im Bewußtsein, die man durch die Errichtung des Lebenswerkes in sich weckt. Nirwana bedeutet nicht Nicht-Sein, Leere oder das Nichts, sondern den endgültig reinen und transparenten Zustand der Aufhebung des individuellen Lebenswerkes. Denn die Vernichtung des Lebenswerkes ist das absolute Verbleiben des Wesens. Das Lebenswerk bleibt stets ein Objekt, und als Objekt gehört es zur Welt, ist vergänglich, veränderlich, Blendwerk; wenn es sich nicht objektiviert, bleibt es ein Wesen im absoluten Sein.

Diese Grundbegriffe der heiligen Bücher lenken die Errichtung des Lebenswerkes beziehungsweise die Erlösung von der Last der durch die Tätigkeit angehäuften guten und schlechten Taten. Die Tätigkeit webt ein Schicksal. *Désœuvrement*, wie es der genaue und treffliche französische Ausdruck nennt; Auflösung oder Aufhebung des Lebenswerkes oder so ähnlich. Jedenfalls ein Desinteresse an der Schaffung des Lebenswerkes, das weder eine Tätigkeit noch eine Nicht-Tätigkeit ist, weder prakriti noch nivritti, wie die Bhagavadgita lehrt. Und wenn es weder dies noch jenes ist, so doch ganz gewiß das Ausjäten der Karmakeime und auf jeden Fall eine Tätigkeit, die statt aufzubauen abbaut, das heißt statt durch ihre Taten und Worte und Gedanken ein neues Menschenschicksal zu ermöglichen, das Gewebe und Geflecht der Schicksale, die sich von neuem und neuem in ihm angehäuft haben, zerlegt und durchleuchtet und aufhebt. Das Weben des Schicksals, die Aktivität, bei den Chinesen das *Teh*, bei den Hindus die *Sakti*, im Samkhya die *Prakriti*, das tätige, gebärende, weibliche Element, das das Leben webt; denn die Schaffung des Lebenswerkes steht in Analogie zum Gebären. Das, worum es bei der Aufhebung des Lebenswerkes geht, nennen die heiligen Bücher die Aufhebung des Werkes der Frau (sakti, prakriti, teh). Dazu müssen sich die Schwingungen und die Unruhe des Bewußtseins legen. Worin das einzige Ziel von Patanjalis *Yoga Sutra* besteht: *citta vritti nirodah*. Das ist die Bestrebung des Buddhismus, *Sunyata*, *Mahasunyata*, die große Leere. Kein Zugewinn an Karma, sondern Aufhebung von Karma. Die Auflösung jeder Art von Initiative. In Europa würde man sagen die Liquidierung der Geschichte und der Austritt aus der Geschichte. Und wenn jemand handeln muß, tut er das ohne persönliche Teilnahme. Wenn er sprechen muß, ist seine Rede das Nicht-Sprechen. Wenn er denken muß, ist sein Gedanke das Nicht-Denken. Er läßt die Kräfte durch sich hindurch in die Welt strömen, aber er selbst ist weder einverstanden noch ist er nicht einverstanden. Deshalb ist Buddhas vollkommene Rede die Blumenrede, als er den Pilgern eine Blume zeigt und kein Wort sagt.

Die Aufhebung des Lebenswerkes ist eine Aufhebung jener Tätigkeit, die dazu führt, daß sich im Menschen Möglichkeiten eines neuen Schicksals anhäufen, neue Neigungen, unbefriedigte Begierden entstehen, Wünsche, Ziele, Sehnsüchte, ungelöste Fragen, Anhänglichkeit, Haß, Neid, Eifersucht, Ehrgeiz. Das alles ist eine Folge des Lebenshungers, der das Leben endlos verlängern möchte, wenn man sich also mit dem individuellen Ich, dem Träger unbefriedigter Begierden und Wünsche, Instinkte identifiziert. In jenem Zustand, den die hinduistische und die chinesische Traditionen als Nirwana beziehungsweise Wu Wei bezeichnen, löst der Mensch jede Art von Identifikation mit dem individuellen Ich. Nicht er ist derjenige, der handelt, sondern irgendeine Macht in ihm und durch ihn hindurch. Er selbst ist leer. Deshalb sagt Guénon, daß die Erlösung kein Zustand ist, der über dem Menschen steht, sondern ein Ereignis, das größer als der Mensch ist, sich im Nicht-Raum und in der Nicht-Zeit vollzieht, in dem nicht das menschliche Individuum das tätige Element ist, und das sich also nicht in der Identifikation mit dem Ich vollzieht. Es liegt jenseits der Individualität, doch eigenartigerweise liegt es nicht nur jenseits der Individualität, sondern zersetzt die Individualität auch. Und was bleibt: die Leere, das Nirwana, das Nichts, Sunyata, Mahasunyata. Und da sich die Verbindung zwischen der Aktivität und dem menschlichen Wesen gelöst hat, häufen sich die Folgen und Spuren der Aktivität nicht im menschlichen Wesen an, sammeln sich nicht in ihm, werden im Menschen nicht zu einem neuen Schicksal, einem Lebenswerk. Das Lebenswerk: die Leere. Das Nicht-Werk. Das einzig Sichere und Unbezweifelbare und Absolute und Ewige und Endgültige. Man hat jede Art von Identifikation abgelegt und nur eine einzige beibehalten, die Identifikation mit der Leere. Die einzige Identität, die wirklich und tatsächlich identisch und wahr ist, im Gegensatz zu allen anderen Identitäten mit einer Tat, einem Gedanken, einem Wort oder einem Werk, die stets irrtümlich, fehlerhaft und falsch sind. Das ist es, was Guénon als *identité suprême* bezeichnet: die Identität mit der obersten Stufe des Seins.

Das vollkommene Lebenswerk ist das Nicht-Werk. Kein nach außen projizierbares, sondern ein im menschlichen Wesen realisiertes Ergebnis. Aus diesem Nicht-Werk webt sich kein Schicksal mehr. Die Tätigkeit zur Verwirklichung dieses Werkes ist kein Aufbau, sondern eine ständige Aufgabe und Auflösung, bis nichts mehr bleibt, und dann noch die Aufgabe dieses Nichts und auch noch die Aufgabe dieser Aufgabe.

Harlekin

1.

Solange Romeo in die hübsche Rosalinde verliebt ist, ist er zwar etwas empfindlich, aber er benimmt sich und spricht genauso wie die anderen. In dem Augenblick, als er Julia kennenlernt, beginnt er irrezureden. Er sagt ungewöhnliche Worte und gebraucht sie in einem seltsamen Sinn. Manchmal bizarr, öfter grotesk und noch öfter völlig sinnlos. Je verrückter er liebt, um so verrückter benimmt er sich und spricht er. Seine Sprache scheint plötzlich eine Oktave höher geschnellt zu sein als die der anderen.

Solange Hamlet dem Geist seines Vaters noch nicht begegnet ist, ist er zwar etwas schwermütig, aber er benimmt sich und spricht genauso wie die anderen. In dem Augenblick, als er seinen Vater erblickt, beginnt er irrezureden. Und siehe da! Im gleichen Augenblick stellt sich heraus, daß nicht er, sondern die anderen irrereden, und er derjenige ist, der richtig spricht. Die anderen gebrauchen weiterhin arglos ihre Sprache, nehmen Romeos und Hamlets Albernheiten mißbilligend zur Kenntnis. Aber uns, die wir das Drama von einer unparteiischen Warte aus sehen, kann das nicht mehr täuschen. Wir wissen sehr wohl, daß Romeo und Hamlet richtig sprechen und die anderen irrereden und falsch sprechen. Wir wissen, daß sie deshalb ungewöhnliche Worte in einem seltsamen Sinn gebrauchen, deshalb Wortspiele erfinden, weil die Welt, wie Shakespeare sagt, aus den Fugen geraten ist und ihre Sprache gleichsam eine Oktave höher geschnellt ist.

Während die anderen arglos fortfahren, irrezureden und falsch zu sprechen, beginnen Romeo und Hamlet Worte zu gebrauchen, die der Situation genau angemessen sind. Welcher Situation? Törichte Frage. Der Situation, die vorliegt. Die anderen begreifen keine Silbe von alledem. Von was? Törichte Frage. Davon, was vor sich geht. Die anderen glauben, es handele sich dabei um eine gefährliche, ja schädliche, ja verbotene Steigerung des Seins. Aber uns, die wir das Drama von einer unparteiischen Warte aus sehen, kann das nicht mehr täuschen. Wir sehen sehr wohl, daß keinerlei Steigerung stattgefunden hat. Verglichen mit Romeo und Hamlet sind die anderen im Nicht-Sein. Und in dem Moment, als Romeo Julia kennenlernt, beziehungsweise Hamlet dem Geist seines Vaters begegnet, als die Welt also aus den Fugen gerät, werden die Nicht-Seienden plötzlich zu Seienden. Und sobald sie Seiende sind, beginnen sie so zu sprechen und der Situation genau angemessene Worte zu gebrauchen wie die, die alles genau begreifen. Es hat keinerlei gefährliche, ja schädliche, ja verbotene Steigerung stattgefunden. Es kann keine Rede von Irrereden sein. Es kann keine Rede davon sein, daß sie um so verrückter reden, je verrückter sie werden. Das glauben nur die anderen. Wir, die wir das Drama von einer unparteiischen Warte aus betrachten, wissen, daß die anderen einfach nicht zählen, daß im Drama einzig Romeo und Hamlet Seiende sind.

2.

Nie hat es eine günstigere Gelegenheit zu jener Unterscheidung gegeben, die schon vor ganz langem hätte getroffen werden müssen, als jetzt. Es gibt eine Kunst, die geometrisch und verstandesmäßig, fast schon pythagoreisch und klassisch ist, jedenfalls von der Inspiration durch irgendeine Ordnung lebt und dementsprechend Maß und Gewißheit und Wissen ausstrahlt. Diese Kunst darf orphisch genannt werden, nicht weil Orpheus sie erfunden hätte, sondern weil ihr höchster Ausdruck in Europa die orphische, griechische Klassik ist. Orphisch sind aber auch die ägyptische Kunst, die tibetanische, in vielerlei Hinsicht auch die chinesische, die toltekische, die Gotik, die Renaissance. Die orphische Kunst ist eine zügelnde Kunst. Ein großes Beispiel dafür ist das östliche Yantra. Sie ordnet die Kräfte, die sie anfaßt. Deshalb besteht das große Ziel jeder Orphik in der Harmonie. Und deshalb ist sie verstandesmäßig, geometrisch und maßvoll, deshalb lebt sie von der Inspiration der Ordnung und deshalb ist ihre höchste Stufe die griechische Klassik.

In jeder Kunst gibt es neben einem ordnenden, disziplinierenden und zügelnden Moment auch ein beschwörendes Moment. Das ist die magische Kunst, die gelegentlich ausbricht und die die Orphik in Europa fast ganz überrollt hat. Die magische Kunst zügelt nicht, im Gegenteil, sie beschwört. Sie ist nicht verstandesmäßig, sondern imaginativ. Sie lebt nicht in der Harmonie, sondern im Rausch. Sie sucht nicht die Gewißheit, sondern den Enthusiasmus. Sie entfesselt die Kräfte, die sie anfaßt.

Ein charakteristisches Werk ist die *Divina Commedia*, einer der Höhepunkte der Orphik. Vom Grund der Hölle bis zum höchsten Himmel ordnet und zügelt sie alle Kräfte. Ein charakteristisches magisches Werk ist Dostojewskis *Dämonen*. Das ist das Werk, in dem sich Stawrogin in aller Ruhe mit dem General unterhält, dann auf einmal, ohne jeden Grund und jede Vorwarnung aufsteht, an den General herantritt und ihm ins Ohr beißt.

»Und die Musik überhaupt ist etwas Schreckliches«, schreibt Tolstoi. »Was ist das nur? Ich weiß es nicht. Was ist denn die Musik? Was bewirkt sie? ... Man sagt, die Musik wirke erhebend auf die Seele ... Sie wirkt auf die Seele ein ... aber durchaus nicht erhebend. Sie wirkt weder erhebend noch erniedrigend auf die Seele, sondern aufregend ... Unter ihrer Einwirkung glaube ich ... etwas zu verstehen, was ich nicht verstehe, etwas vollbringen zu können, was ich nie vollbringen kann.«

Mit diesen Worten charakterisiert Tolstoi Beethovens magische Musik. Die Musik wirkt aufregend auf die Seele. Nicht erhebend oder erniedrigend, sondern aufregend. Die Beethovensche Musik ist eine beschwörende Musik. Eine magische Musik so wie Dostojewskis Schreiben magisches Schreiben ist. Kunst, die die Seele aufregt, im Gegensatz zur Kunst, die die Seele zügelt, magische Kunst im Gegensatz zur orphischen Kunst, wenn ich etwas vollbringen kann, was ich nicht vollbringen kann, wenn ich etwas verstehe, was ich nicht verstehe. Das ist Magie. Das ist Rausch und Imagination und Enthusiasmus. Die orphische Kunst stellt alles auf seinen Platz, bringt alles ins Gleichgewicht, diszipliniert und wirkt erhebend auf die Seele wie die Oden Pindars oder die *Divina Commedia* oder eine Bach-Fuge oder der Parthenon oder ein Gemälde von Raffael. Die magische Kunst ist eine Kunst, die die Abgründe heraufbeschwört und das Gleichgewicht auflöst, die aufregend auf die Seele wirkt wie Faust oder eine Beethoven-Sonate oder ein Gemälde von van Gogh oder eine späte Plastik von Michelangelo. Das Emblem der orphischen Kunst ist der Kristall, das der magischen Kunst der Strudel. Orphisch ist folgender Satz aus der Bibel: Am Anfang schuf Gott den Himmel und die Erde. Magisch ist Tolstois Satz: Das Leben beginnt erst, wenn man nicht weiß, was kommt.

Als Romeo Julia kennenlernt und als Hamlet dem Geist seines Vaters begegnet, treten sie plötzlich und auf einmal und von einem Augenblick auf den nächsten aus dem Zustand der Zügelung in den Zustand der Erregung. In einem einzigen Augenblick verändern sich die Zusammenhänge ihres Seins. Sie leben nicht mehr im Kristall, sie sind im Strudel. Die Welt ist aus den Fugen geraten, sagt Shakespeare. Das ist der Enthusiasmus und die Imagination und der Rausch. Es herrscht keine Ordnung mehr. Ich verstehe etwas, was ich nicht verstehe. Das Leben beginnt erst, wenn ich nicht weiß, was kommt. Romeo und Hamlet erkennen etwas Entscheidendes. Die anderen werten falsch und kalkulieren falsch und rechnen fehlerhaft und engen ein und verringern und verleugnen. Was? Törichte Frage. Das, was ist. Romeo und Hamlet scheinen den Verstand verloren zu haben. Davon kann nicht die Rede sein. Das Leben beginnt erst, wenn man nicht weiß, was kommt. Das Sein wirkt nicht beruhigend. Es wirkt überhaupt nicht erhebend, sondern erregend. Man glaubt plötzlich, etwas vollbringen zu können, was man nicht vollbringen kann. Es gibt keine Gewißheit und Ordnung und Disziplin und Harmonie und zügelnde Macht mehr. Aber es gibt sehr wohl die Besinnungslosigkeit und die Leidenschaft, und es gibt die Beschwörung und den Enthusiasmus und die Magie und den Rausch.

3.

Es geht um eine der Hauptfiguren des menschlichen Seins. Die eine Hälfte ihrer Vorfahren, sagen wir ein Elternteil, sagen wir ihre Mutter, ist der Rausch des Strudels. Die andere Hälfte ihrer Vorfahren, sagen wir der andere Elternteil, sagen wir ihr Vater, ist bei Shakespeare ebenfalls leicht zu finden.

Der Schlüsselbegriff lautet vaulting ambition. Er läßt sich als Ehrgeiz oder als Ambition oder als Machtinstinkt übersetzen. An diesem Wahn leiden alle Figuren in den historischen Dramen, aber niemand mehr als Richard III. Und Macbeth. Aber auch Antonius und Cäsar und Coriolan.

Der Machtinstinkt hat eine seltsame Logik. Befehlen ist Seligkeit, wie Goethe sagt. Es bereitet unsagbare Wonne zu befehlen. Mächtig sein. Sich daran berauschen, befehlen zu können. Richard III. könnte viel davon erzählen. Macbeth noch mehr. Steht ihm jemand im Weg, läßt er ihn umbringen. Aber jemand weiß von dem Mord, er muß auch umgebracht werden. Blut, Blut. Stets gibt es noch jemanden, der ihm im Weg steht und etwas weiß, vor dem er sich fürchten kann. Sie müssen alle umgebracht werden. Das ist vaulting ambition. Jetzt stehen ihm schon so viele im Weg, er muß sich vor so vielen fürchten, daß er schon gar nicht anders könnte, als unablässig zu töten und töten zu lassen. Das ist der Machtinstinkt. Er tötet Duncan, aber weil er ihn getötet hat, muß er auch Banquo töten, und weil er ihn getötet hat, muß er Macduffs ganze Familie töten. Wann kann er sich seiner Macht endlich sicher sein? Das ist vaulting ambition.

Im ersten Akt von Shakespeares *Timon von Athen* ist Timon von Macht besessen, er ist reich und einflußreich, er herrscht und befiehlt. Aber als er seinen Reichtum verliert, wird er augenblicklich von ausnahmslos allen im Stich gelassen. Timon von Athen ist jene Gestalt Shakespeares, die einsehen muß, daß es auf der Welt nicht eine einzige Zelle gibt, die nicht von Machtgier durchdrungen wäre. Und die zweite Hälfte des Dramas, als Timon allein ist, verlassen und verarmt, verachtet, ein Bettler im Wald, ist eine einzige Kritik der Welt der Machtbesessenheit. »Alles ist krumm, es ist nichts gerades in unsrer verfluchten Natur, als unverbesserliche Büberei.« Er wohnt in einer Höhle, ernährt sich von Wurzeln und tobt gegen die vaulting ambition. Es ist eine Kritik an Macbeth und Richard III. und Cäsar. Timon a madman so long, now a fool – lange verrückt, jetzt ein Narr. Timon ist der einzig mögliche Übergang von der Ambition zu dem, was jenseits der Ambition ist. Was ist jenseits der Ambition? Lange verrückt, jetzt ein Narr. Er ist der einzige, der die Machtbesessenheit überwunden hat. Der einzige, der einen Menschen, der in der Welt lebt, mit den seltsamen Worten segnet: the plague of company light upon you – die Pest der menschlichen Gesellschaft falle auf dich. »Mein einziger Stolz ist, daß ich nicht du bin.« Wärst du sauber genug, würde ich dich anspucken.

Es geht um eine der Hauptfiguren des menschlichen Seins. Sie stammt zu einer Hälfte vom Rausch des Strudels ab. Zur anderen Hälfte von der Überwindung und Zügelung der Machtbesessenheit, »lange verrückt, jetzt ein Narr«.

4.

Der Machtinstinkt glaubt, am Gipfel der Welt stünde der Thron des Allmächtigen, und will darauf Platz nehmen. Der Idiot. Warum grinst der Narr? Weil er weiß, daß Gott nicht auf dem Thron sitzt. Der Thron ist da. Die Tradition sagt, daß Gott den Thron am ersten Tag der Schöpfung in Araboth, dem höchsten Himmel, erschaffen hat. Aber er hat nie darauf Platz genommen. Statt dessen setzte er am siebten Tag den Sabbat, das Fest, darauf. Das weiß auf dem ganzen Erdenrund allein der Narr. Die blöde Ambition glaubt, daß Gott in Robe und mit Zepter in der Hand dort sitzt und befiehlt, in der Überzeugung, daß das Befehlen Seligkeit sei. Nur die Ehrsucht glaubt, daß zu befehlen die größte Wonne auf Erden sei. Der Narr grinst und wird nicht müde, ihn zu verspotten. Böte man dem Narren den Thron an, setzte er sich eine Schellenkappe auf, wieherte vor Gelächter, machte auf der Rücklehne des Throns einen Kopfstand und zeigte eine lange Nase. Welch ungeheures Vergnügen, den Hechelnden zuzusehen, wie ihre Zungen heraushängen, wie sie drängeln und einander niedertrampeln, den Verrätern und den Meuchelmördern und denen, die bis in die Knochen gelb vor Neid sind und vor Rachsucht kochen, ein Höllenvergnügen ist die ganze sogenannte Geschichte mit ihrer verrückten, geisteskranken Raserei um den Thron, also um die Macht. Die Weltmacht ist kein Gott, sondern ein Abgott. Der Thron! Die

Macht! Vielleicht setzt Gott zu seinem Vergnügen einmal jemanden auf den Thron. Vielleicht hat er den Antichristen für diese Rolle auserwählt. Es wird höllisch komisch sein, wir werden über ihn lachen können, soviel wir wollen. Der Narr lacht. Sie wollen alle auf dem Thron Platz nehmen, alle, alle, sie glauben alle, sie könnten Diktator sein und befehlen. Befehlen ist Seligkeit.

Der Narr steht jenseits aller Ambition. Er hat von Timon den Fluch gelernt, daß in dieser Welt alles krumm, nur die Büberei gerade ist. Aber der Narr tobt nicht. Der Narr steht jenseits aller Machtbesessenheit. Jenseits der Geschichte. Ein unersetzlicher Mensch. Ein einzigartiger Mensch. Der alte Lear weiß das und kann keine Minute ohne ihn sein. Wenn er nicht da ist, ruft er sofort aus: Wo ist mein Narr? Wo ist mein Bursch? Ich glaube, die Welt liegt im Schlaf. Der alte Lear weiß, daß es keine größere Sicherheit gibt, als in der Nähe eines Menschen zu sein, der sich nicht nur nicht auf den Thron setzen will, sondern jene auch schallend auslacht, die zum Thron hetzen. »Da liegt der Spielmann, liegt der Schatz«, sagt Goethe. Da liegt der große, verborgene Schatz, das Lachen über den Abgott und über die Anbeter des Abgottes. Da ist das große und süße Lachen über jenes rasende Nichts, das der Machtinstinkt ist. Das ist der Narr. »Is this not a rare fellow, my lord? He is as good as anything and yet a fool.« Der seltenste Kerl auf der ganzen Welt und eine der wichtigsten Figuren der menschlichen Existenz. Er ist genauso wie die anderen und doch ein Narr.

5.

Ein Elternteil Harlekins, seine Mutter, ist der Rausch des Strudels. Das Leben beginnt erst, wenn man nicht weiß, was kommt. Der andere Elternteil Harlekins, sein Vater, ist das Lachen über den Machtinstinkt. Lange verrückt, jetzt ein Narr.

Harlekin spricht wie Romeo, nachdem er Julia kennengelernt hat, wie Hamlet, nachdem er dem Geist seines Vaters begegnet ist. Die Zusammenhänge seiner Existenz haben sich verändert. Er erfindet

Wortspiele und gebraucht seltsame Ausdrücke in noch seltsamerem Sinn und streckt die Zunge heraus und zeigt die lange Nase und rasselt mit seiner Schellenkappe. Er ist genauso wie die anderen und doch ein Narr. »Wie schade, daß der Narr nichts Weises sagen darf, wenn die Weisen so närrisch sind.«

Genug. Es ist Zeit, zum Wesentlichen zu kommen. Harlekin ist eine der wichtigsten Figuren der menschlichen Existenz. Und einer der seltensten Kerle der Welt. Warum? Weil Harlekin paradox ist? Nein. Das ist ganz falsch. Die Logik von Harlekins Sprache ist paradox. Warum? Weil er paradox ist? Das wiederum ist zu wenig. Tatsache ist: Harlekin hat erkannt, daß die Logik des Seins paradox ist.

Er hat vor allem die Kampfsituation aufgegeben. Er nimmt nicht mehr teil am Kampf um die Macht. Das Gelächter ist ebenso ein Zeichen seiner Nicht-Zusammenarbeit mit der Welt wie die Schellen und der Witz und der Kopfstand. Harlekin ist nicht ambitioniert. Er will vom Ganzen nur so viel haben, wie ihm in den Schoß fällt. Harlekin hat sich weder dem Reichtum noch dem Rang, weder einer Theorie noch dem Essen und Trinken noch irgendeinem Handwerk noch dem Wissen verpflichtet. Er unterwirft sich niemandem. Harlekin ist frei. Deshalb ist er eine der Hauptfiguren der Existenz, und deshalb ist er so selten. Das Gelächter ist ebenso ein Zeichen dieser Freiheit wie das Wortspiel und der Purzelbaum und das Gewieher.

Ein Mensch, der die Kampfsituation aufgegeben hat und sich inmitten des Trödelmarktes hinsetzt und trotz der bodenlosen Hetze ein Schläfchen hält, befindet sich in einer paradoxen Situation. In Tibet sagt man, der Geist gleiche einem Kamel. Will man es zurückhalten, bricht es in zehn Richtungen zugleich aus, aber läßt man ihm seine Ruhe, rührt es sich nicht vom Fleck. Die Logik des Geistes ist paradox, weil die Logik des Seins paradox ist.

Niemand traut sich, allein zu leben. Also machen sich die meisten an die Arbeit, erklären sich, schmeicheln sich ein, reden, fügen sich, lügen, mit anderen Worten sie machen sich partikular und säkular. Nicht der Gemeinschaftsinstinkt schuf die Gemeinschaft, Individuen schufen sie aus Angst vor dem Alleinsein.

Niemand traut sich, allein zu leben. Man sinnt ungeheuer komplexe Tricks aus, um irgendeinen Bezug zueinander zu haben. Man krallt sich mit zehn Fingern aneinander und entfernt sich im gleichen

Verhältnis mit astrologischer Geschwindigkeit voneinander. Ist es nicht seltsam? Würde jeder sagen, daß er allein ist, würde die Angst im selben Augenblick erlöschen, würden sich in derselben Minute alle in der großen Gemeinschaft treffen. Warum? Weil die Logik der Gemeinschaft paradox ist, so wie die Logik der Einsamkeit paradox ist und die Logik der Sprache paradox ist, weil die Logik des Seins paradox ist.

Auch die Seele ist paradox, denn an ihrem Boden lebt nicht die Bestie, sondern das reine, himmlische Feuer. Auch die Geschichte ist paradox, denn am Anfang des Anfangs steht nicht der wilde Urmensch oder der Gorilla, sondern ein hochgeistiges Wesen. Die Elemente des menschlichen Seins und Wesens sind intakte Reinheiten, so wie der primäre Verstand und das Gewissen und die Liebe.

Tust du deiner Natur Gewalt an, wird sich die Natur rächen. Die erniedrigte Natur rächt sich in jedem Fall. Tust du deinem Geist Gewalt an, wird er sich nicht rächen. Der erniedrigte Geist schweigt, schweigt tief, regt sich gar nicht, antwortet nicht, spricht nicht, gibt kein Zeichen und rächt sich nicht. Das ist seine Rache. Warum? Weil die Logik des Geistes paradox ist.

In diesem Paradox lebt Harlekin. Außerhalb der Geschichte, das heißt in ihrer Mitte. Auf ungewohnte Weise oder, was nach der paradoxen Logik dasselbe bedeutet, in allen nur denkbaren Schicksalen auf einmal. Er hat kein Karma, das heißt, er ist offen für alle nur denkbare Formen von Karma. Prepared for all events – auf alles gefaßt. Auf dem Nullpunkt, das heißt auf dem Siedepunkt. Warum? Weil die Logik des Seins paradox ist.

Wenn jemand gesund, fröhlich, sorgenfrei ist, erschrecken die Menschen. Sie erschrecken, wenn er lacht und närrisch ist und gut ißt und gut schläft. Sie glauben, daß wenn jemand gut lebt, ihnen nichts mehr davon übrigbleibt. Sie glauben, daß wenn jemand intensiver lebt, sie weniger davon abbekommen, als könnte ich jemandem das Leben wegleben, so wie ich jemandem das Brot wegessen kann. Und deshalb glauben sie, daß man einen solchen Menschen beneiden und vernichten muß. Denn er lebt das Leben Hunderter anderer. Natürlich ist genau das Gegenteil wahr. Lebt jemand intensiver, setzt er Kräfte frei, die auch mein Leben vertiefen und erhöhen. Das Leben geht nicht aus. Man kann nicht einem anderen das Leben wegleben. Das Leben wird um so reicher, je mehr es ausgestreut wird. Je intensiver ich lebe, um so mehr Menschen ermögliche ich es, ihrerseits ein um so intensiveres Leben zu leben, um so mehr Menschen können gesund und sorgenfrei und fröhlich sein. Die Logik des Lebens ist paradox, weil die Logik der Sprache und der Einsamkeit und der Gemeinschaft und des Schicksals und des Geistes paradox ist.

Der Rausch des Dichters als der natürliche Zustand des Lebens? Ja. Die Leidenschaft der Liebe als der natürliche Zustand des Lebens? Ja. Der Enthusiasmus als der natürliche Zustand des Lebens? Ja. Warum? Weil die Logik des Seins paradox ist. Der Narr ist weise? Der Weise närrisch? Ja. Wie schade, daß der Narr nichts Weises sagen darf, wenn die Weisen so närrisch sind. Es gibt keinen Weiseren als den Narren. Der Wahnsinn als Normalzustand des Lebens. Der Kristall strudelt. In Wahrheit redet nur der richtig, der irreredet. Deswegen wird jemand, der vom Machtinstinkt erfaßt wird und sich auf das Leben stürzt, das Ganze verlieren. Deswegen wird jemand, der sich am Rand der Landstraße hinsetzt und ein Schläfchen macht, das Ganze gewinnen. Das Leben beginnt erst, wenn man nicht weiß, was kommt. Das Sein wirkt nicht beruhigend. Deshalb schuf Gott seinen Thron, aber fällt es ihm nicht im Traum ein, darauf Platz zu nehmen. Deshalb grinst Harlekin über die ganze Weltenkomödie. Je mehr jemand das Sein unterwerfen will, um so mehr zerrinnt es in seinen Händen. Aber wenn er es ausstreut, fällt es ihm mit seinem ganzen Reichtum in den Schoß. Die Welt weiß das nicht. Deshalb sagt Goethe: Die Welt ein einzig großer Tor. Foolery does walk about the orb, like the sun, it shines everywhere – die Narretei geht um die Welt, wie die Sonne scheint sie überall. Und Harlekin ist der einzig nüchterne Mensch.

6.

Wo ein solcher Mensch auftaucht, ist der Skandal natürlich sofort gemacht. Die Welt hat von der paradoxen Natur der Existenz keine Ahnung. Nur an den empfindlichen Stellen spürt sie, daß etwas vielleicht nicht ganz in Ordnung ist. Sie meint zum Beispiel, stark sei das, wovon es viel gibt, sie weiß also nicht, daß etwas um so schwächer ist, je mehr es davon gibt. Die Welt meint, wahr sei, was viele sagen. Sind zum Beispiel alle verrückt, meint sie, daß derjenige, der nüchtern ist, so verrückt sei, daß man ihn verprügeln müsse. Die Welt ahnt nicht, daß sie im Vergleich zu Harlekin genauso im Nicht-Sein ist, wie es die anderen Dramenfiguren im Vergleich zu Romeo und Hamlet sind.

Harlekin ist der Seiende, die anderen sind im Vergleich zu ihm Nicht-Seiende. Beim Ausbruch des peloponnesischen Krieges machte sich in Athen eine große Aufbruchsstimmung breit. Die Menschen rannten hierher, hetzten dorthin, schleppten, versteckten, bewaffneten sich, zogen um, nahmen Abschied, schrien herum. Als er das sah, begann Diogenes, der alte Harlekin, sein Faß auf der Hauptstraße hin und her zu rollen. Zehn Schritte hin, zehn Schritte zurück. Eilig und mit außerordentlichem Eifer. Was machst du, Narr? wurde er gefragt. Ich sehe, daß sich alle fleißig bereitmachen, erwiderte Harlekin, da möchte ich auch nicht zurückstehen.

Die Logik des Seins ist paradox. Als Gott den Menschen schuf, erstaunte er selbst. Er sprach: Ich schuf ihn so, daß er auch im Körper geistig sei, und siehe da, er wurde auch im Geiste körperlich (Bossuet). Das Sein ist sein eigenes Subjekt und sein eigenes Objekt zugleich. Deshalb ist es paradox. Das Moment, in dem sich der Mensch zu seinem eigenen Objekt machen kann, ist die Sprache. Deshalb ist die Sprache paradox. Deshalb ist das Ich paradox. Ich bin in meinem eigenen Namen, aber nicht meinetwegen. Ich bin unersetzlich und nicht austauschbar. Jeder kann alles an meiner Stelle tun, aber niemand kann an meiner Stelle existieren und in meinem Namen behaupten, ich zu sein. Aber behalte ich mich für mich selbst, werde ich mich verlieren, und auch meine Existenz wird verlorengehen. Lasse ich mich jedoch los, werde ich mich gewinnen, und meine Existenz wird sich mit Reichtum füllen.

Es läßt sich keinen peinlicheren Skandal vorstellen, als wenn Harlekin in die Welt der Ambition, mitten in die feierlichen Lügen der Meuchelmörder und Verräter hineinplatzt. Alle die Richard III. und Macbeths und Cäsars und Antonius' stutzen. Seht her, da kommt der Mensch, der keine Prinzipien und kein sogenanntes Lebensziel hat und nicht wünscht, ein ehrbarer Bürger zu sein und auf die Moral pfeift und weder vor den Reichen noch den Mächtigen Ehrfurcht hat. Ein seltsamer Mensch! Till Eulenspiegel weinte, als er den Berg hinabstieg, weil er daran dachte, daß er hinaufsteigen wird müssen, und als er hinaufstieg, lachte er, weil er daran dachte, daß er hinunter gehen wird. Was kann man schon mit einem solchen Narren anfangen? Alexander der Große trat an den sich sonnenden Diogenes heran und sprach: Wünsche dir etwas, ich werde es dir erfüllen. Der alte Harlekin erwiderte: Geh mir aus der Sonne.

Er wird verjagt? Er lacht. Sie geben ihm nichts zu essen? Er lacht. Sie verspotten ihn? Er lacht. Sie schlagen ihn? Er lacht noch kräftiger. Sie sperren ihn ein? Da lacht er erst recht. Wie ist das möglich, daß so viele Menschen vor mir Angst haben? Die ganze Stadt, das ganze Land hat vor mir Angst. Die Könige und die langbärtigen Berater und das Militär und die Polizei und die Reichen, sie haben alle Angst. Die Mütter verstecken eilig ihre Töchter. Die Jungen müssen sich in die Kammer zurückziehen. Die Gelehrten werden unruhig, die Priester wenden sich ab. Der Skandal ist gemacht. Warum?

7.

Die beiden großen Harlekins Europas sind Shakespeare und Rabelais. Der alte Powys, der gegenwärtige Großmeister des menschlichen Wissens, der mehr als jeder andere über die paradoxe und magische Natur des Seins weiß, hat ein gewaltiges Buch über Rabelais geschrieben. Harlekin ist eigentlich der kosmische Säugling, sagt er, ein kleines, neugeborenes Kind wie der kleine Heraklit, der von der Zwangsjackenlogik der ambitionierten Welt nichts weiß und nichts wissen will. Dem es allein darauf ankommt, sich an jener berauschenden Pracht, die das Leben ist, zu ergötzen, sie zu genießen. Ohne alle Vorbehalte, Hemmungen, ohne jede Verlegenheit, Verwirrung, Scham. Zu genießen und sich bei diesem Genuß nicht stören zu lassen. Das Geheimnis des kleinen Kindes besteht darin, daß es das Mysterium der Welt genauso sieht, wie es ist, so daß sich für ihn jede sogenannte

Philosophie, die er nur auslacht, und jede sogenannte Religion, die er für Wahnsinn hält, erübrigen. Das ist die megalosaurische Kraft und Schönheit des pantagruelschen Lebens. Das ist Rabelais' sakrale Obszönität und himmlische Profanität. Das ist der Enthusiasmus des Appetits, sind die Saturnalien des Trinkens. Das ist die unschuldige Lust auf das Vergnügen, denn das Leben ist süß und herrlich. Das ist es, was Shakespeare als midsummer-madness bezeichnet, der Mittsommerrausch. Deshalb brauchen wir so sehr gutes Essen und Trinken und den Kuß und die Liebe und den tiefen Schlaf und die Wärme und die Blume und den Spaziergang und den Sonnenschein, und brauchen wir nicht, überhaupt nicht das Gehetze, das Arbeiten bis zum Gehtnichtmehr, die Lüge, die Wichtigtuerei, die langbärtige Wissenschaft und die pergamentgelbe Religion. Deshalb brauchen wir vor allem Frieden, Großmut, Heiterkeit, Lachen, Unvoreingenommenheit, und brauchen wir nicht den Lärm, das Gedränge, den Krieg, die Bosheit, das Prinzip und die Gewalttätigkeit.

8.

Aus dem archaischen Ägypten blieb uns ein seltsames Souvenir erhalten. Zweiundzwanzig Bilder, die auch heute noch als die zweiundzwanzig Blätter eines Kartenspiels gebraucht werden, mit einundzwanzig Buchstaben versehen und von eins bis einundzwanzig durchnumeriert. Die zweiundzwanzig Bilder, das Tarot, stellen die zweiundzwanzig Stufen der Initiation im alten Ägypten dar. Zu den Bildern gehören: der König (Macht – vaulting ambition), das Rad (das Rad des Schicksals), das Glück (der Reigen), das Opfer, das Überschreiten der großen Schwelle (der Tod). Der letzte in der Bilderreihe, ohne Buchstaben und ohne Zahl, ist der Narr. Ja, der Narr, ohne Buchstaben und ohne Zahl, wie sich das für einen echten Narren gehört, als letzter, wie einer, der außerhalb des Spiels steht, der nicht zählt, nur eben erwähnt werden mußte, der Vollständigkeit halber, weil er nun einmal da ist, unleugbar da ist. Der Harlekin. Noch schön, daß man ihn zur Kenntnis nimmt. In Ägypten hat man ihn noch ernst genommen.

Es gehört zum Wissen der Initiation, daß die menschliche Seele, nachdem sie den Weg aller möglichen Reiche des Schicksals durchlaufen hat, bei der Null ankommt, bei der Buchstaben- und Zahllosigkeit, beim Punkt außerhalb des Spiels, bei jenem, der mit alledem nur so viel zu tun hat, daß er darüber lacht. Dessen ganzes Sein midsummermadness ist. Vielleicht ein Streich. Jedenfalls benimmt er sich ungeheuer respektlos, ist fähig, Königen Nasenstüber zu geben und Grobheiten an den Kopf zu werfen. Während sich Stawrogin mit dem General unterhält, steht er auf einmal auf, tritt an ihn heran und beißt ihm ohne jeden Grund und jede Vorwarnung ins Ohr. Erzählt man ihm große Weisheiten, rasselt er mit seiner Kappe, sagt man zu ihm, wünsche dir, was du willst, ich erfülle es dir, erwidert er, tritt zur Seite, geh mir aus der Sonne.

9.

Von Harlekins Wissen erzählt nicht nur die ägyptische Initiation. Das Evangelium nennt ihn den Armen im Geiste. Selig sind die Armen im Geiste, hoi ptochoi to pneumati beziehungsweise anijé haruach. Warum steht der Narr am Gipfel der Tarot-Initiation? Warum hat er kein Zeichen, keine Zahl, keinen Buchstaben? Warum steht er außerhalb des Spiels und ist doch, dennoch der stärkste, stärker als der König oder das Schicksal oder der Tod? Weil in der Initiation nur derjenige die zweiundzwanzigste Stufe, die Stufe des Narren, erreicht, der sich nicht mehr fürchtet. Weder davor zu verhungern noch davor, verlassen oder erniedrigt oder ausgelacht oder gefoltert oder eingesperrt oder totgeschlagen zu werden. Er hat keine Ehrfurcht vor Talaren und Verdienstorden und dem vielen Geld. Der Narr fürchtet sich nicht vor Schelte oder Träumereien, vor Gespenstern oder öffentlichen Bekanntmachungen oder geladenen Gewehren, er fürchtet sich nicht davor, früher zu sterben, als es ohnehin vorgesehen ist. Die höchste Stufe der

Tarot-Initiation ist der Narr, der sich durch nichts mehr einschüchtern läßt. Und Harlekin fürchtet sich deshalb nicht, so Powys, weil dieses pantagruelsche Kind, das den süßen Lebensrausch ohne Scham und ohne Zittern genießt, sich darin nicht stören läßt. Dieses megalosaurische Kind bedarf keiner sogenannten Wissenschaft und Weisheit. Selig sind die Armen im Geiste. Selig, die arm sind und deshalb des Geistes bedürfen, nach Geist hungern und dursten. Nicht nach Wissenschaft und nicht nach Weisheit, sondern nach dem reinen und unmittelbaren Geist. Nach dem, wovon sie leben. Was ihnen Kraft, Leichtigkeit, Licht, Heiterkeit, Heftigkeit, Leidenschaft verleiht. Der Geist ist keine Philosophie und keine Theorie. Der Geist ist kein Wissen und keine Weisheit. Der Geist ist das Licht der Welt, jenes Licht, das sich als Furchtlosigkeit, als Sorglosigkeit, als Vertrauen, als Liebe, als kindliches Gemüt manifestiert.

Wer den Armen im Geiste also den in intensivem Geistbedürfnis lebenden Menschen sehen will, betrachte Velázquez' *Pablillos de Valladolid* oder *Don Juan d'Austria* oder *Nino de Vallecas* oder *Geograph*. Es lohnt sich. Er wird auf diesen Gesichtern Lears Narren und alle Narren Shakespeares einschließlich Touchstone erkennen, Pantagruel und Diogenes und Till Eulenspiegel und Hodscha Nasreddin, ja, er wird sogar Romeos und Hamlets Wahnsinn wiedererkennen und Timon von Athen, und er wird die paradoxe Logik des Seins begreifen, aber auch warum jene glücklich sind, die in intensivem Geistbedürfnis leben.

Hat jemand die Furchtlosigkeit erlangt, ist er durch nichts mehr einzuschüchtern, so genügt er sich selbst, um glücklich zu sein. Welch Freiheit! Welch Unbekümmertheit! Nicht zu zittern und keine Angst zu haben, weder vor der Gewalt noch vor der Waffe zu bibbern. Aber das ist noch nicht alles. Nicht nur, daß sich Harlekin nicht fürchtet, er lebt auch in ständigem Geistbedürfnis und wird unablässig aus geheimer Quelle mit Unbekümmertheit und Vertrauen und Heiterkeit und Gemüt, also mit Geist versorgt. Ein solcher Mensch ist gänzlich unbrauchbar für die Machtbesessenheit. Was er auch tut und sagt, wird zum Skandal, so wie das, was Hamlet und Romeo und Timon und Pantagruel und Touchstone und Till Eulenspiegel tun, ein Skandal ist. Alle empfinden peinliches Unbehagen. Was mit ihm anfangen? Verachten? Er lacht. Verprügeln? Er lacht. Einsperren? Er lacht. Er fürchtet sich nicht. Er hält sich nicht an die Spielregeln. Es gehört sich, in einer solchen Lage zu zittern? Er steht außerhalb des Spiels, kein Buchstabe, keine Zahl kennzeichnen ihn. Er wankt nicht, weil er jeden Halt unter seinen Füßen weggestoßen hat. Er hat sich vollends dem Ungewissen überlassen oder, was nach der paradoxen Logik des Seins dasselbe ist, er steht auf einem felsenfesten Fundament. Der Mensch ist erst dann eine Macht, wenn er ein Nichts ist. Eine verfluchte Situation. Natürlich nicht für Harlekin, sondern für die Welt. Es ist schrecklich, so zu leben, daß man jeden Augenblick aufstehen kann und ohne Grund und ohne Vorwarnung dem Herren Oberrat ins Ohr beißen kann. Ja, selbst dem Herrn Bischof. Schrecklich ist diese magische Paradoxie des Seins. Er ist verrückt. Er ist wie ein Idiot, jedenfalls steht das auf seinem Gesicht geschrieben. Er ist der Arme im Geiste. Aber er lacht ständig und ist unbekümmert und hat irgendeine unbesiegbare Kraft in sich. Er ist ein Idiot und doch nicht. Er ist der Arme im Geiste und sein ist das Himmelreich.

10.

Er ist auch auf chinesischen und japanischen Tuschezeichnungen und Holzschnitten anzutreffen. Zuweilen sitzt er allein da wie Pablo de Valladolid und kichert vor sich hin. Gewiß denkt er an irgendeinen hohen staatlichen oder kirchlichen Würdenträger und amüsiert sich teuflisch. Zuweilen döst er nur so vor sich hin und bekundet damit, daß ihm das Ganze nicht einmal ein Schmunzeln wert ist. Oder sie sind zu mehreren, zerlumpt und mit zerzaustem Haar, sie stecken ihre Köpfe zusammen und lachen schallend. Gewiß will einer von ihnen die anderen überreden, den Thron zu stürmen, vorzustoßen, bis zum Araboth vorzudringen, Gott zu vertreiben, die Weltmacht zu erringen, unermeßlichen Reichtum zu erwerben, ein unbesiegbares Heer aufzustellen und die Sterne zu unterjochen. Während der eine eifrig die Vorteile dieser glorreichen Macht würdigt, krümmen sich die beiden anderen vor Lachen. Schließlich verbeugt sich der eine vor dem anderen und sagt: Herr Direktor! Oder: Herr Präsident! Das fehlte gerade noch! Sie brechen in homerisches Gelächter aus. Euer Durchlaucht! Wie geht es dir? Wie geht es dir, Herr König? Herr Gott, wie geht es dir? Sie lachen sich fast tot.

In bescheidenerer Gestalt und uns näher ist Franz von Assisi, das leuchtende Wunder des Kind-Harlekins. Nie gab es in Europa jemanden, der sich gründlicher von der Angst befreit hätte als er. Nie gab es jemanden, in dem Vertrauen und Zartgefühl und Geistbedürfnis und Unbekümmertheit tiefer verwurzelt gewesen wären, der sich weniger vor Armut und Entbehrung und dem Tod gefürchtet hätte. Der heilige Franziskus ist ein in Geistbedürfnis lebender Mensch, der lächelt und die Sprache der Vögel versteht und den Fischen predigt. Was predigt er? Man kann es sich denken. Die Armut im Geiste. Das Geheimnis der zweiundzwanzigsten Stufe des Tarot, daß ihr nicht Zahlen und Buchstaben sein sollt, sondern Nullen, daß ihr aus dem Schicksal heraustreten sollt, weil ihr erst dann stark werdet. Wie Sophokles sagt: Ihr seid erst dann eine Macht, wenn ihr ein Nichts seid. Habt kein Schicksal. Schicksal bedeutet sich zu schlagen. Bedeutet, sich zu reiben und zu kämpfen und zu schmerzen und zu zürnen und zu hassen und zu wollen, und das führt zum Kampf um den Thron. Und wer der Machtbesessenheit anheimgefallen ist, ist verloren. Der heilige Franziskus lehrt den Fischen die Philosophie von Touchstone und Pantagruel. Wie lautet diese Philosophie? Wenn dich das Schicksal verprügelt, ertrage es ruhig und lache. Halte deinen Rücken hin und sprich, eher wirst du des Schlagens müde als ich des Ertragens. Schlag nur zu. Bis das Schicksal wütend aufschreit, Könige habe ich besiegt, aber mit diesem Narr werde ich nicht fertig.

11.

Einige große Kunstwerke stellen Harlekin so dar, wie es Picasso oder Schumann oder Strawinsky oder an ein, zwei Stellen Velázquez tun. Der Narr ist allein, sein Blick fast leer. Dieser gegenstandslose Blick, der so charakteristisch für die Melancholie ist, sieht nichts, das heißt, er sieht gerade das Nichts. Er fürchtet sich nicht. Dazu ist er zu verrückt, das heißt arm im Geiste. Mit anderen Worten unbekümmert und eine Null. Es gibt nichts, wovor er sich fürchten müßte. Und dennoch hat er als paradoxen Kontrapunkt zu seinem Gelächter etwas Melancholisches in sich. Picasso hat diese Versunkenheit im Nichts mehrmals gemalt, vor allem in *Clown in Rot*, *Zwei Harlekins* und *Drei Musiker*. Aber fast jeder echte Maler hängt am Zirkus, so wie Shakespeare und Molière und Aristophanes und die anderen Harlekins am Theater hängen. Strawinsky beschreibt dieses von tiefer Melancholie durchsetzte Clowngelächter in *Petruschka*, Velázquez malt es einige Male in seinen Narren, Schumann spricht davon in *Karneval* und *Papillons*, aber auch in *Kreisleriana* und vor allem in *Noveletten*. Schumann hatte ohnehin eine Theorie, daß der Narr und der Melancholiker gemeinsam in ihm wohnten, für sich taufte er die beiden Eusebius und Florestan.

Harlekins Jahreszeit ist der Fasching. Das Fest des Prinzen Karneval beziehungsweise des Dionysos, der derselbe ist, diese magische und paradoxe Zeit des Jahres, wenn sich die Menschen als Narren verkleiden und tanzen und lachen und kräftig essen und trinken. Jener seelenerregende Karneval und dionysische Enthusiasmus, wenn das magische Paradox des Seins entflammt und auf die Straße hinausrennt und elementar aus den Menschen herausbricht, wenn es erlaubt ist, einander ohne Grund und Vorwarnung ins Ohr zu beißen. Das Motto ist Harlekins Motto: God is in his heaven – all right with the world. Ist Gott im Himmel, ist alles gut auf Erden. Aber maskiert. Schön maskiert, damit es niemand sieht. Und unter der Maske verbirgt sich die Melancholie, so wie sich unter Eusebius Florestan und auf den Gesichtern von Strawinskys und Velázquez' und Picassos Narren das erstarrte Nicht-Lächeln verbirgt. Die Logik des Seins ist paradox, und deshalb verbirgt sich hinter dem Lachen die Trauer, von der es sich nährt, und hinter dem Hanswurst die Melancholie als Feuer und Nahrung der Heiterkeit. Melancholie ist nicht Furcht, nicht Zittern, nicht Angst, nicht Bange. Melancholie ist Melancholie. Sie ist mit nichts zu verwechseln und fertig, wie ein geheimer und unaussprechlicher Name. Die Melancholie ist das Mysterium des Narren. Wer nicht traurig ist, ist kein echter Narr. Der kann nicht süß und leicht genug sein. Der kann nicht wie Franz von Assisi oder der chinesische

Narr oder Pantagruel oder Till Eulenspiegel sein. Wie herrlich ist es doch, daß beide so im Bann des Paradoxen vereint sind, das schallende Gelächter und die tiefe, tiefe Trauer in einem. Wer die Melancholie nicht kennt, kann nicht unbekümmert sein, kann nicht umherspringen und Wortspiele erfinden und den blöden Königen Grobheiten an den Kopf werfen. Erst die Melancholie macht ihn locker. Macht ihn furchtlos. Macht ihn zu einer Null. Denn erst wenn ich ein Nichts bin, bin ich eine Macht. Die Melancholie macht ihn fröhlich und zum Kind und zu einem Armen im Geiste.

Das größte Wunder der Welt ist die Heiterkeit. Noch größer ist nur das Wunder, daß die Heiterkeit von der Melancholie lebt. Das ist das hinreißendste Paradox des Seins. Das ist das höchste Wissen Harlekins.

12.

Das Geheimnis der zweiundzwanzigsten Stufe des Tarots, des Narren mit der Schellenkappe, ist nicht erlernbar. Er hat die höchste Stufe erreicht, er ist erlöst und furchtlos. Harlekins Mysterium läßt sich nicht weitergeben, jeder muß es selbst erlangen, wenn er genügend Kraft und Mut dazu hat. Und wenn sein Hunger und Durst nach Geist groß genug sind. Das Wissen Pantagruels und Till Eulenspiegels und Hodscha Nasreddins und Diogenes' und des heiligen Franziskus läßt sich nicht lehren. Warum? Weil diese Welt als Ganzes der Sphäre des Machtinstinkts und damit des Habens angehört. Der heilige Franziskus und Touchstone hingegen leben in der Sphäre des Seins. Die ganze Welt samt Richard III. und allen Königen und Bischöfen und Ratgebern lebt, um etwas zu haben, einen Hut oder viel Geld oder einen Ring in der Nase. Die Philosophen, Künstler, Hetären, Jungfrauen ebenso. Macht, Rang, Ruf, Reichtum, Haus, Geld, Schmuck, Wissen, Kleider. Selbst wenn sie etwas erreichen, werden sie im Haben groß, und jedes Haben bedeutet eine Beteiligung an der Macht des Weltthrons. Sie sind alle Genies des Habens. Harlekin jedoch spuckt auf Genies. Behauptete nun jemand, Harlekin sei demgegenüber ein Genie des

Seins, sagte er etwas Törichtes. Es gibt kein Genie des Seins. Das wäre eine Unterscheidung. Harlekin jedoch spuckt auf Unterscheidungen. Das Sein als Ganzes ist dauerhaft und vollständig offen für alle, und jeder lebt davon soviel wie er will. Hier hat es keinen Sinn, mehr zu haben. Jeder hat gleich viel und nimmt sich soviel wie er will. Es ist nicht möglich, anderen das Leben wegzuleben. Im Gegenteil, je intensiver ich lebe, um so zugänglicher mache ich auch anderen das intensive Leben. So paradox ist die Logik der Existenz. Harlekin erkennt man sofort und immer an seiner standhaften Haltung gegenüber dem Haben. Er hat keinerlei Sinn für das Privateigentum. Harlekin ist arm. In Indien bezeichnet man ihn als Sanyasi. Er trägt nur ein Stück Sackleinen, an seinem Gürtel einen einzigen Eßbecher. Deshalb ist es nicht möglich, ihn einzuschüchtern, deshalb prügelt das Leben vergeblich auf ihn ein, er lacht nur. Man kann ihm nichts wegnehmen, denn man kann nicht ihn selbst wegnehmen. Man kann anderen das Sein nicht wegnehmen, rauben. Harlekin ist ganz ruhig, weil er nichts hat, was er verlieren könnte. Der heilige Franziskus schloß eine mystische Ehe mit der Armut. Die Welt erfand am Höhepunkt ihres Wahnsinns das Privateigentum. Die chinesischen und japanischen Narren sind zerlumpt und zerzaust wie Diogenes und Touchstone. Es hat noch nie einen reichen und mächtigen Harlekin gegeben, noch wird es ihn je geben, denn wer reich und mächtig ist, zittert ständig. Es gibt keinen amüsanteren Narren als einen solchen zitternden Menschen, der zu toben beginnt und nach der Polizei ruft, wenn ihm ein Stück Metall aus der Tasche genommen wird. Sie leben alle in der Sphäre des Habens und nicht, wie das Tarot sagt, in der Sphäre der Null. Erst wenn ich ein Nichts bin, bin ich eine Macht. So paradox ist das Sein. Den Narren gehört das Wissen und den Armen im Geiste das Himmelreich.

Der Sanyasi ist der zerlumpte und zerzauste Bettler, der unbekümmerte und fröhliche Narr, der kein Bedürfnis nach Besitztümern hat, die für die anderen so verlockend sind. Als Sokrates-Harlekin durch den Athener Basar schlenderte und all die Speisen, Kleider, Schmuck, Seide sah, sprach er: Wie viel gibt es doch, was ich nicht benötige. Hiobs Tragödie war, daß er, als er alles verloren hatte, kein Harlekin sein, aufstehen und pfeifend auf der Landstraße aufbrechen konnte.

Harlekin ist kein Genie. Er ist kein Genie des Seins neben den Genies der Herrschaft und des Wissens und der Kunst. In den meisten

Fällen weiß er gar nicht, was ein Genie ist, er starrt nur vor sich hin wie Don Juan d'Austria und versteht nicht, warum mit den Worten Komödie gespielt wird. Wenn er es versteht, setzt er sich hin wie der heilige Franziskus und lächelt und döst ein. Oder wenn er zwei Seinesgleichen trifft, stecken sie die Köpfe zusammen und lachen schallend. Genie! Auch so ein Wort wie König. Oder Bischof. Euer Durchlaucht, Herr Gott. Solche Worte jagen einem Angst ein. Da ist es doch besser, in Lumpen zu leben und zu betteln. Lebt Gott im Himmel, ist alles gut auf Erden.

Die Melancholie der Spätwerke

1.

Über Beethovens letzte Quartette zu sprechen, fällt nicht deswegen schwer, weil in ihnen die höchste uns bekannte Musik erklingt. Auch diese Musik ist nicht unübersetzbar. Ihre sprachliche Entsprechung ist jedoch nur an einigen verborgenen Plätzen der Kunst zu finden. Es ist die Welt des zweiten Teils von *Faust*, von *Oedipus auf Kolonos*, von Shakespeares *Sturm*. Die *Kunst der Fuge*, der alte Tolstoi und Cézanne gehören ebenso hierher wie der greise Platon, Heraklit und Laotse.

Was unterscheidet die Quartette von seinen früheren Werken? Das gleiche, was *Phaidros* von den *Nomoi*, *Heinrich IV.* vom *Sturm* und *Anna Karenina* von der *Kreuzersonate* unterscheidet. Das gleiche, was sie von seinen früheren Werken absprengt und mit den Alterswerken anderer verschmelzen läßt. Es ist die rätselhafte Analogie der Spätwerke. In den Alterswerken erzählen Metaphysik und Malerei, Dichtung, Drama und Musik unabhängig von Sprache, Epoche, Nation und Zeit von ein und derselben Welt. Hier liegt die sprachliche Entsprechung der Musik. Über Beethovens letzte Quartette an Hand seiner früheren Werke zu sprechen, ist so gut wie unmöglich. Aber es ist nicht nur möglich, sondern geradezu nötig, über sie zu sprechen, wenn man über die Werke des alten Goethe und Sophokles, des alten Platon und Bach redet.

2.

Zuallererst die Alterslandschaft.

Sophokles beschreibt Kolonos nicht. Er sagt nur: Oh, dieser unvergleichliche Ort der Welt! Und dennoch gibt es kaum einen stärker spürbaren Ort in der ganzen Kunst. Es ist eine eher ebene Landschaft, in der die hohen Berge nur am Rand des Horizonts emporragen. Sanft und breit wogende Hügel. Kolonos ist ein solcher Hügel. Vereinzelt erheben sich alte Bäume und am Rand des kleinen Waldes Sträucher, Gestrüpp, Gras und Büsche. Vom Hügel sieht man über die Ebene. Kleinere Siedlungen, ein paar Dörfer, und ganz weit weg scheint eine Stadt zu sein. Ein tiefe und ausgeglichene Fernsicht. Oh, dieser unvergleichliche Ort der Welt!

Ein Hain? Ja, aber was für ein Hain! Selbst die, die noch nie von ihm gehört haben, senken die Stimme, wenn sie ihn betreten. Der Duft der Luft ist ein ganz anderer. Und ihre Beschaffenheit auch. In dieser intensiven Luft glühen die Bäume still vor sich hin. Eine glatte Landschaft, *selbst der Gedanke gleitet ab*, wie Goethe sagt. Sie ist da, unfaßbar und unberechenbar, unbegreiflich und unbeweglich. Nichts Außergewöhnliches ist an ihr. Aber trete ein und du wirst erschaudern.

Kolonos ist ein heiliger Hain, in den die Götter Oedipus zum Sterben schicken. Aber es ist eher eine Verklärung als der Tod. »Die Götter richten den Greis, der als Jüngling gefallen, wieder auf.«

Es ist seltsam, Oedipus ist blind, und dennoch ist das ganze Drama von Kolonos voller Sehen. Theseus spricht zu Oedipus: Deine seherische Kraft hat sich niemals geirrt. Oedipus sagt: Jetzt sehe ich klar. Und Ismene sagt: Aus dem, was du sagst, spricht die Macht des Sehers.

Solange er sehen konnte, war Oedipus ein blinder Gefangener seines Schicksals. Hier auf Kolonos beginnt der Blinde zu sehen. »Jetzt sehe ich klar.« Nicht nur jenen in den Tod führenden, sakralen Pfad, nicht nur sein Schicksal, nicht nur die Menschen, Ismene, Antigone, Theseus. Er betritt den Hain der Verklärung. Er fragt, wo er sich befände. Aber an der Luft, die sein Gesicht streift, hat er ohnehin erkannt, daß er auf Kolonos sei, wo er von der finsteren und blutigen Schmach des Lebens für immer reingewaschen wird.

Die Alterslandschaft ist kein felsiges Hochgebirge. Das gehört den einsamen Weisen. Und der Alte ist weder einsam noch weise. Der Alte ist alt. Die Alterslandschaft ist kein Meer. Dieses gehört den Leidenschaftlichen, den Abenteurern, den Sehnsüchtigen. Kein Wald, denn der Wald gehört den Asketen, den Mystikern, den Jägern. Keine Wüste, die Wüste gehört den Reitern, den Räubern, den Einsiedlern. Die Alterslandschaft ist ein beinahe leerer Raum, wenig Bäume, ein sich kaum erhebender Hügel, wenig Schatten und eine schmerzhaft tiefe Weitsicht. Ärmlich, einfach, glatt, unsensationell, unmalerisch. Ohne jede verborgene Wirkung. Ohne jede Theatralik. Aber an diesem leeren, beinahe öden, kargen und wirkungslosen Ort sind Duft und Beschaffenheit der Luft ganz anders, und wer hier ankommt, senkt ungewollt die Stimme. Hier ließe sich kein Haus erbauen, kein Dorf und schon gar nicht eine Stadt. An diesem Ort könnte keiner das Leben ertragen. Hier ließe sich nicht schreien und streiten. Nichts wäre unmöglicher als ein Markt auf Kolonos. Er ist nicht für die Menschen geschaffen. Ein Ort, der angesichts der Gegenwart des höchsten Daseins mit gesteigerter Hitze glüht. Oh, dieser unvergleichliche Ort der Welt! Ohne jeden Schmuck, ohne jede Süße. Dieser beinahe leere Raum ist grausam nüchtern und erschütternd einfach. Das ist die Alterslandschaft in Beethovens Musik aus Kolonos, auf Cézannes Bildern aus Kolonos, in Laotses Philosophie.

3.

Aus seinem vorherigen Leben hat er ein paar ambivalente Erinnerungen mitgebracht. Eine davon sind die Vier Grauen Frauen. Sie haben ihn nie verlassen, aber nicht etwa, weil sie ihn geliebt hätten. Die Vier Grauen Frauen lieben niemanden. Sie sind nur da und sind es immer, und es gibt keinen Ort, an den sie ihn nicht begleiten würden. Ob er allein ist, ob mit seiner Liebsten, ob mit seinem Freund. Auch im Traum erscheinen ihm die lautlosen Schatten, die Armut, die Sorge, die Krankheit, die Bedürftigkeit. Auch jetzt sind sie irgendwo hier. Sie haben keine Macht mehr, aber sie sind hier, und auch an seinem Grab werden sie stehen und seiner entflohenen Seele hinterher schauen, in seltsamer Trauer, leidenschaftslos. Es kam vor, daß er mit ihnen rang, obwohl er wußte, daß es aussichtslos war. Er hat versucht, sie zu vertreiben. Damals, als er noch jung war. Später hat er sich an sie gewöhnt, nicht an sie, sondern an ihre Gegenwart. Noch später bedauerte er, nicht sich, sondern sie. Was wollen sie? Was beobachten sie ihn fortwährend? Ist er eine so glänzende Beute, daß sie morgens so ausdauernd an seinem Bett verharren, reglos im wüsten Zimmer stehen? Immerzu warten sie. Worauf? Eine solche Geduld ist nicht zu dulden. Sie warten, ohne Neugierde, beharrlich, mit einem Gesicht, das gleichgültig bis zur Boshaftigkeit ist.

Die andere Erinnerung ist, ohne Rezept. Schon ganz früh hat man sie ihm zu Dutzenden angeboten. So wirst du reich. So wirst du glücklich. Eine saubere Moral ist die beste. Zu guter Letzt triumphiert die Tugend. Wissen ist Macht. Keines davon machte einen besonderen Eindruck auf ihn. Keines davon erschien ihm erstrebenswert. Eher schon komisch. Später boten sie ihm, unter dem Deckmantel von Wissenschaft und Religion, raffiniertere Rezepte an. Sie lockten ihn mit kompliziertem Glück. Nie wäre es ihm eingefallen, auf eines davon hereinzufallen. Ohne Rezept. Das Steuerrad wegwerfen und hinaus aufs Meer. Die anderen hockten in den Häfen und zerbrachen sich die Köpfe über die Rezepte, nach welcher Methode sie hinaussegeln und wohin sie fahren würden, wenn sie vielleicht doch einmal aufbrachen. Natürlich haben sie den Hafen nie verlassen. Ohne Rezept allein auf dem Ozean. Wo er auch hinkam, überall war er fremd, denn überall fragte man ihn nach dem Rezept. Und er hatte keines. Er wurde ausgeschlossen und beobachtet. Sie dachten, er sei im Besitz eines geheimen Zauberrezeptes und könne alle verborgenen Schatzkammern öffnen, nur verrate er es nicht. Schließlich wurde die Sache langweilig. Er blieb allein. Ein paar Frauen stellten ihm neugierig nach, um ihm sein Geheimnis zu entlocken. Es kam vor, daß er sich für ein paar Küsse täuschen ließ. Es war nicht besonders interessant. Warum schleppt er gerade diese beiden Erinnerungen mit sich?

4.

Es ist einer der intensivsten Orte des ganzen Daseins. Sein Name Logos Himmel. Er heißt deshalb so, weil man jenseits einer bestimmten Grenze gezwungen ist, die Alltagssprache zu steigern und mit magischen Begriffen zu operieren. Ein solcher magischer Begriff ist Logos Himmel.

Mit einem anderen Ausdruck könnte man ihn auch Wortverklärung nennen. Und von seinem Gegenteil her kann man sich ihm verhältnismäßig sehr leicht nähern. Sein Gegenteil ist das, was man schon recht lange den literarischen Stil zu nennen pflegt. Die Sprache des literarischen Stils ist eigentlich tot, entweder eine fremde oder eine geborgene Sprache, also keine Sprache, sondern höchstens eine Chiffre, Slang, also eine Terminologie. Der Literat ist ein Parasit der echten Sprache. Darum ist er so unendlich wort-arm, darum muß er sich so reich geben. Das Ganze sind bloß ein paar Worte. Die Äußerlichkeiten dieser Worte sind magisch, aber sie sind nur deren Äußerlichkeiten. Gern wären sie Mantras oder Zauberformeln, die eine sinnschaffende und krisenbewältigende Macht besitzen. Aber der literarische Stil zeichnet sich gerade dadurch aus, daß er kein Mantra, sondern eine Terminologie ist, also keinen Sinn hat und an eine Krise gar nicht erst herankommt. Der literarische Stil ist ein Sprachsurrogat und entspricht den Ansprüchen eben jener, die ein echtes Leben nicht leben können, nicht leben wollen oder zu leben sich nicht trauen.

Der gauklerische und scheinbar reiche Wortgebrauch des literarischen Stils ist das Ergebnis einer komplizierten Raffinesse. In Wirklichkeit ist der Literat ein Pfuscher, und zwar der gefährlichste, den es gibt, der routinierte Pfuscher. Seine Sprache ist saftlos und geschmacklos. Sie hat keine Musik. Sie ist gewalttätig, gekünstelt, schlau und anmaßend. Die Literatur operiert nicht mit echten, sondern mit Kunst- und Pseudowörtern. Darum wirkt sie wie ein Stil, obwohl sie wie jeder Slang und jede Terminologie eine Abart der Zeichensprache der Taubstummen ist. Wohingegen der echte Stil eine Liturgie ist.

Die Wort-Verklärung ist fast das genaue Gegenteil des literarischen Stils. Sie ist der Dauerzustand der Trunkenheit vor jener heißen und furchterregenden Zaubermacht, deren kurzes Aufblitzen Künstler und Denker als Inspiration oder Eingebung bezeichnen. Der Wort-Taumel ist einer der intensivsten Orte des Daseins. Das einzige Werkzeug des Wissens ist das Wort. Keiner weiß mehr über diesen Ort als der alte Heraklit, der in einem solchen transzendenten Logos-Enthusiasmus gelebt hat. Von diesem Enthusiasmus spricht Origenes in seiner großen Logos-Metaphysik. In ihm liegt die ungeheuerliche Heftigkeit des

Johannesevangeliums, wo es heißt: Im Anfang war das Wort, und das Wort war bei Gott, und Gott war das Wort.

O ja, so lange man das Wort nicht lebt und nicht verstehen kann, kann man auch nicht verstehen, warum Jesus Johannes, Petrus und Jakobus als »Boanerges«, also »Donnersöhne«, bezeichnet hat. Wenn man jedoch weiß, daß sie Macht über die Seelen hatten, und zwar kraft ihrer Worte, und vor allem wenn man das Dröhnen der Worte im Anfang war das Wort und Gott war das Wort hört, dann versteht man mit einem Mal, daß die wahre Kraft der Worte ein Donnerschlag ist. Boanerges ist ein magischer Begriff. Ein Logos aus dem Wort-Taumel. Der Wort-Taumel ist eine der höchsten Möglichkeiten der Glückseligkeit. Verglichen mit dem Durchschnittsleben des Menschen ist dieser Zustand eine Art Wahnsinn. Es ist etwas Irrwitziges darin, wenn der alte Cézanne sagt, er möchte beim Malen sterben. Wer das Wort entdeckt hat, betet darum, die Schwelle im Zustand des Logos-Enthusiasmus zu überschreiten. Natürlich sprechen Gemälde und Plastiken und die Musik ebensolche Mantras aus wie Gedichte oder Gedanken. Das Mantra ist eine sinnschaffende, krisenbewältigende Zaubermacht.

Die Anzeichen sind unverkennbar, wenn man vom Wort-Taumel erfaßt wird. Es ist die Werk-Ausschweifung. Der Wahnsinn des leidenschaftlichen Arbeitsfiebers, schmerzhaft und wunderbar, qualvoll und betörend, wie Liebe und Krankheit in einem. Übervoll mit quälender Wonne und düsterer Spannung. Wer auf diese Ausschweifung nicht verzichten kann und will und in wem sich die sündige und bedrohliche Dämmerung aufhellt, der gelangt in den Logos-Himmel. Dieser ist einer der intensivsten Orte des Daseins. Das Territorium der magischen Macht des Logos. Keine Raffinesse. Keine Routine. Kein literarischer Stil. Es kommt vor, daß die Logos-Ekstase einem brüllenden Gestotter gleicht. Heraklit sagt über Sibylle, daß sie unartikulierte Worte gestöhnt und gerufen habe, die Worte jedoch einen Sinn gehabt hätten, der Jahrhunderte galt. Im Wort-Taumel spricht man Mantras, schafft Sinn und bewältigt Krisen und gelangt in den Besitz des geheimen Aktes, der jeden verborgenen Ort öffnet, jedes verschlossene Herz aufschließt, jedes Schweigen zum Sprechen bringt, jeden Tauben zum Hörenden macht, Lahme und Gelähmte heilt, Berge versetzt, Stürme bändigt und Wasser in Wein verwandelt. Der Logos-Enthusiasmus ist einer der intensivsten Orte des Daseins.

5.

Ruhe, Zauber!

Das ist der Abschied von der Wort-Verklärung. Als ihn Shakespeare im *Sturm*, seinem letzten Werk, ausspricht, tritt er aus dem Logos-Himmel heraus. Im *Sturm* ist der Abglanz der Glückseligkeit noch allgegenwärtig, aber nur mehr deren Abglanz, denn die Worte glänzen nicht mehr aus eigener Kraft. Die *Helligkeit* ermattet. Der Ton wird grau, hallt eigenartig und furchterregend dumpf. Es ist der Ton des zweiten Teils von *Faust* und der *Kunst der Fuge*, aber nirgends ist er stärker spürbar als im *Tao te king* und in den letzten Quartetten Beethovens.

»Ruhe, Zauber« bedeutet, daß man die Engel des Logos-Himmels in Frieden entläßt. Es ist ein fast schon beleidigender Mangel an Taumel, besonders nach all den glühenden Mantras, erschütternden Aufregungen und durchdringenden Wonnen, nach all dem flammenden Enthusiasmus. Der Grundton in Beethovens Quartetten ist wie der Chor der Greise in *Oedipus auf Kolonos*, heiser, tief, matt und trübe, ein löchriger Ton ohne jede Magie. Ruhe, Zauber.

Dieser Ort ist noch intensiver als der vorherige. Diese grauenerregende Farblosigkeit. Lebt der Mensch richtig, wächst er proportional zu seinen Niederlagen. Verzichten. Auch auf das Wort verzichten. Verzichten, spricht Laotse, bedeutet soviel wie ganz bleiben. Krumm sein soviel wie gerade werden. Leer sein soviel wie gefüllt werden. Zerrissen sein soviel wie neu werden. Diese löchrige Verkrümmung, diese zerrissene Leere im trüben Ton und in der kargen Farblosigkeit der Alterswerke – hier steht Oedipus, als er sagt: Nur wenn ich nichts bin, bin ich eine Macht? Es scheint, man muß verzichten und krumm und leer und zerrissen und matt und trübe und löchrig und grau sein. Nur wenn ich nichts bin, bin ich eine Macht? Oh, nichts einfacher als das, sagt Goethe, aber nichts schwerer als dieses Einfache. Das ist in den Spätwerken der tiefe und monotone, beinahe schon tonlose Baß, der einzige Ort des Daseins, der noch intensiver als das Logos-Paradies ist.

6.

Das hört man bei Aufführungen der Quartette heraus, und deshalb ist es ungeheuer schwer, sie zu verstehen. Warum? Weil die Quartette im obligatorischen, literarischen Stil aufgeführt werden, wie auch die *Kunst der Fuge*, der *Oedipus*, der *Sturm* und all die anderen Spätwerke, die man öffentlich aufführen kann. Das ist ganz natürlich. Gewiß wäre nichts erschreckender, in den Augen der Literaten nichts ein größerer Skandal, als würde man das a-Moll-Quartett einmal in seiner ganzen Farblosigkeit und furchtbaren Mattigkeit, Verlotterung und Zerbrochenheit, mit seinem fast tauben Ton seinem wahren Gehalt entsprechend aufführen. Jeder hielte das für einen Frevel. Und das wäre es auch. Denn es gibt keinen Künstler, der die unvorstellbare Kraft des durch die Todesnähe hochgesteigerten Daseins der Alterswerke so kannte, wie Beethoven, Bach, Shakespeare, Sophokles und Laotse sie kannten. Es gibt keinen Künstler, und es ist auch nicht vorstellbar, daß es ihn geben könnte, der wüßte, daß es hier längst nicht mehr um Wonnen und knisternde Spannung, um Zaubereien und Gauklereien geht. Der Zauber ruht. Man lebt in nie erhoffter Freiheit, da man auch von der höchsten Form der Magie befreit ist. Am Grund jeder, selbst der höchsten Kunst ist noch ein wenig Komödie, und sei es noch so wenig, nun ist sie verschwunden. Nur wenn ich nichts bin, bin ich eine Macht? Nichts einfacher als das, aber nichts schwerer als dieses Einfache. Keine Betäubung, keine Maskerade, keine Parade mehr. Aus dem durch die ständige Todesgegenwart hochgesteigerten Dasein ist jede Schlacke herausgebrannt. Und was ist geblieben? Das Wirkliche. Das ist das Wirkliche. Der Rest war ohnehin Müll. Müll und Lärm. Das ist das einzige Geschlecht der Stille. Man müßte darüber verzweifeln. Aber wo ist schon die Verzweiflung! *Das Leere lernen, Leeres lernen? Schweige still.* Abschied von den Zauberkräften. Das ist Kolonos. Nicht sechzig oder achtzig Jahre, sondern das ewige Dasein ist das Leben, und man soll es nicht so leben, daß man am Ende vernichtet wird, sondern so, daß man, selbst wenn man wollte, niemals vernichtet werden könnte. Das Leere lernen, wie Goethe sagt. Nur das behalten, was wirklich ist, wie es die Quartette tun. Ruhe, Zauber. Ermatten und krumm sein und verzichten. Das ist die Melancholie der Spätwerke, die noch mehr als der Logos-Himmel der intensivste Ort des ganzen Daseins ist.

7.

Die Allgemeinverständlichkeit erleichtert das Leben ungemein. Sie kartographiert wichtige Territorien des Daseins. Natürlich ist sie ein wenig eng, aber doch gerade gut genug für den, der nicht allzu weit gehen möchte, nur so um das Haus herum, höchstens so weit, wie ihn ein ausgedehnter Spaziergang führt. Dann gibt es noch die Wissenschaft, die das Kartographieren auch über die bekannten Territorien hinaus fortsetzt, nicht allzu zuverlässig und überaus wichtigtuerisch, aber immerhin. Dort, wo die Wissenschaft aufhört, setzt die Kunst ein. Eine wesentlich genußvollere und exaktere Landkarte, hier wird man selten enttäuscht, dafür um so öfter angenehm überrascht.

Aber was geschieht, wenn man an einen Ort des Daseins gelangt, an dem vor einem noch nie jemand gewesen ist? Ja, was geschieht, wenn man Worte hört, die noch nie zuvor jemand gehört hat, nie zuvor jemand ausgesprochen hat und die gar nicht aussprechbar sind, wenn er Bilder sieht, die noch nie jemand gesehen hat und die unmalbar sind, und Visionen und Erlebnisse und Träume und Erschütterungen hat, die niemand kennt und über die er vergeblich spricht, schreibt und die er vergeblich malt, da niemand weiß, wo sie sich befinden oder ob es sie überhaupt gibt. Was geschieht, wenn man an einem Ort des Daseins ankommt, den die Landkarten der Menschen nicht kennen, und dort allein bleibt, vollkommen ratlos, ohne einen Gefährten, mutterseelenallein? Dann ziehen sich sogar die Warmherzigen vor ihm zurück und schöpfen Verdacht und fürchten sich. Sie fürchten sich so sehr, daß sie nicht einmal den Mut haben zu sagen, der Arme. Und nicht einmal, daß er verrückt sei. *Ins Unbetretene, nicht zu Betretende. Ins Unverbetene, nicht zu Erbittende.* Was geschieht, wenn man eintritt, wo der Eintritt verboten ist, was geschieht, wenn man das nicht zu Betretende betritt?

Man sagt, das sei der Tod. Die weiße Dunkelheit. Man lebt direkt nebenan. So nah, daß man schon hinüberschauen kann, wie zum Nachbarn. Von wo man schon etwas herüberhören kann. Man versteht es nicht, aber man hört es. Wohin man schon hinüberrufen kann. Ist es das nicht zu Erbittende? Von dort, wo der Eintritt verboten ist, strömt Kühle. Ein frostiger Zug, aber so seltsam! Man erschaudert, aber wird von einer Hitze überrascht, daß die Knochen zu glühen beginnen. Wundern? Triumph? Freude? Enttäuschung? Scheitern? Nichts von alledem.

Das Leben ist so beschaffen, daß es, möge es noch so bitter, so voller Plagen, so düster, so elend, so schmutzig und vergiftet sein, immer noch einen Tropfen Segen, einen Tropfen Honig bereithält. Ohne diesen süßen Tropfen könnte man nicht leben. Ein einziger Tropfen Honig. Es gibt keinen Menschen, der so gemein und verkommen und liederlich und niederträchtig wäre, daß er in ihm nicht vorhanden wäre. Und das Leben kann nie so geschändet werden, daß es diesen Tropfen Honig verlöre.

Der vorletzte Tropfen Honig im Leben des Menschen ist die Freude über die Schönheit der Frau. Die vorletzte unwiderstehliche Macht. Die letzte Melancholie. Die lautlose und schmerzvolle Wonne über die sinnlose und unbegreifliche Vergänglichkeit des Lebens. Das ist der letzte Tropfen Honig. Diese schwüle Süße auf der Schwelle zur weißen Dunkelheit. Die Melancholie ist der letzte Tropfen der Vergänglichkeit, die letzte Station auf der Landkarte des Daseins an der Grenze zum Unerkennbaren. Der Ort, an dem der alte Laotse noch einmal und zum letzten Mal gesichtet und erkannt und gebeten wurde, sein Wissen niederzuschreiben, und wo er den *Tao te king* geschrieben hat. Es gibt nur eine Möglichkeit, die Orte des Daseins zu kartographieren, und das ist das Wort.

8.

Die Melancholie hat nichts mit einer Stimmung zu tun, sie ist keine Empfindung, kein Seelenzustand, keine Krankheit. Die Melancholie ist die letzte Station der Vergänglichkeit, der letzte, allerletzte Tropfen Honig des Lebens. Die letzte Wonne und das allerletzte Wissen. Diese süße Trauer ist die letzte Verlockung des Lebens und die letzte Entzückung des Menschen, die letzte Gewißheit und die letzte Gefahr. Für die Allgemeinverständlichkeit fremd und furchterregend, für die Wissenschaft pathologisch, für die Kunst ein sakrales Wunder. Aber für alle drei unerreichbar. Die Melancholie hat ihre eigene Sprache, die subtilste unter allen Sprachen, ihre eigene Malerei und Musik, von aller Malerei und Musik die am wenigsten malbare und komponierbare. Sie hat ihre eigenen Visionen, ihre eigenen Träume, Erschütterungen, ihre eigene Einsamkeit, Ratlosigkeit, Angst, ihr Geheimnis, ihr Vertrauen, ihre Wunde und Freude und ihr Scheitern. Das ganze Leben in den letzten Tropfen Honig getunkt. Man weiß, mehr gibt es nicht, das ist das Letzte. Dieses todsichere Wissen, daß es das Letzte ist, das ist die Melancholie. Dieses Wissen, daß es mehr nicht gibt, daß in diesem Tropfen alles ist, was geblieben ist, das ist die Melancholie. In diesem Augenblick erscheint selbst das Leiden so süß wie noch nie. So verlockend, so hoffnungslos und vergeblich verlockend, und doch so erschütternd süß.

9.

Das taube Gehüpfe und der matte Gesang der letzten Quartette Beethovens ist eine schreckliche, letzte Anstrengung. Einmal noch. Nur einmal und dann nie wieder. Hier findet sich keine Analogie mehr zum Vorhergehenden. Mit den früheren Werken lassen sie sich nicht mehr vergleichen. Viel Sinn ergeben sie nicht. Ohnehin versteht sie niemand, wird sie wahrscheinlich niemand je verstehen. Sie sind nicht schön, haben nichts Betörendes an sich, und es gibt nichts, was weniger tröstlich wäre als sie. Aber ihn befiel ein solcher Zwang, daß er glauben muß, es gäbe nichts Wichtigeres, als sie zu schreiben. Nur das noch. Nur dieses eine. Einmal noch und dann nie wieder. Nicht für jemanden oder für etwas. Nur so, damit es sie gibt. Nur durch Worte läßt sich das

Dasein kartographieren. Auch die Zahl ist ein Wort, auch die Farbe, auch der Ton. Auch die Malerei und die Musik sind Sprache.

Er weiß ganz genau, daß er diesen Stimmungsbogen so ausarbeiten, so formulieren, so abschließen müßte, aber er tut es nicht. Er verkrümmt ihn und läßt etwas heraus, bis schließlich nur noch die Merkzeichen übrigbleiben. Wie leer und öde! So knorrig, morsch und löchrig, wie ein Baumstamm auf Kolonos. Wer kann es begreifen? Ich nicht. Ich mache es nur. Ich werde darüber gewiß den Verstand verlieren, aber ich mache es, denn noch gewisser würde ich den Verstand verlieren, wenn ich es nicht machte.

Auf einmal versetzt er dem langsamen und feierlichen Lied einen Fußtritt. Ist das nicht verrückt? Doch. Ihm erst die Schönheit abziehen, daß es kracht, und wenn es nackt ist, dann erst ist es gut. Dazwischen hat er groteske Visionen und grinst gequält. Inmitten der Andacht sieht er einen seltsamen, alten Mann laufen, mit zwei Laken unter den Armen. Eines ist dunkellila, das andere orangerot, und beide sind zerfetzt. Er hört den Alten etwas rufen, als sagte er, er solle auf ihn warten. Seltsamer Ton! Er schreibt ihn nieder. Mitten hinein in die Andacht. Vision und Gewöhnlichkeit. Senilität und Infantilität.

Er hat vor nichts mehr Angst. Auch nicht davor, mitten im Gebet vulgär zu fluchen und der liebenden Frau ins Gesicht zu spucken. Schrecklich. Als hätte er einst einen Ton gehört, vor langer, langer Zeit einen einzigen Ton, und wüßte, seitdem er ihn gehört hat, daß man ihm von da an nichts mehr Neues sagen kann. Nichts kann ihm mehr zustoßen. Dieser Ton hat ihn gegen jede Unwissenheit und Enttäuschung, Lüge und Hoffnung, jede Einbildung und jedes Abenteuer, jeden Zauber und Traum, jede Sehnsucht und Weisheit und Leidenschaft immun gemacht.

Welchen Sinn hat es, daß er sein ganzes Leben den Geschmack und die hohe Schönheit, den Ernst und den reinen Stil gepflegt hat und nun so unreife Streiche anstellt? Seine ganze musikalische Logik ist zermalmt. Er steht ratlos da und denkt nach, aber er schwankt nicht und zweifelt nicht. Er macht weiter.

10.

Man sieht es auf den Bildern des alten Cézanne, findet es im zweiten Teil des *Faust*, im *Tao te king*, aber nirgends mehr als in Beethovens letzten Quartetten. Als wären sie aus nicht zusammengehörigen Stücken zusammengesetzt oder noch eher zusammengeworfen worden. Vielleicht ließ sich der Stoff nicht zusammenfügen, und der Alte hat die Teile dennoch aneinandergeheftet. Gewaltsam, ungeduldig und in leidenschaftlicher Eile. Über Cézannes letzte Bilder ziehen sich wilde, dicke Linien. Risse. Als hätte der Alte in seinem grundlosen Zorn die Bilder erst zertrümmert. In Beethovens Quartetten stauen sich die Themen in überbordender Zusammenhangslosigkeit. Das Ganze erweckt den Eindruck, als hätte der alte Narr nun vollends seinen Verstand verloren und wollte um jeden Preis nicht zusammengehörige Gedanken zusammenkleistern. Um jeden Preis, ja, Notizen und Ideen, Fragmente für den Papierkorb, unreife Kapriolen. Alberne Experimente, die mit wahrer Kunst nichts zu tun haben. Kaum fängt er etwas an, schon hört er damit wieder auf, fügt wie Keile paradoxe Ideen ein, in der Absicht, die Spannung später auszuarbeiten und aufzulösen, doch dann läßt er das Ganze so, wie es ist, und rast weiter. Aber eigentlich rast er gar nicht, vielmehr springt er ziellos und unberechenbar mal hierher, mal dorthin, so daß er außer Unruhe und Schrecknis kaum etwas in einem auslöst. Wer ihm zuhört, schnappt nach Luft und weiß nicht, ob ihm sein Gehör den Dienst versagt oder ob er den Verstand verloren hat.

Die Melancholie ist nicht einfach. Überhaupt gibt es keinen komplizierteren und vielschichtigeren Zustand als die Altersmelancholie. Nicht nur, daß man sämtliche Abschnitte seines Lebens auf einmal durchlebt. Als hätten jene recht, die die Seelenwanderung lehren. In der Melancholie stauen sich die Karmas der Vergangenheit, der Gegenwart und der Zukunft. Man lebt ein Dutzend gebrochene Schicksale auf einmal, die Schicksale kaum zusammengehöriger Menschen unterschiedlichen Alters und Temperaments, unterschiedlicher Herkunft, Tätigkeit, Rasse und Entwicklung in derselben Stunde und Minute und Sekunde. Ein Reichtum und ein Durcheinander zum Rasendwerden. Zuweilen geraten darin zwei Schicksale nebeneinander, das eine ein dreiviertel Andante fis-Moll, das andere ein alla breve allegro con brio G-Dur. Was fängt er mit ihnen an? Er läßt beide gleichzeitig erklingen. Wie Katzenmusik. Zum Verrücktwerden.

Der alte Cézanne war ein exakter Mensch. Er gab nicht viel darauf, wer was von ihm hielt und wer was von ihm verstand. Ihm war nur wichtig, das zu malen, was war, genauso wie es war. Wenn die Teile nicht zusammengehören und die Dinge und das Blickfeld von schwarzen Blitzen durchzuckt werden, dann muß man das auch wirklichkeitsgemäß abbilden. Mehrere Schicksale verlaufen gleichzeitig. Zehn Menschenleben haben sich aufgestaut, und so sieht er für zehn Menschen. Beethoven hat die Wirklichkeit auch nicht gerade mißachtet. Wenn sich etwas aufstaut, dann staut es sich eben auf. Als wäre es in irrwitziger Eile aus nicht zusammengehörigen Stücken zusammengeflickt worden. Davon kann keine Rede sein. Nie hat er mit solcher Sorgfalt und Geistesgegenwart konstruiert. Aber so ist die Wirklichkeit, so übervoll, so zerbrochen erscheint sie, und so brutal sind die Blitze, die zwischen den einzelnen Teilen glühen. Ein ganz und gar heterogener Stoff, darin erwachende und halb schlafende Seelen, Kluge und Verkommene, Verliebte und Trunksüchtige, Schurken und Fanatiker, Prasser und Lüstlinge, und auf rätselhafte und unerforschliche Weise alle zur gleichen Zeit.

Zuweilen entsteht der Eindruck, als würde die Stauung den Stoff des ganzen menschlichen Daseins aufwerfen. Aber dem ist nicht so. Das Seltsame ist gerade, daß das, was aufgeworfen wird, zu jedem Teil, das heißt jedem einzelnen Karma und jedem einzelnen Schicksal in so persönlicher Beziehung steht und in jedem von ihnen in seinem empfindlichsten, ureigensten Wesen betroffen und beteiligt ist, daß ein Irrtum ausgeschlossen ist. Das ist nicht irgendein Gemeinplatz. Hier geht es wirklich jedesmal um ihn. Und mehr noch. Das hier ist jedes Mal wirklich und wahrhaftig er selbst. Wenn paradox, dann eben paradox. Wenn es wie eine schlampige Notiz anmutet, dann mutet es eben so an. Wenn es erschreckend wirkt, dann wirkt es eben erschreckend. Als wäre sie zerbrochen? Zusammenhangslos? Und doch ist dem so.

Der Chor der Greise von Kolonos sagt: Es ist ein Grauen, Alter, jedes längst vergangene Leiden aus dem Schlaf zu reißen!

11.

Es ist typisch für den Zustand der Melancholie, daß er ein doppelter ist. Mit Schizophrenie hat das natürlich nichts zu tun, da es mit Pathologie nichts zu tun hat. Die Melancholie ist der letzte Segen im Leben des Menschen. In der Melancholie befindet man sich unablässig in einer zumindest doppelten Lage, und darin liegt die Erklärung für das, was man als Hinüberhören bezeichnen muß.

Manchmal ist das Hinüberhören im Aufbau des Werkes angelegt. Das ist der Fall beim a-Moll-Quartett, im *Tao te king*, im *Oedipus auf Kolonos* und im *Faust*. Anderswo in der Kunst, wie im *Sturm*, in der *Kunst der Fuge* oder bei Platon und Tolstoi schlagen mehrere Töne durch, und jedes Mal, wenn sie durchschlagen, stoßen sie von neuem die Existenz des ganzen Werkes um.

Die unterste Ebene, zu der das Spätwerk hinüberhört, ist gewöhnlich der Chor der Greise auf Kolonos, jener zögerliche und matte, heisere und monotone Baß. Diese Empfindsamkeit und Gestimmtheit scheint am ehesten dazu geeignet, jene Kraft zu begreifen, die so unendlich viel mächtiger als die des Menschen ist. Zu dieser Ebene klingt irgendein gespenstisch reiner und scharf geschnittener Ton hinüber. Manchmal nur so wie ein Schlag. Manchmal wie ein Schleier. Wenn es ein Schlag ist, beginnt das ganze Werk zu wackeln. Wenn es ein Schleier ist, erschrickt man, weil man das Gefühl hat, das Werk versinke im Schleier. Im zweiten Teil von *Faust* brechen diese Töne in ungeheurer Menge durch. Diese Töne, die Vampire, die Feen, die Steine, die Fische. Im *Oedipus auf Kolonos* durchdringt der Ton gleichmäßig jede Zelle des Werkgewebes. Es ist, als wäre der ganze *Oedipus* ein Hinüberhören, als würde der ganze *Oedipus* irgendwo immateriell in der Luft schweben.

Im a-Moll-Quartett ist die Situation ganz seltsam. Es gibt lange und einheitliche Passagen, vor allem den langsamen Satz, der die hinübergehörte, fremde Musik mit unvorstellbarer Konzentration in die Sprache der menschlichen Musik übersetzt. Ton für Ton, Takt für Takt genau, jeden Akzent, jede Steigerung und Ermattung, jeden Ausbruch und jede Überflutung in die Sprache unserer irdischen Musik uminstrumentiert. Eine vergleichbare Leistung gibt es in der menschlichen

Welt nicht. Beethoven war zu dem Zeitpunkt bereits vollständig taub, und so wußte er nicht, konnte er nicht wissen, welche Töne er hört. Er deutete sie als menschliche. Wäre er noch nicht ertaubt, hätten ihm diese Töne gewiß die Ohren zerrissen.

Das hat nichts mit Halluzinationen zu tun. Nicht von Visionen und Träumen und Einbildungen ist hier die Rede. Es handelt sich um die Manifestation einer Wirklichkeit, die unermeßlich mächtiger als die des Menschen ist. *Das stärkere Dasein*, wie Rilke sagt: in dem unser Dasein, könnten wir ganz hinübertreten, wie Schnee in einem Kessel dahinschmelzen würde. Und wenn wir schon bei Träumen und Halluzinationen und Zauberei sind, so besteht kein Zweifel, daß unser Leben der Zauber und der Traum ist. *We are such stuff as dreams are made of*, wie Shakespeare im *Sturm* sagt: Wir sind der Stoff, aus dem die Träume sind. *And our little life is rounded with a sleep*: Und unser kleines Leben ist von Schlaf umgeben. Das hier, worin wir leben, ist der Traum, unser Leben jetzt, und in dieses Traumleben hören wir die Wirklichkeit herüber. Der Zauber ist vorbei: *Now my charms are overthrown.*

Der Zauber ist das Allergrößte, Größeres gibt es nur eines, die Wirklichkeit. Und nicht die Betörung ist das Problem, nicht das irdische Dasein, nicht das Hier, nicht das Schicksal, der Zufall, das Leben, die Liebe, die Wonne, die Nacht, das Rätsel, das Verhängnis, die Leidenschaft. Das Problem ist gerade das einfache und gewaltige Dasein, das Jenseits, das Licht, mit anderen Worten die Wirklichkeit. Das ist das Schwere. Das ist das Einfache. Oh, es gibt nichts Einfacheres, und nichts ist schwerer als dieses Einfache.

12.

Hat ein Künstler einmal die Gestimmtheit erlangt, die ihm erlaubt, die wahre Wirklichkeit zu übernehmen, hört seine Arbeit auf. Nicht jeder Künstler findet sie. Es sind ihrer nur wenige. Sophokles, Goethe, Beethoven, Tolstoi, Shakespeare, Bach, ein paar Denker, Platon, Heraklit, Laotse. Sie haben sie am Ende ihres Lebens erlangt und wissen fortan, was zu tun wäre. Sie wissen es, aber mit diesem Wissen benötigten sie ein brandneues Leben, um das, was sie wissen, auch in die Tat umzusetzen.

In seinem Tagebuch und seinen Briefen ganz am Ende seines Lebens leidet der alte Tolstoi unmenschlich. Er weiß es bereits. Was? Er weiß, was Oedipus weiß, daß dieses Leben eine finstere und blutige Schmach ist. Er hat den letzten Tropfen Honig gerettet und den letzten Segen und das Wissen über das wahre Leben und die Wirklichkeit erlangt. Er hat es in der Hand, und siehe da, er ist achtzig Jahre alt. Was kann er davon in die Tat umsetzen? Er versucht sich zu ändern, damit er wirklich werde. Er versucht, das wirkliche Leben zu verkünden? Dem alten Platon gleich, der wie Tolstoi das Wissen erlangt hatte, und bis er es erlangt hatte, achtzig Jahre alt geworden war. Wie Goethe. Wie Laotse. Schon hört er aus der wirklichen Wirklichkeit die Töne des echten Daseins herüber, und da müßte man es verwirklichen, nicht das Werk, sondern den Menschen. Man müßte den echten Menschen verwirklichen und das echte Leben und müßte damit beginnen, die Welt umzugestalten, und müßte der ganzen Menschheit beibringen, wie das zu bewerkstelligen sei.

Was bleibt ihm? Weiterarbeiten? Auch weiterhin im Arbeitsexzeß leben? Wie Cézanne, der gesagt hat, daß er beim Malen sterben möchte. Der alte Michaelangelo schnitzt eine Plastik und läßt sie halbfertig stehen. Eine zweite. Die auch. Beethoven instrumentiert die ganze Wirklichkeit in menschliche Musik um. Rilke spricht von der Macht des Daseins der Engel. Sophokles fragt, bin ich nur dann eine Macht, wenn ich nichts bin? Das ist die Melancholie der Spätwerke. Das Wissen zu erlangen, und dann kann man es nicht mehr gebrauchen. Bis dahin war er blind, aber nun sieht er klar, wie Oedipus. Er ist aus seinem Verstand gerüttelt worden (been justled from your senses). »Jetzt sehe ich klar.« Er hat die Betörung überwunden. Ruhe, Zauber. Er ist ermattet und ergraut, aber nie zuvor hat er eine solche Macht besessen wie jetzt, leer und krumm und zerrissen. Vor nichts hat er mehr Angst, da er nun unmittelbar vor dem Tor des nicht zu Erbittenden steht. Inzwischen ist das Leben ausgegangen. Für die größere Hälfte des Werkes bleibt keine Zeit. Man muß gehen. Jetzt. Gerade jetzt!

Den Worten des alten Tolstoi ist klar zu entnehmen, daß er die Sache nicht so aufgefaßt hat. Er dachte, er müsse das wirkliche Leben suchen, und wenn er es gefunden hätte, den Menschen überreichen. Allen Menschen ohne Ausnahme. Hätte er nur gewußt, daß, wenn er es findet, er es niemandem wird weitergeben können! Schließlich brauchte er es nicht für sich, nicht für sich brauchte er es, sondern für die Menschen. Und jetzt bleibt es in seiner Faust. Das ist die Melancholie der Spätwerke. Er kann sie niemandem weitergeben. Niemandem, niemandem auf der ganzen, weiten Welt.

Das ist Kolonos, dieser unvergleichliche Ort der Welt. Ärmlich, glatt, unmalerisch, ohne jeden Schmuck, ohne jede Süße, ein beinahe leerer Raum, grausam nüchtern und einfach.